15세기 언해자료와 구결문

15세기 언해자료와 구결문

윤 용 선

도서출판 역락

머리말

　중세국어를 접하다 보면 같은 우리말인데 현대국어와 꽤 다르다는 건 누구나 금방 느끼게 된다. 이런 차이점이 모두 통시적인 언어 변화일까, 만일 아니라면 당시 자료의 원어였던 한문의 구조적 속성이 반영되어 나타나게 된 건 아닐까 하는 막연한 생각이 이 책의 시작이다.

　국어학을 처음 접하고 그걸 업으로 삼게 된 지금까지 언어 연구에 있어 어느 현상을 정밀히 기술한 연후 그것을 토대로 현상의 이유를 설명해 내는 것이 바람직한 연구 태도라고 생각해 왔고 지금도 변함이 없다. 그래서 중세국어 특유의 현상이나 불규칙한 현상들을 가능한 한 설명하기 위해 구결문의 영향이라는 관점에서 자료를 검토해 보려 했다. 또 영향 관계를 체계화하고 객관화하는 방법론을 정립할 수 있다면 문헌어 연구의 한계를 조금은 넓힐 수 있지 않을까 하는 소박한 바람도 함께 지녔다. 하지만 결과는 만족은 커녕 의문과 회의만 남는다. 무엇 하나 단정적으로 밝히지 못한 채 개연성만 나열하는 데 그치고, 가정과 논리의 비약으로 점철되고 말았다. 다만 자료를 들여다보고 숨어 있을 진실을 찾으면서 재삼 문헌어 연구에서 자료의 정밀한 검토와 이해가 얼마나 중요한가를 깨닫게 된 게 소득이라면 소득이랄 수 있다. 또 언어 사실을 정밀히 검토함에 있어 한문이나 구결문도 그 대상의 하나라는 점이 조금이나마 강조되었다면 전혀 무의미한 것은 아니려니 자위해 본다.

　이 책은 1999년 가을 서울대학교 대학원에 제출한 박사학위논문을 수정 보완하고 제목을 바꾼 것이다. 논문을 쓰면서 마음에 안 드는 곳이 한두 군

데가 아니어서 나중에 책으로 펴 낼 때는 좀더 낫게 고쳐 보자고 마음먹었지만, 그게 뜻같이 되지 못하고 오자를 바로 잡고 표현이 어색한 부분만을 조금 가필하는 데 그치고 말았다.

살아온 날이 살 날보다 점점 많아지면서 조금은 눈을 뜨게 되는 건지, 인생에 획을 긋고 싶어졌다. 그래서 우선 이제까지 공부해 온 걸 반성해 보자 하여 논문을 정리하여 책으로 내게 되었다. 저자에게 자신이 쓴 글을 다시 보는 건 내 자신의 모자람과 한심함을 마주하는 작업이었다. 수정하는 중 몇 번이고 던져 버리고 싶은 충동에 사로잡히곤 했다. 그럴 때마다 앞으로도 이제까지처럼 나약하게 흘러가는 대로 살거냐며 자신을 곧추 세워가며 어떻게 작업을 마치게 되었다. 억지로 하다 보니 적당히 타협하고 부족한 것에 대해 두 눈 질끈 감아 버린 게 한두 개가 아니다. 책을 낸다는 게 同學들에게 도움이 되어야 하는 것이건만, 너무나 부족한 내용이어서 오히려 선생님과 선후배들에게 폐가 되지나 않을까 하는 두려움이 앞선다. 하지만 비판과 지적의 대상을 제공하는 것도 마냥 의미 없는 것도 아니겠고, 무엇보다도 앞으로 좀더 나은 결과를 내겠다는 의지의 표현이요 약속이라고 너그러이 보아주길 바랄 뿐이다.

저자는 참 운이 좋은 사람이다. 살아오며 좋은 사람들만 만날 수 있었고, 그 덕택에 별 어려움 없이 오늘까지 올 수 있었다. 특히 안병희 선생님께는 받은 것이 너무나 크다. 공부는 물론 살아가는 것까지 일일이 신경 써 주셨건만, 못난 제자여서 지금도 걱정만 끼쳐 드리고 있다. 그리고 언제나 애정으로 질책해 주신 고영근 선생님, 하나 하나 바로잡고 가르쳐 주신 이현희 선생님, 학부와 대학원에서 이끌어 주셨던 선생님들, 마음이 아프고 힘들 때 변함 없이 옆에 있어 주던 친구들, 언제나 나를 부끄럽게 하는 선후배 동문들. 일일이 거론하자면 끝이 없을 듯하다. 이 분들께는 말로 감사의 마음을 다 전할 수 없다. 모두 소중하고 없어서는 안될 저자의 재산이다. 이제부터라도 받은 만큼 갚을 수 있다면 더할 나위 없겠지만 도저히 불가능할 것이고, 적어도 노력은 게을리 하지 말자고 다짐한다. 끝으로 흔쾌히 출판을 허락하고 다듬어 주신 도서출판 역락의 이대현 사장님과 관계자 여러분께도 진심으로 감사 드린다.

지금도 못난 자식 때문에 밤잠을 설치실 어머니, 아빠 노릇 한번 제대로 못해 늘 미안한 마음뿐인 예진이, 그리고 아픔과 상처만 준 예진 엄마에게 이 자리를 빌려 감사와 사죄의 마음을 부족하나마 전하고 싶다.

2003년 가을

尹 容 善

차 례

1 서 론

1.1 연구 목적과 연구 방법

국어사 연구가 대개 그러하듯 중세국어 연구 역시 문헌을 대상으로 한다. 그러나 문헌자료는 문헌의 보수성 등으로 인해 있는 그대로의 언어 현실을 보여 주지 못한다. 더구나 중세국어 자료는 대부분 諺解資料이다. 언해자료는 原語, 언해방식 등에 영향을 받기 때문에 중세국어 자료가 보이는 언어는 당시의 언어현실과는 거리가 있는 것으로 보아야 할 것이다. 본고는 이러한 자료적 특성으로 인해 15세기 국어자료에 나타났음직한 언어현실과의 괴리를 문법현상에 초점을 맞춰 검토하는 것을 목적으로 한다. 이는 자료의 한계성을 극복하고 당시의 언어현실에 더욱 접근함으로써 중세국어 문법체계에 대한 이해의 폭과 깊이를 넓히고자 하는 의도이다.

15세기 국어자료는 한문을 대상으로[1] 逐字譯에 의해 언해된 것이 대부

---

1) 梵語를 언해할 때도 한문으로 번역된 것을 다시 번역하는 重譯이었으며, 『眞言集』에 보이는 陀羅尼의 음역까지도 한자의 음역을 중시할 정도였다고 한다. 안병희(1985:1) 참조.

분이다. 또 일반적으로 구결문이[2] 먼저 제시되고 諺解文은 그에 대응 배당되는 체재를 가지고 있었다. 훈민정음이 창제되기 이전 우리의 문자 생활은 한문이 중심이었고, 이 경향은 훈민정음이 창제된 이후에도 크게 달라지지 않았다. 이런 오랜 한문 중심의 문자생활을 통해, 사회 전반에 걸쳐 한문 이해의 수준이 높아졌고, 이런 고도의 한문 이해 수준을 바탕으로 당시 구결문은 자체만으로 의사 전달이 가능한 독자적인 체계를 가지고 있었던 것으로 보인다. 이로 인해 언해자료에서도 구결문이 의미 전달의 중심이 되고, 언해문은 구결문을 보충하는 역할이 강조되었다. 이런 상황 속의 언해문은 실제 우리말보다 한문화된 모습을 보일 가능성이 상당히 높다 할 것이다. 따라서 언해문을 대상으로 언어현실에 접근해야 하는 15세기국어 연구에서는 언해문 속에 포함되어 있는 한문화된 요소를 구분해 낼 필요가 있다. 이들은 당시의 정확한 언어현상을 파악하는 데 장애가 된다. 특히 문법현상을 기술함에 있어 한문의 영향은 불규칙한 현상으로 발현되어 체계적인 설명을 어렵게 만들기도 한다. 본고의 작업은 원어, 즉 한문의 영향으로 인해 언해문에 나타난 이질적 언어현상을 찾아내어 정리하고자 하는 것이다.

　　물론 이질적 요소도 다른 측면의 언어현실일 수 있다. 또 중세국어와 같이 직관이 허용되지 않는 언어를 기술할 때는 현상을 있는 그대로 인정한 위에서, 검토하고 분석하는 태도가 바람직하다.[3] 그러나 어떤 현상이 존재한다고 해서 모두 동일한 가치를 갖는 것도 아니며, 직관이 허용되지 않는다 하여 문법성의 판단을 포기할 수는 없다. 가능한 한의 설명 방법을 찾아야 할 것이다. 본고는 구결문과 대비해 보는 것이 결여된 직관을 보충하는 한 방법이 될 수 있다고 생각한다. 특정 한문구성과 강한 상관관계를 보이는 구문이나 문법현상은 그 자료적 가치를 달리 볼 수 있기 때문이다. 이에 본고에서는 구결문의 영향이라는 관점에서 15세기 자료의 언해문에 나타나는 일부 언어현상을 검토해 보고자 하는 것이다.

---

2) 구결과 구결문에 대한 개념은 학자별로 차이가 있다. 본고는 한문에 현결되는 문법형태를 구결이라 하고 구결이 현결된 한문구성 전체를 구결문이라 부른다.

3) 이 부분에 대해서는 허웅(1975)와 이현희(1994)가 큰 참고가 되었다. 특히 본고의 논의의 많은 부분은 이현희(1994)의 설명에 토대하고 있음을 밝혀둔다.

　본고는 구결문이 먼저 작성되고 그에 따라 언해문이 이루어지는 당시의 언해 과정과 구결문을 大字로 먼저 제시하고 언해문을 그에 대응 배당하는 당시의 문헌 체재를 근거로 구결문의 구조나 체계가 언해문에 영향을 주었을 것이라 가정하고, 구결문을 한문이 언해문에 이전되는 매개체적 존재로 보고 구결문과 언해문의 상관관계를 검토하고자 한다. 그런데 구결문의 언해문에 대한 영향관계는 단편적이고 우연적인 성격을 갖는다. 체계 전반을 바꾸는 영향관계는 아닌 것이다. 따라서 본고의 논의는 15세기국어에 보이는 문법현상 중 구결문의 영향으로 설명될 수 있는 일부만을 정리하고 검토함으로써 중세국어 특유의 일부 문법현상이나 예외적인 용법의 발생 원인을 설명하고자 하는 의도를 갖고 있을 뿐이다. 즉 어떤 문법현상 전체를 포괄하여 설명하는 원리를 제시하는 것이 아니라 그 중 일부의 예외적이고 특징적인 쓰임을 구결문과의 상관관계라는 관점에서 설명하는 것이다.

　구결문과 언해문의 영향관계는 일방적인 것이 아닌 상호적인 것이어서 우리말의 언어현상이 구결문의 체계에 영향을 주었을 수도 있다. 이는 현 시점에서 확언하기 어렵다. 하지만 본고는 구결문이 언해문에 영향을 주었다는 것을 전제로 시작된다. 이 전제에 대해서는 논란의 소지가 있을 수 있다. 그러나 본고가 대상으로 하는 15세기 자료에 한해서는 구결문이 언해문의 성립에 깊이 관여하고 있어 부분적 진실로서의 의미는 갖는다. 또 본고와 같은 관점에서 밝혀진 부분적이고 단편적인 결론을 다른 접근 방법에 의해 확인·수정하고 이를 다시 연구에 이용하는 반복적인 과정에서 15세기국어 본연의 모습이 명료해질 수 있다는 믿음이 본 연구의 출발점이다.

　한문과 언해문의 상관관계를 밝히는 데는 두 가지 접근 방법이 있을 것이다. 그 하나는 한문의 구문형식을 분류하고 각 구문형식별로 어떤 언해문 형식과 대응되며 그러한 대응 속에는 어떤 고정적인 유형이 존재하는가를 검토하는 것이고, 또 하나는 역으로 언해문의 구문형식을 정리한 후 그것이 어떤 한문구성과 관련되는가를 검토하는 것이다. 한문이 언해문에 영향을 주었다고 보는 본고의 입장에서는 전자의 방법이 적합하겠으나 이에는 한문구성의 유형화와 정확한 구조 파악이 전제되어야 하는데 체계적인 한문 지식을 갖고 있지 못한 필자로서는 택하기 어려운 방법이다. 이에 본고는 언해

문에서부터 한문구성에 접근하는 후자의 방식에 따라 논의를 진행한다. 즉
특이한 언어현상을 보이는 언해문의 구결문을 검토하여 그 구결문이 갖는
한문적 속성으로 언해문의 현상을 설명하는 방식을 취한다. 또 전자의 방식
도 활용하고자 하는 뜻에서 구결문의 체계적 특성을 정리한 후, 그것이 언해
문에 반영되는 양상도 검토해 보고자 한다. 이 과정에서 고정적인 관계를 보
이는 문장구조나 문법현상은 당시의 언어현실을 충실히 반영하지 못한 것일
가능성이 클 것이다.[4]

　중세국어자료 중 두 번 이상 언해된 문헌은 후자일수록 직역 경향이 강
하다고 한다.[5] 중세국어에서 直譯的이라 함은 축자역의 언해방식을 채택한
것을 말한다. 축자역이란 말 자체가 원문을 충실히 따르는 것을 의미하는 것
이므로 직역문헌에 상대적으로 많이 보이는 현상은 한문의 영향에 의해 발
생한 것일 개연성이 높다. 이에 두 번 이상 언해된 자료의 비교도 병행하고
자 한다.

　그러나 특정 한문구성과의 상관성이나 문헌 성격에 따른 분포의 편차 등
은 개연성의 확인일 뿐, 어떤 현상이 당시의 언어현실과 다르다는 것을 보여
주는 직접적인 증거가 되지는 못한다. 이는 당시 언어에 대한 직관이 존재하
지 않는 한 궁극적으로 해결되기 어려운 문제일 것이다. 다만 상관성과 개연
성을 확인하는 과정에서 중세국어를 바라보는 관점을 조금 넓힐 수 있다면
본고의 논의가 나름대로 의의를 가질 수 있다는 기대를 가질 뿐이다.

1.2　논의의 구성

　본고의 논의는 다음과 같이 구성된다.

---

4) 고정성이 확인되는 것만으로 이들은 우리말의 체계가 아니라고 결론짓기는 어려울 것
　이다. 다만 이러한 유형이 많이 발생하는 문헌을 직역적 문헌이라고는 할 수 있을 것
　이다.
5) 안병희(1973:5) 참조.

2장에서는 구결과 구결문의 체계에 대해 검토한다. 구결문을 한문이 언해문에 영향을 미치는 중간 단계요 매개체로 보는 본고의 입장에서 구결과 구결문에 대해 정리하는 것은 논의의 선행 작업이 될 것이다.

구결문은 허사가 많이 실현된 변이된 한문 문체의 하나로 이해될 수 있다. 한문이 독자적인 언어 규칙을 갖고 있듯이 구결문도 독자적인 질서를 갖고 있으며, 그것은 한문적인 것과 국어적인 것이 복합된 것이다. 2장에서는 구결문의 현결방식, 연첨형 구결과 간접현결, 계사 '이-'의 복합적 성격, 구결문과 언해문과의 관계, 구결로 쓰이는 문법형태의 용법 등에 대해 검토함으로써 앞으로의 논의에 기반이 될 기초적 사실들을 개략적으로 정리하고 구결문의 독자적 속성을 추출하게 될 것이다. 구결문의 독자적 속성은 언해문에서는 이질적인 요소가 된다. 이런 요소는 현결 과정에서의 구결 형태의 공백, 구결로 쓰인 문법형태의 특수한 용법, 그리고 구결문의 독자적 통사구조에 의해 형성된다.

3장과 4장에서는 구결과 구결문이 언해문에 미치는 영향 관계와 상관관계의 구체적 양상을 검토한다. 구결문이 언해문의 문법현상에 어떤 영향을 미쳤으며 그 과정은 어떠했는가, 그리고 그것은 국어연구에 있어 어떤 의미를 갖는가를 검토하려 한다.

3장에서는 문법형태에 미친 구결문의 영향에 대해 검토한다. 이 영향 관계는 구결문 특유의 규칙이나 용법이 언해문에 전이됨으로써 나타나는 것이다. 구결문의 규칙이 우리말과 달라지는 것은 문장의 구성성분이 단어가 아닌 구절이고, 기본적으로 한문의 구조를 바탕으로 이루어지기 때문이다. 이런 영향 관계에 대해서는 선어말어미 '-시-'와 '-오/우-'의 예를 통해 구체적으로 검토한다. 언해문에 보이는 이들 형태의 불규칙성이 어떤 성격이며 왜 발생했는가를 밝히게 될 것이다. 어떤 체계를 구성하는 요소는 그 체계의 목적에 맞아야만 한다. 구결문에 쓰이는 문법형태들은 언해문의 것을 이용하지만 그 기능이 조정된다. 구결문은 한문구성에 대한 통사적 분석의 결과물이고 이에 따라 구결문의 조사는 구절 상호 간의 통사적 관계를 보이는, 한문의 허사와 비슷한 역할을 수행한다. 본고에서는 이 구체적인 예를 처격조사 '-애'와 속격조사 '-의'를 통해 확인하게 될 것이다.

4장에서는 언해문의 통사구조와 구결문이 어떤 상관관계를 갖고 있는가를 살피게 될 것이다. 구결문은 기본적으로 한문이다. 구결문은 구결에 의해 표면적으론 우리말의 구조로 바뀌지만 그 근간인 한문으로서의 속성은 변하지 않는다. 이 양면성은 언해문의 통사구조로 반영되는데, 본고는 이 과정을 중세국어 특유의 구문형식을 통해 검토할 생각이다.

명사구구성, 繫辭構文, 二重對格構文은 한문의 특정 구성과 강한 상관성을 보인다. 이밖에 인용문을 대상으로 고정된 현결방식과 언해 과정에서의 구결문에 대한 재인식이 언해문에 어떻게 반영되는가도 살피게 될 것이다.

5장에서는 직역문헌과 의역문헌을 비교하여 직역문헌에 두드러지는 현상을 정리한다. 직역문헌에 두드러지는 현상 역시 근본적으로는 구결문의 영향으로 나타난 것이지만 복합적인 양상을 보이므로 별도로 정리한다. 직역문헌에는 한자어와 동명사구성, 중첩표현이 의역문헌에 비해 상대적으로 많이 나타난다. 이러한 현상은 직역문헌의 축자역 태도에 의해 나타난 것이다. 따라서 직역문헌에 두드러지는 현상은 국어적인 표현이 아닐 가능성이 높지만, 문헌의 속성 때문에 그러한 것도 있어 반드시 그러하다고 단정하기는 어렵다. 다만 5장에서 논의한 특성이 많이 반영되는 자료는 직역문헌으로 구분될 수 있을 것이다.

1.3 연구 대상 자료

본고는 15세기 자료 중 구결문과 언해문이 같이 실린 자료를 기본 자료로 이용한다.

중세국어 자료에서 구결문과 언해문이 대비되어 나오는 자료 중 주목되는 것은 「능엄경언해」이다. 이 책은 간경도감에서 간행한 일련의 불경언해서 중 최초의 것으로 이후 간행되는 문헌에 대해 책의 형태 및 번역 양식, 그리고 현결에 이르기까지 典範이 된다는 의의를 지니고 있다.

「법화경언해」는 정제된 구결문과 언해문을 보여주기도 하지만 대응되는

「석보상절」「월인석보」라는 의역문헌을 가지고 있어 구결문의 언해문에 대한 영향관계를 검증하거나 언어 사실을 대비하는 데 유용하다. 「아미타경언해」도 마찬가지이다. 같은 취지에서 구결문은 없지만 「석보상절」과 「월인석보」도 기본 자료로 이용한다. 이 밖에 「번역소학」과 「소학언해」 역시 직역과 의역의 대비를 보여주는 자료이나, 15세기 자료가 아니기 때문에 참고자료로 이용한다.

운문자료와 산문자료의 차이도 언해문에 영향을 주는 중요한 요소라고 생각된다. 운문자료, 특히 시가자료는 원문의 특성을 최대한 살리기 위한 번역 방식을 취함으로써[6] 산문자료에 비해 독특한 현상이 상대적으로 많이 나타난다. 「두시언해」나 「남명집언해」 등이 산문자료와 성격을 달리하는 것은 이와 같은 이유에서라고 생각된다. 따라서 이들 자료에서 산문자료에 비해 상대적으로 높은 빈도를 보이는 현상은 문어적인 성격이 강한 현상일 개연성이 높다고 생각된다. 「두시언해」는 시가 번역의 집대성으로 양적으로나 질적으로나 시가자료의 전형을 보여 준다. 그러나 유감스럽게도 구결이 달려있지 않아 한문구성과의 상관성을 직설적으로 보여 주지 않는다. 그러나 「두시언해」도 다른 시가자료와 마찬가지로 현결의 단계가 있었던 것으로 믿어진다. 이에 본고에서는 구결이 달린 운문자료, 「남명집언해」와 「시경언해」의 현결방식을 토대로 「두시언해」의 구결문을 가정하면서 이 자료를 이용하고자 한다.

이 밖의 15세기 자료는 기존 연구서의 예문을 확인하는 수준에서 이용한다. 본고에서 사용한 자료의 목록과 약호는 아래와 같다.

▌기본 자료

「釋譜詳節」	석보	1447	대제각 영인본
「月印釋譜」	월석	1459	홍문각 영인본
「楞嚴經諺解」	능	1462	계명문화사 영인본
「法華經諺解」	법	1463	홍문각 영인본

---

6) 이도 결과적으로는 직역과 의역의 차이로 귀결될 수 있으나, 원인이 다르기에 구별하였을 뿐이다.

「阿彌陀經諺解」	아미	1464	대제각 영인본
「杜詩諺解」	두시	1481	홍문각 영인본
「南明集諺解」	남명	1482	단국대 영인본

▌보조 자료

「蒙山法語諺解」	몽산	1461(?)	아세아문화사 영인본
「金剛經諺解」	금강	1464	홍문각 영인본
「禪宗永嘉集諺解」	영가	1464	동국대 소장 원간본 복사본
「圓覺經諺解」	원각	1465	대제각 영인본
「牧牛子修心訣」	목우	1467	아세아문화사 영인본
「內訓」	내훈	1475	홍문각 영인본
「金剛經三家解」	금삼	1482	한글학회 영인본
「六祖法寶壇經諺解」	육조	1496	홍문각 영인본
「眞言勸供, 三壇施食文」	권공	1496	명지대 영인본
「救急簡易方」	구간	1489	

▌참고 자료

「飜譯小學」	번소	1518	홍문각 영인본
「小學諺解」	소언	1587	단국대 영인본
「詩經諺解」	시경	1613	대제각 영인본

구결과 구결문

2.1 현결방식

1 구결의 개념

구결에 대한 일반적인 개념은 音讀되는 원전의 한문에서 구두점이 찍힐 자리에 나타나는 문법형태를 말하며, 구결문은 이러한 구결이 달린 한문을 말한다. '구결'이란 말은 「능엄경언해」의 김수온의 발문에 처음 나타난다.

(1) 恭惟我主上殿下 … 特徹乙覽 親加口訣 正其句讀 命工曹參判臣韓繼禧及臣守溫 悉以國語依文而譯 (우리 전하께서 … 철저히 보시고 친히 구결을 더하여 그 구두를 바르게 하고 공조참판 한계희와 신 수온에게 명하여 모두 우리말로 번역하도록 하였다.)

「능엄경언해」의 실제 예를 보면 (1)에서의 '구결'은 한문을 음독할 때 구두점이 찍힐 자리에 표기된 한글의 문법형태를 가리키고 있음이 확인된다. 이 구결과 같은 용어로 '입곁'(혹은 '입겿')과 '吐'가 있다.[7] '구결'이란 말은 바로 이 '입겿'을 차자표기한 것이라 하는데,[8] 이 '입곁'은 허사나 助字의

의미로 문장의 흐름 또는 語氣의 진행을 돕거나 구절을 끊어지게 하여 문장
의 실질적인 의미를 나타내는 실사들을 돕는 것이었다. '吐'에 대해서는 세
종실록의 "凡讀書 以語諺節句讀者 俗謂之吐"(무릇 독서함에 있어 우리말로 구
두를 분절하는 것을 일반에서 토라고 한다)이라는 기사가 개념 규정에 참고된다.
이상의 용어 사용에서 보듯 구결은 한문 문장의 의미를 명확히 하기 위한
목적으로 사용된 허사적 역할의 문법형태와 그 통합체를 가리키는 것임을
알 수 있다. 구결문은 이런 구결이 실현된 한문문장을 가리키므로 1차적으
로 한문문장의 의미를 파악한 결과물이다. 즉 한문문장의 구조나 대략적인
의미에 대한 인식이 구결을 통해 구결문이라는 존재로 나타나는 것이다.

그런데 1975년 「구역인왕경」이 발견되면서 구결에 대한 새로운 개념이
제기되었다. 구결은 한문을 새겨읽는 방법을 보이는 것이라는 것이다. 이 때
의 구결은 借字表記나 한글로 표기된 형태만이 아니라 용법적인 측면까지
포함한 개념이 되며, 이러한 구결이 달린 한문, 즉 구결문은 그 자체로 우리
말 문장이 된다. 이에 따라 구결을 구분할 필요가 제기됨으로써 훈독자료에
쓰이는 구결을 訓讀口訣이라고 하고 전자의 구결을 音讀口訣이라 하여 구
분하여 부르기도 한다.[9]

본고에서 다루는 15세기 자료의 구결은 모두 음독구결이기 때문에 굳이
훈독구결이니 음독구결이니 구분하여 부를 필요가 없다. 이에 본고에서는
한문 어구에 통합되어 구체적인 문법적 의미를 나타내는 문법형태와 그 통
합체를 '구결'이라 하고, 한문에 구결을 달아 구결문을 만드는 행위를 '현
결', 그리고 한문에 구결이 현결된 구성 전체를 '구결문'이라 구분하여 부르
고자 한다. 또, 구결문은 한문구성을 포함하므로 한문구성과 같은 의미로 구
결문이란 용어를 사용하기도 하나, 한문의 구조가 특히 문제될 때는 '한문'
이라 달리 부르기도 한다.

---

7) '구결'과 '토'가 같은 의미임은 陽村 權近이 토라 한 것을 成俔이 구결이라 한 것이
   나, 柳希春의 일기 등에서 확인할 수 있다고 한다. 안병희(1977:20) 참조.
8) 안병희 (1977:15) 참조.
9) 훈독구결을 '釋讀口訣'이나 '새김구결'이라고 부르기도 한다. 구결과 吐의 개념에 대
   한 자세한 논의는 남풍현(1980)이 참조된다.

2 분절 기준

현결방식에서 우선 문제되는 것은 한문을 어떤 기준에 의해 분절했는가
이다. 구결문에서 한문에 구결을 다는 기준에 관하여는 「세종실록」의 "凡讀
書以諺語節句讀者俗謂之吐"나 「增補東國文獻備考」의 "我國口訣必當懸
於中國句讀之下"(우리말의 구결은 반드시 중국어의 구두 아래에 달린다)라는 기사
가 참조된다. 이는 한문에서 구두점이 쓰이는 위치에 구결이 달렸음을 말해
주는 것이다. 그러나 실제 구결문을 보면 한문의 구두점과 완전히 일치하지
는 않는다.

(2) ㄱ. 終聲·復用初聲. ㅇ連書脣音之下·則爲脣輕音. 初聲合用則並書.
　　　終聲同.
　　ㄴ. 終聲은 復用初聲ㅎᄂ니라 <u>ᄋᆞ로</u> 連書脣音之下ㅎ면 則爲脣輕音ㅎᄂ
　　　니라 <u>初聲을</u> 合用ᄒᆞ디면 並書ㅎ라 終聲도 同ㅎ니라

(2)는 「훈민정음」 해례본과 언해본을 비교한 것이다. 여기서 언해본의
구결 중 밑줄친 부분은 해례본의 구두점과 일치하지 않고 있다.[10] 그렇지만
구두점이 구결과 전혀 관계없는 것은 아니다. 위에서도 알 수 있듯 구두점이
오는 위치에는 어김없이 구결이 달리고 있다. 따라서 구두점은 구결의 필요
조건이 될 수 있다.

그러나 필요조건만으로 분절 기준이 설명되는 것은 아니다. 더구나 한문
의 구두점 자체의 기준이 명확하지 않은 상황에서는 더욱 그러하다. 이에 김
상대(1985:27-46)에서는 구결에 의해 분절된 구절의 통사적 단위를 검토함으
로써 분절 기준을 명확히 하려 하고 있다. 그에 따르면 한문에서 기능어가[11]

---

10) 위 예에서 구두점과 구결의 위치가 일치하지 않는 것은 구두점과 구결의 사용이 다
　　른 데에도 원인이 있지만, 「훈민정음」 해례본과 언해본의 편찬 시기와 편찬자가 달
　　라 구문을 달리 파악한 데도 원인이 있다.
11) 기능어란 한문에서 문법적 의미를 나타내는 어사를 가리키는 것으로 보인다. 주로
　　介辭나 '也, 哉, 耶'의 종지사 등의 허사를 가리키나, 여기서는 '如, 若, 雖'나 '則,
　　卽, 而, 及'의 連辭 등도 포함하는 의미로 사용되었다.

쓰인 구성이나 한문 구절의 위치가 우리말의 어순과 일치하는 경우에 현결 된다고 한다. (2ㄴ)에서 'ㅇ롤'과 '初聲을'은 어순이 일치하여 현결된 것이라 할 수 있다. 이와 같이 한문의 명사구 구절이 나타나는 위치가 우리말의 어 순과 일치하면 어김없이 조사가 현결된다. 현결이 한문을 우리말의 통사구 조로 재분석하는 1차 단계임을 생각할 때 이는 당연한 일일 것이다.

그러나 주격의 구결 등이 생략되는 일이 있는 등 구결이 나타나는 위치 는 자의적인 면이 있다. 구두점이 의미 파악에 의존하여 이루어지는 것과 같 이 구결도 의미 파악을 돕기 위한 것이기 때문에 의미가 명료한 구성에서는 나타나지 않는 등 통사적인 기준보다는 의미적 기준에 의지하고 있는 것이 이러한 자의성이 나타난 이유라 할 것이다.

다만 한문에서 기능어가 쓰인 자리는 특정 구결이 호응관계를 형성하기 도 한다. 이 호응관계는 후대의 문헌, 즉 經書類 언해자료에 더 고정되는 경 향이 있다. 또 이같이 강한 호응관계를 보이는 구결은 관련되는 한문의 어사 가 없는 경우에도 현결된다. 이는 구결이 한문의 기능어와 유사한 역할을 수 행하기 때문에 나타나는 것으로 보인다. 이런 점을 보건대 구결은 한글로 기 록되어 있지만 한문적 속성이 강한, 즉 한문의 구성요소의 하나처럼 인식되 었던 듯하다.

3 현결태도

구결은 한문을 분절하고, 분절 단위(구절) 상호간의 통사적인 관계를 표 시하거나 구절의 종결이나 구절 간의 접속 등의 명제적 의미관계를 나타내 는 기능을 한다. 이를 구결의 1차적 기능이라 할 수 있다. 그런데 구결은 시 상, 경어법, 서법 등의 의미를 추가적으로 나타내기도 한다. 또 격범주 외의 의미관계를 표시하는 역할을 하기도 한다. 이를 구결의 2차적 기능이라고 할 수 있는데 이 2차적 기능은 선어말어미나 보조사에 의해 표현된다.

이러한 구결의 기능과 관련하여 현결태도가 둘로 나뉜다. 아래 (3ㄱ~ㄷ) 과 같이 1차적 기능만을 나타내는 구결만을 다는 태도와 (3ㄱ'~ㄷ')에서와

같이 1차적 기능의 구결은 물론 필요한 2차적 기능의 구결까지 현결하는 태
도가 그것이다. 앞으로 전자의 태도를 1차적 현결, 후자의 태도를 2차적 현
결이라고 부른다. 2차적 현결의 구결문에서는 언해했을 때 나타남직한 모든
문법요소가 나타나므로 2차적 현결에 의한 구결은 언해문에 그대로 수용·
반영된다.

(3) ㄱ. 卽諸佛心地法門也ㅣ라(곧 諸佛心地法門이시니라) (능5:69-70)
ㄱ'. 而顯圓融眞體也ㅣ시니라(두려이 노건 眞實ㅅ 體를 나토시니라)(능
3:90)
ㄴ. 不容情器로 妄度也ㅣ라(情器로 거즛 혜물 두디 몯ㅎ리라) (능2:42)
ㄴ'. 則輪廻를 可出也ㅣ리라(輪廻를 어루 나리라) (능8:134)
ㄷ. 卽乖法體也ㅣ라(法體예 어긜씨니라) (능4:53)
ㄷ'. 妄心이 緣之而起也ᄅ시니라(妄心이 브터 닐씨니라) (능4:61)

이런 현결태도가 문헌에 따라 어느 하나로 고정되어 나타나는 것은 아니
다. 같은 문헌 안에서도 2가지 태도가 공존하는 것이 보통이다. 어느 태도를
취할 것인가는 현결자의 수의적인 선택일 뿐이다.

4 간접현결

우리말과 한문의 어순이 일치하지 않을 때의 현결은 간단하지 않다.

(4) ㄱ. 從佛聞授記莊嚴事와 及轉次受決ㅎᅀᆞᆸ고 (법4:45)
ㄴ. 不知常住眞心의 性淨明體ㅎ고 用諸妄想홀씨 (능1:43)

(4)와 같이 우리말과 어순이 일치하지 않는 動賓構成 등의 한문에는 직
접 관계되는 어사에 구결을 달지 못하고 賓語의 뒤에 구결을 달 수밖에 없
다. (4)에서 문말의 'ㅎᅀᆞᆸ고'와 '홀씨'는 각각 앞부분의 '聞'(4ㄱ)와 '知'(4ㄴ)에
걸리는 것이다. 이와 같이 상위문의 동사와 관련되는 구결이 현결되는 방식
을 간접현결이라고 한다. 이러한 간접현결은 한문의 어순을 변경하지 못하

는 구결문의 특성에서 생기는 불가피한 현상이다.

그런데 동빈구성의 구결이 반드시 간접현결로만 나타나는 것은 아니다.

(5) ㄱ. 如是롤 我聞ㅎㅅ오니 (금강 1)
ㄴ. 今聞雖說涅槃ㅎ나 亦非眞滅을 ㅎ습고 (법2:51)
ㄷ. 伏請世尊이 爲證明ㅎ쇼셔 (능3:112)
ㄹ. 當自思惟호디 此相온 非是欲愛所生이시니 (능1:42)

(5)는 동빈구성이 간접현결과 다른 방식으로 현결된 예이다. (5ㄱ)은 대격어가 전치되어 우리말의 어순과 같아짐으로써 간접현결할 필요가 없어진 예이며, (5ㄴ)은 대격어가 되는 하위문의 구결 '을'과 간접현결의 'ㅎ습고'가 함께 나타난 예이다. 이런 구결을 '連添形口訣'이라 한다. (5ㄷ)은 상위문의 '伏請'에 대한 구결은 나타나지 않고 하위문의 구결 'ㅎ쇼셔'만이 나타난 예이다. 대문[12]의 대화 지문에 많이 보인다. 대화체현결이라고 할 수 있다. (5ㄹ)은 동사 바로 뒤에 '-오디'가 현결된 예로, 한문의 어순을 유지하기 위한 현결 방식의 하나인데 그리 많이 보이는 유형은 아니다. '言, 曰, 願' 등의 동사가 쓰일 때 이런 예가 많고 '思, 聞, 見'과 같은 1음절의 지각동사, 사유 동사는 이런 식으로 현결되지 않고, (5ㄹ)과 같이 2음절 이상이 함께 하나의 동사를 이룰 때 간혹 보인다. 이와 같은 동빈구조의 현결은 구결문을 좀더 언해문에 가깝게 하기 위한 노력이지만 원칙적인 것은 아니고, 동빈구조에서는 빈어가 단어 단위이건 문장 단위이건 상위의 술어와 관계되는 구결만이 현결되는 간접현결의 방식이 원칙적이다.

구결문에서 조사는 후행하는 구절과의 관계를 나타내는 것이 원칙적인 쓰임이다. 그러나 때로는 (6)과 같이 선행어사와의 관계를 나타내는 구결이 달리기도 한다.

(6) ㄱ. 說般若롤 非般若ㅣ라 ㅎ샤 (금삼3:6)
ㄴ. 汝勿謂此鳥롤 實是罪報所生이라 ㅎ라 (아미11)

___

12) 주석문에 대응하는 개념으로 사용한 것이다. 주석문보다 큰 활자로 표기되는 점을 중시해서 이와 같이 부른 것이다.

(6)에서 구결 '롤'은 선행어사 '說, 謂'와의 관계를 나타내고 있다. 이런 현결은 한문의 以爲構成의 구결문에 간혹 나타난다. 대격의 구결은 전치된 빈어에 달리는 것이 보통이다. 일반적으로 동빈구성의 빈어가 문장일 경우 하위문의 주어에는 주격조사 '-이'나 속격조사 '-읫'가 현결된다. (6)은 동사 바로 뒤에 위치하는 명사구라는 점을 강조해 대격이 현결된 특이한 예이다. 이런 특이한 예를 제외하면 구결의 조사는 모두 후행어구와의 관계를 나타 낸다. 이는 조사의 경우 우리말과의 어순이 일치하는 경우에만 현결될 수 있 다는 원칙과도 통한다. 우리말에서는 조사가 통합된 어사는 서술어에 선행 하기 때문이다.

5 '이-'와 '호-'의 용법

구결문에서 한문 구절에 대한 품사적 판단은 현결되는 구결로 표현된다. 조사가 현결된 구절은 명사구로 판단된 것이다. 통합되는 구절에 동사성분 이 포함되어 있고 전체적으로 서술성을 갖고 있을지라도 조사가 현결된 것 은 명사구로 취급된 것이다.[13]

구결로 쓰인 '호-'와 '이-'도 우리말에서와 같은 문법적 기능을 가진다. 원칙적으로 '호-'는 통합된 구절을 동사구로 기능하게 하며, '이-'는 명사서 술어로 기능하게 하는 용법으로 쓰인다. 따라서 '호-'의 현결은 통합된 구절 을 동사구로 인식했음을 보이는 것이다. 계사 '이-'의 현결은 성격이 조금 복잡하다. 구결문에서 '이-'는 계사적 용법으로 사용된 것과 구절내 동사의 서술성을 표현하는 것의 두 종류가 있다. 전자는 통합된 구절을 명사구로 파 악한 것이지만, 후자의 경우 통합된 구절은 서술성과 명사성을 동시에 지니 는 것으로 보아야 한다. 이런 '이-'의 성격으로 인해 (7)과 같이 '이-'가 '호-'

---

13) 구결문에서는 한문 구절을 메타언어적으로 인식하는 경향이 있는데, 이에 따라 구절 자체의 속성은 동사구이더라도 명사구처럼 취급되는 일이 많다. 이런 예는 특히 주 석문에 많이 보인다. 동사구에 대한 계사 '이-'의 현결이나 의문 첨사 '-고'의 현결은 이런 사정과 관련된 것으로 보인다.

를 대신해 사용되기도 한다.

(7) ㄱ. 明覺이 立堅이니 (능4:17)
ㄴ. 交發ᄒᆞ야 立堅ᄒᆞ야 (능4:17)

(7ㄱ)은 'ᄒᆞ-'가 쓰일 자리에 '이-'가 쓰인 예이다. (7ㄴ)은 이런 환경에서
는 'ᄒᆞ-'가 쓰여야 함을 보여준다. 그런데 역으로 '이-'가 쓰일 자리를 'ᄒᆞ-'
가 대치하는 일은 없다. 이 점은 구결 '이-'와 'ᄒᆞ-'의 발생 과정과 관련된 것
으로 보인다. '이-'는 동사술어문이나 명사술어문의 구결로서 보편적으로 쓰
이던 것이었으나 점차 문법 의식의 발달로 동사술어문과 명사술어문을 구별
하게 되고 이에 따라 구결도 'ᄒᆞ-'와 '이-'가 분화되었던 것으로 생각된다.
즉, 구결이 생성되기 시작하는 단계에서는 한문의 모든 구절을 명사적인 것
으로 인식하여 서술어적 구절에도 '이-'가 현결되는 것이 기본적인 쓰임이었
고, 'ᄒᆞ-'는 구결문에서 '이-'가 담당하는 역할에다가 'ᄒᆞ-'가 관련되는 어사
가 동사로 언해되어야 한다는 추가적 정보를 보이는 것으로, 국어적 속성을
더 많이 반영하기 위해 사용되게 된 존재라고 할 수 있다. '이-'와 'ᄒᆞ-'를 동
등한 층위의 것으로 이해해서는 안될 것이다.
　김문웅(1986:67)에서는 후대의 문헌으로 갈수록 'ᄒᆞ-'보다는 '이-'가 보편
적으로 쓰이는 사실을 들어 처음부터 분화되어 쓰였으나 '이-'가 영역을 확
대하게 된 것으로 볼 수도 있다고 하고 있다. 그런데 후대의 經書口訣을 보
면 15세기의 佛書口訣에 비해 정제되고 형식화되었다는 느낌을 받을 수 있
다. 15세기의 구결은 훈독구결의 흔적을 일부 간직하고 있는 데 비해 경서
구결에는 그런 점이 전혀 보이지 않으며, 사용되는 구결 형태도 15세기 자
료에 비해 제한되어 있다. 이는 음독구결의 정착과 한문 이해도의 발달로 인
하여 한문의 의미를 명확히 하는 기능을 지녔던 구결이 구두점 표시와 같은
형식적 요소로 기능이 축소된 것이 원인이 아닐까 생각된다. 따라서 후대 문
헌에 '이-'가 확대되는 현상은 형식화하는 구결 전체의 변화 속에서 이해되
어야 할 것이다.
　'ᄒᆞ-'가 '이-'에 비해 국어 정보를 더 많이 포함한 존재라는 점은 구결문

체계에 의해서도 확인된다. 대개 다양한 문법적 표지를 초월하고자 하는 1차적 현결에는 흔히 '이-'구결이 사용된다.[14] 또 통합되는 선어말어미나 어말어미도 'ᄒ-'가 훨씬 다양하다.

(8)과 같이 언해될 때 '이-'는 다양한 형식으로 언해됨에 비해, 'ᄒ-'는 반드시 동사로 언해되는 것도 'ᄒ-'가 국어적이라는 것과 관련된다.

> (8) ㄱ. 其佛壽命은 無量千萬億阿僧祇劫<u>이리니</u> (그 부텻 壽命은 無量千萬億阿僧祇劫<u>이리니</u>) (법4:52)
> ㄴ. 唯殺盜淫三이 爲根本<u>일씨</u> (오직 殺과 盜와 淫과 세히 根本이 <u>ᄃ욀씨</u>)(능4:31)
> ㄷ. 三菩提者는 心常空寂<u>이니</u> (三菩提ᄂᆞᆫ ᄆᆞᄉᆞ미 샹녜 空寂<u>ᄒᆞ미니</u>) (금강 41)
> ㄹ. 世者ᄂᆞᆫ 三際迭遷<u>이오</u> (世ᄂᆞᆫ 三際 서르 <u>올몰씨오</u>) (능4:94)
> ㅁ. 一時예 佛이 在室羅筏城祇桓精舍<u>ᄒᆞ샤</u> (ᄒᆞᄢᅴ 부톄 室羅筏城祇桓精舍애 <u>겨샤</u>) (능1:22)

(8ㄱ)은 명사구에 '이-'가 현결된 것이므로 지정구문으로 언해되었지만, (8ㄴ~ㄹ)과 같이 동사구에 '이-'가 현결되면 다양한 형식으로 언해된다. 특히 (8ㄷ)은 주석분에 많이 나타나는 형식이다. 반면 'ᄒ-'가 현결되면 예외없이 (8ㅁ)과 같이 동사로 언해된다. 이 같은 현상은 'ᄒ-'가 '이-'에 비해 국어

---

14) 김문웅(1986:95) 참조. 앞서 1차적 현결을 취하느냐의 결정은 수의적이라 하였지만, 그 중에는 구결문 구조와 관계되어 나타나는 것도 있다.
  ㄱ. 常放大法光明은 普照迷暗也ㅣ라 (샹녜 大法光明을 펴샤ᄆᆞᆫ 迷暗을 너비 비취샤미라) (법4:32)
  ㄴ. 言丈夫者ᄂᆞᆫ 指大乘種性ᄒᆞ야 而慶進之也ㅣ시니 (丈夫ㅣ라 닐오ᄆᆞᆫ 大乘種性을 ᄀᆞᄅᆞ치샤 警戒ᄒᆞ야 나ᅀᆞ샤미니) (법4:41)
  위 예에서 '이-'가 현결된 것은 구문 전체가 주제문이기 때문이지만, '이-'는 통합된 구절 안의 동사 '指'의 서술성을 나타내는 역할도 동시에 갖고 있다. 이때 '이-'의 서술성 표지로서의 기능이 중시되면 관련 동사의 행동주의 존칭성에 따라 (ㄴ)과 같이 '-시-'가 쓰일 수 있다. 그러나 만일 전체 통사구조를 지정구문으로 인식하면 주어는 '常放大法光明'이 되고 그것은 존대대상이 아니므로 (ㄱ)과 같이 '-ㅣ라'만이 현결된다. 결국 (ㄱ)과 (ㄴ)에서 '-시-'가 쓰이고 쓰이지 않는 차이는 '이-'의 복합적 성격과 구결문의 구조에 따른 것이므로 완전히 수의적이라고 하긴 어렵다.

적인 구결임을 말해주는 것일 것이다.

　이 밖에도 구결문에서의 '이-'와 'ᄒᆞ-'의 쓰임에는 약간의 편차가 있다. '也, 矣, 哉, 耶, 而已' 등의 허자가 쓰인 구절과 '是, 則, 乃, 爲'의 어사나 조동사 '可, 應, 當', 부정사 '非' 등이 쓰인 구절에는 '이-'가 현결되는 경향이 강하다. 또 선어말어미 '-거-', 연결어미 '-ㄴ댄', 감동법어미 '-도다, -샷다', 의문법어미가 통합될 때와 연첨형구결의 첫번째 구결에는 '이-'가 쓰이는 경향이 강하다.

6 연첨형구결

　연첨형구결이란 (9)와 같이 두 개 이상의 구결이 연속된 것을 말한다.

　(9) ㄱ. [言호ᄃᆡ [汝ㅣ 當作佛이라]홀씨] (법6:93)
　　　　[[由是로 離諸菩縛ᄒᆞ야 而得解脫이라] ᄒᆞ니] (법2:179)
　　ㄴ. [結示 [由殺盜淫三ᄒᆞ야 爲根本인둘] ᄒᆞ시니라] (능9:36)
　　　　[知 [其魂慮이 變慴ᄒᆞ둘] ᄒᆞ시고] (능2:53)
　　ㄷ. [亦令 [將來옛 諸有漏者로 獲菩提果케] ᄒᆞ리라] (능2:77-78)
　　ㄹ. [譬之 [空과 水와] 컨댄] (능2:106)

　(9ㄱ,ㄴ)은 동빈구조에서 빈어가 문장일 경우 하위문의 서술어와 상위문의 서술어에 현결될 구결이 함께 나타난 것이다. (9ㄷ)은 '슈'에 호응하는 표현 '-게 ᄒᆞ-'의 연첨형구결이다. (9ㄹ)은 공동격조사가 서술어의 구결과 같이 현결된 것이다. 이들은 훈독구결의 잔재로 이해된다.[15] 16세기의 경서구결에는 (9ㄱ)의 유형만 나타난다. (9ㄱ)은 연첨형구결의 대표적인 형식으로 화법동사와 사유동사가 쓰일 때 많이 나타나고 청원동사에도 간혹 보인다. 그러나 지각경험동사나, 인지동사에는 원칙적으로 (9ㄱ)의 연첨형구결은 쓰이지 않고 (9ㄴ)의 형식만이 쓰인다

---

15) 김문웅(1986:15) 참조.

이러한 연첨형구결은 반드시 두 개의 구결로만 이루어지는 것은 아니다.
(10)과 같이 세 개 이상의 구결이 연속되는 경우도 있다.

(10) ㄱ. [[我今에 當設方便ᄒ야 [令 [服此藥게] ᄒ오리라]] ᄒ고] (법5:156)

ㄴ. [使 [知功行이 已深ᄒ들] 케 ᄒ샤] (법3:164)

ㄷ. [恐惑者ㅣ [又云ᄒ오ᄃᆡ … [何有修行이리오] 홇가] ᄒ샤] (원각 상2-
1:10)

ㄹ. [佛勅我等ᄒ샤 [說最上道ᄒ오ᄃᆡ [修習此者ㅣ 當得成佛이라] ᄒ라] ᄒ
야시ᄂᆞᆯ] (법2:247)

이러한 구결은 (9ㄱ,ㄴ)과 (9ㄷ)유형이 합쳐진 것이 많다. 특히 (10ㄱ,ㄴ)
과 같이 '(ᄒ)게 ᄒ-'가 관련된 예가 많다. 또 (10ㄱ)과 같이 연첨형구결의 마
지막 'ᄒ-'의 관련 어사가 없는 경우도 있다. 그렇지만 (10)과 같이 구결이 3
개가 현결되는 일은 드물고 대개 (11)과 같이 중간의 하나를 생략하고 두 개
만을 연속하려는 태도를 보인다.

(11) ㄱ. [[欲名誰ᄒ오ᄃᆡ [是燈이며 是見이라] ᄒ리오] (이제 므스글 일훔
지호ᄃᆡ 이 燈이며 이 보미라 코뎌 ᄒ리오) (능2:84)

ㄴ. 着法之者ㅣ 聞不輕이 [[言ᄒ오ᄃᆡ [汝ㅣ 當作佛이라] 홀쎠] (法에 着ᄒ
던 사ᄅᆞ미 不輕이 닐오ᄃᆡ 네 반ᄃᆞ기 부텨 ᄃᆞ외리라 호ᄆᆞᆯ 드를쎠) (법
화6:93)

ㄷ. 如化城에 [[云ᄒ샨 … [爲說是經이라] ᄒ샤미니] (化城에 니ᄅᆞ샨 …
爲ᄒ야 니ᄅᆞᄂᆞ니라 ᄒ샤미 ᄀᆞᆮᄒ니) (법2:233)

(11ㄱ)은 언해문으로 보아 세 개의 층위에서 중간의 '코뎌'가 현결되지
않은 예이며, (11ㄴ)은 중간의 '호ᄆᆞᆯ'이 생략된 것이다. (11ㄷ)은 'ᄒ샤미 ᄒ
니'가 융합되어 'ᄒ샤미니'로 실현된 것이다. 특히 '이- + 이- + ᄒ-'형식의
연첨형구결은 나타나지 않는데 이것은 중간의 '이-'가 연속되는 것을 피하는
연첨형구결의 특성 때문이다.

(9ㄱ)유형의 연첨형구결의 제1구결로는 '이-'가 선택되는 경향이 강하다.
그러나 명령법어미나, 의도의 어미 '-오려', 공손법선어말어미 '-ᅀᆞᆸ-'은 'ᄒ-'

에 통합되어서만 실현된다. 또 선어말어미 '-오/우-'도 'ᄒᆞ-'에 통합되는 경향이 강하다. 연첨형구결에서의 제1구결로는 사용되는 형식은 (12)와 같다.[16]

(12)

조사	와, 올
보조사	아, 오, 고
이-	이나, 이니라, 이니이다, 이라, 이러니라, 이로라, 이로이다, 이리라, 이시니라, 이시다 이로다, 이샷다, 이로소이다 이리오, 이신고, 이ᄯᆞ녀, 이어뇨, 이잇가, 이잇고, 인가, 인고, 일가, 이니잇고, 이리잇고
ᄒᆞ-	ᄒᆞ다, ᄒᆞ거다, ᄒᆞ과라, ᄒᆞᄂᆞ니라, ᄒᆞ노이다, ᄒᆞ노라, ᄒᆞ니라, ᄒᆞ다라, ᄒᆞ라, ᄒᆞ리라 호라, 호리라, ᄒᆞᅀᆞ오라, ᄒᆞᅀᆞ오리이다, ᄒᆞᅀᆞ오리라 ᄒᆞ쇼셔, ᄒᆞ야ᅀᅡ, ᄒᆞ야지라 ᄒᆞᆫ가, ᄒᆞᆯ가, ᄒᆞᆯ다, ᄒᆞ리잇고, ᄒᆞ리오,

정동사어미로는 설명법, 의문법, 명령법, 감탄법이 다 나타나고, 선어말어미도 '-거-'나 '-ᄂᆞ-'의 예가 많지는 않지만 대부분 보인다. 그러나 전체적으로 통합형이 다양하지 못해 언해문에 보이는 통합형은 물론 일반 구결의 통합형보다 제한된 형식만 보인다. 또 '-시-', '-숩-'의 경어법 선어말어미를 제외하면 선어말어미가 연속되는 예가 좀처럼 보이지 않는다. 특히 의문법어미가 쓰인 경우 공손법 이외의 선어말어미가 결합된 예를 볼 수 없다. 이는 구결문에서는 의문법이 보조사에 의해 표현되는 일이 많은 것과 관련된 현상일 것이다.

'이-'와 'ᄒᆞ-'가 통합 면에서 다른 양상을 보이는 것도 확인된다. 정동사어미의 경우, '이-'는 감동법어미와, 'ᄒᆞ-'는 명령법어미와 통합된다는 점이 구분된다. 또 의문법어미의 경우 '이-'가 좀더 다양한 통합체를 보여준다.

16) 이에 대한 자세한 목록과 형태는 김상대(1985)의 '구결목록' 부분을 참고하기 바란다.

선어말어미의 경우, 존경법 '-시-'를 제외하곤 'ᄒᆞ-'가 '이-'보다 다양한 선어말어미와 통합됨을 알 수 있다. 구결 전체에서도 'ᄒᆞ-'가 '이-'보다 다양한 선어말어미와 통합되므로, 특이한 것은 아니나, 확인법어미가 'ᄒᆞ-'와 통합된다는 점만이 주목된다. 일반적으로 확인법어미는 '이-'와의 예가 많기 때문이다.

그런데 연첨형구결의 제1구결은 1차적 현결을 취하는 경향이 강하다. 그래서 선어말어미가 통합된 예가 적고 정동사어미도 '이라'로 고정되어 '이라 ᄒᆞ-'의 형식으로 실현되는 일이 많다. 특히 주석문에서는 '이라 ᄒᆞ-'형이 아주 우세하게 나타난다. 이런 1차적 현결의 구결은 (13)에서와 같이 언해 과정에서 보충되거나 수정된다.

(13) ㄱ. 曰長夜애 … 得其果報ㅣ라 ᄒᆞ며(닐오ᄃᆡ 긴 바ᄆᆡ … 果報ᄅᆞᆯ 得호라 ᄒᆞ며) (법2:255)
ㄴ. 有福ᄒᆞ고 無罪라 ᄒᆞ시니(福이 잇고 罪 업스리라 ᄒᆞ시니) (법3:155)
ㄷ. 謂호ᄃᆡ 非如來ㅣ 訶責이라 ᄒᆞᄂᆞ니(닐오ᄃᆡ 如來 외다 아니ᄒᆞ시니라 ᄒᆞᄂᆞ니) (능1:34)
ㄹ. 大驚疑호ᄃᆡ 將非魔ㅣ 作佛ᄒᆞ야 惱亂我心耶아 ᄒᆞ다니(ᄀᆞ장 놀라 疑心호ᄃᆡ 魔ㅣ 부텨 ᄃᆞ외야 내 ᄆᆞᅀᆞᄆᆞᆯ 보차 어즈류미 장ᄎᆞ 아닌가 ᄒᆞ다니) (법2:24)

(13ㄱ,ㄴ)은 선어말어미가 보충된 예다. 이렇게 보충되는 선어말어미로는 '-리-'나 '-ᄂᆞ-'의 시제의 선어말어미가 많고 '-오/우-'나 '-시-'도 꽤 활발한 편이다. (13ㄷ,ㄹ)은 별개의 형태로 바뀌어 언해된 예다. (13ㄷ)은 설명법어미 '-라'가 '-니라'로, (13ㄹ)은 '-아'가 '-ㄴ가'로 바뀌어 있는데 별개의 형태이지만 기능범주상 커다란 차이가 있는 것은 아니다.

연첨형구결은 내포문을 포함하는 동빈구조에 나타나는데 그 출현은 수의적이다. (14)와 같이 단일형으로 실현될 수 있다.

(14) ㄱ. 言호ᄃᆡ … 所應取與ᄅᆞᆯ 汝悉知之호라(닐오ᄃᆡ … 그 中에 하며 져곰과 가지며 줄 꺼슬 네 다 알라) (법2:216)

ㄴ. 而白佛言호딕 … 悟知我心이 實居身外콰이다 (부텻긔 솔오딕 … 내
ᄆᆞᅀᆞ미 實로 몸밧긔 이쇼몰 <u>알와이다</u>) (능1:52)

ㄷ. 言常在此ᄒᆞ시며 又在餘處ᄒᆞ시니 (샹녜 예 잇노라 니ᄅᆞ시며 쏘 녀나
ᄆᆞᆫ 고대 <u>잇노라</u> ᄒᆞ시니) (법5:133)

ㄹ. 如來ㅣ 說爲眞可憐愍이니라 (如來ㅣ 닐오딕 眞實로 <u>어엿브도다</u> ᄒᆞ
<u>ᄂᆞ니라</u>) (능3:65)

(14ㄱ, ㄴ)은 연첨형구결의 제1구결만이 실현된 것이다. 대화의 지문에 많
이 보인다. 이들은 언해할 때도 연첨형적 구문으로 언해하지 않는다. (14ㄷ)
은 연첨형구결의 제2구결만이 현결된 것에 해당하는데 결과적으로는 간접현
결이다. (14ㄹ)은 '이라 ᄒᆞ-'가 융합된 것이다.[17]

연첨형구결은 그것과 관계되는 동사가 없을 때 현결되기도 한다.

(15) ㄱ. 我等이 長夜애 修習空法ᄒᆞ야 得脫三界苦惱之患ᄒᆞ야 住最後身有
餘涅槃ᄒᆞ야 佛所敎化애 得道이 不虛ㅣ라 ᄒᆞ야 則爲已得報佛之恩
호라 타이다 (법2:250)

ㄴ. 爾時天魔ㅣ 候得其便ᄒᆞ야 飛精附人ᄒᆞ야 口說經法게 ᄒᆞ야ᄃᆞ (능
9:99)

ㄷ. 又善男子ㅣ 窮諸行空ᄒᆞ야 已滅生滅호딕 已於寂滅에 精妙ㅣ 未圓
ᄒᆞ니 若於圓常애 固身常住ᄒᆞ야 同于精圓ᄒᆞ야 長不傾逝호려 ᄒᆞ야
(능10:61)

(15)는 현결자가 한문구성에 동사가 생략된 것으로 인식하고 그 의미를
보충하기 위해 연첨형구결을 통해 보충한 것으로 보인다. 이것은 연첨형구
결과 특정 어사가 호응관계를 이루고 있기 때문에 가능한 것일 것이다. 구결
문에서 호응관계를 보이는 구결은 한문에 관련어사가 없을 때도 현결되는
일이 있는데, 이는 구결문에서 구결이 한문의 기능어와 같은 역할을 수행함
을 말해주는 것이다.

---

17) 연첨형의 융합현상은 김문웅(1986:64), 이현희(1994:354-356) 참조.

7 시가자료의 현결

시가자료는 산문자료와 성격이 다르다. 시가문은 운율이라는 요소를 고려해야 하고 제한된 字數로 표현해야 하기 때문에 어사의 생략과 전치 등에 의한 변형이 산문에 비해 심하다. 또 시구와 시구가 의미적으로 완결·독립되는 경향을 보인다. 따라서 이런 시가문을 현결할 때는 산문과 다른 현결방식을 사용했을 가능성이 높지만, 필자는 이를 체계적으로 기술할 능력을 지니고 있지 못하다. 이에 표면적으로 두드러지는 현상 한두 가지를 피력하는 데 그치고자 한다.

(16)은 「남명집언해」와 「시경언해」에서 발췌한 것이다.[18]

(16) ㄱ. 到此何嘗得自由ㅣ리오(남명 하:62)
　　ㄴ. 馳求外物올 幾時停고(남명 하:44)
　　ㄷ. 繁然動作애 無憎愛ᄒ리라(남명 하:47)
　　ㄹ. 二乘ᄋ 精進ᄒ나 勿道心ᄒᄂ니(남명 하:47)

(16)에서 시가문의 분절 방식을 짐작할 수 있다. 하나의 구절을 1~3단위로 나누고 있는데, (16ㄴ, ㄷ)과 같이 2단위로 분절하는 것이 일반적이다. 「시경언해」는 4자성구를 구결로 연결하여 하나의 시구를 구성하고 있는데 대개 2구로 된 것이 많아 3구 이상으로 구성된 구조는 거의 나타나지 않는다(권2에서 3구는 3, 4구는 2 정도 나온다). 이로 보건대 시가문에서는 되도록 하나의 시구를 2개의 단위로 분절하려는 경향이 있다고 생각된다.

아래 (17)은 「시경언해」 권2에서 2개의 구절로 나누어진 시구에 쓰인 구결을 분석해 본 것이다.

---

18) 15세기에 여타 운문자료가 많은데도 이들 자료를 대상으로 삼은 것은 이들이 시가문의 형식을 온전히 갖추고 있다고 보기 때문이다. 월인천강지곡이나 용비어천가, 법화경의 偈頌, 금강경삼가해, 선종영가집언해 등도 운문자료이긴 하나, 시가문이라 보기는 어렵기에 대상으로 삼지 않았다. 특히 시가문을 고집하는 것은 「두시언해」를 고려한 것이다.

(17)

句中		句末	
어미	105	이-	47
		ᄒ-	44
		보조사	13
조사	71	이-	53
		ᄒ-	15
		보조사	5

(17)에서 보듯이 시구 끝의 구결로는 '이-'가 상대적으로 우세하다. 이것은 '이로다'나 '이샷다' 등의 감동법의 구결이 '이-'와 통합되어 나타나는 것이 주된 원인이라고 생각된다. 특히 구문 중간에 조사가 쓰이면 시구 끝에도 '이-'가 선택되는 경향을 보이는데, 주격조사와 유사한 역할을 하는 호격의 '-이여'나 주격조사 '-이', 주제의 보조사 '-ᄋᆞᆫ' 등이 쓰이면 거의 예외가 보이지 않는다. 위 표에서 시구말에 'ᄒ-'가 쓰인 예는 구중에 '-애'나 '-ᄋᆞᆯ'이 쓰였을 때이다. 3구 이상이 연결된 시구에서는 조사＋ᄒ-＋이-/ᄒ-형식이 대표적으로 구중의 두 번째 구결은 'ᄒ-'를 취하는 경향이 강하다. 구중의 어미로는 '-니, -어/아'가 많고 선어말어미가 통합된 형태는 거의 보이지 않는다. 이상의 피상적 관찰을 통해 시가문의 현결은 시구를 2개로 분절하며, 시구말의 구결로는 '이-'가 잘 선택되는 경향이 있음을 엿볼 수 있었다.

다양한 언어현상을 보이는「두시언해」는 구결이 달려 있지 않아 언해문과 한문(구결문)의 관계를 직접적으로 파악하기 어렵다. 그러나 언해문을 보면 하나의 시구가 위에서 말한 것과 같이 구분되어 있는 흔적을 볼 수 있다. 또 "將別巫峽ᄒᆞᆯ시 贈南卿兄을 瀼西果園四十畝ᄒᆞ노라"(두시 15:15)에서와 같이 시의 제목에 구결이 달린 예가 있고, 주석문에는 반드시 구결이 달린다는 것을 감안한다면「두시언해」도 언해 과정에서는 현결 단계가 있었지 않았을까 생각된다. 또 주석자와 언해자가 다르다는 점과 시를 언해한「시경언해」는 물론,「금강경삼가해」나「남명집언해」와 같은 유사한 성격의 문헌에 구결이 달린다는 점, 그리고 필사본자료 「杜律分類」[19]에서는 구결문이 나타나는 점 등은 「두시언해」에도 현결의 단계가 있었으며 구결문을 바탕으로 언해가 이루어졌을 개연성을 높게 한다. 杜詩가 거의 5언이나 7언으로 된 시구로서 한문의 문장구조가 비교적 명료하고 바로 뒤에 언해문이 이어지기 때문에 구결이 현결되지 않은 것으로 보인다.

2.2 구결형태의 용법

구결문에 사용되는 문법형태는 언해문의 그것과 큰 차이가 없으며, 그 용법 역시 크게 다르지 않다. 이것은 구결문의 문법형태가 언해문에서의 용법을 기본으로 하여 구결문에 사용되었기 때문이다. 그러나 구결문은 한문 문장의 완전한 번역이 아니고 그에 대한 통사적인 해석일 뿐이며, 구성 단위가 한문 구절이라는 특수성이 있다. 이런 이유로 구결로 쓰이는 문법형태는 본래 갖고 있던 기능에서 벗어난 쓰임을 보이기도 한다.

구결문에서의 문법형태들의 자세한 용법은 해당되는 현상을 논의하는 곳에서 언급하기로 하고 여기서는 구결문에 사용되는 문법형태들과 특징적 사실 몇 가지를 정리한다.[20]

1 조사류

구결문에서 조사는 구성요소인 구절들의 통사적 관계를 보이는 것이 주

---

19) 규장각에 소장되어 있는 3권 3책의 두시의 언해 자료이다. 두시 가운데 율시만을 발췌하여 편집해 놓은 필사본으로 19세기 중반자료로 추정된다. 이 책은 한시 원문에 당시 한자음을 달고, 우리말로 토를 달고, 언해를 하는 체재로 되어 있다. 이종묵(1998), 정재영(1998), 이현희(1998) 참조.
20) 구결로 쓰이는 문법형태의 목록과 기능에 대해서는 김문웅(1986)과 김상대(1985)가 참고된다.

된 역할이다. 구결이 한문의 이해를 돕기 위한 것이기 때문에 구결문에서의 조사는 한문의 구조를 명확히 하기 위한 것으로 한문의 허사와 유사한 역할을 수행한다.

구결문에 사용되는 조사의 형태는 아래의 (1)과 같다.

(1) ㄱ. 주격조사 : 이/ㅣ/ ∅
     ㄴ. 속격 조사 : ㅅ, 이/의, 앳
     ㄷ. 대격조사 : 올/을/롤/를
     ㄹ. 처격조사 : 애/에/예
     ㅁ. 조격조사 : 로/으로
     ㅂ. 공동격조사 : 와/과 (와로/과로)
     ㅅ. 호격조사 : 하, 아, 이여
     ㅇ. 보조사 : 온/은/ᄂᆞᆫ/는, 란/ᄋᆞ란/으란, 도, 고/오, 가/아, ᅀᅡ, 셔, 곳/옷

(1)에서 이형태의 교체는 선행음절의 음운론적 환경에 따르지만, 규칙적이지 않고 예외적인 예가 많다. (1ㄱ)은 주격조사의 예이다. 선행모음이 'ㅣ'로 끝날 경우에는 언해문에서와 마찬가지로 '∅'가 쓰이지만, 한문의 口讀 處를 확인하는 구결의 1차적 기능 때문에 'ㅣ'가 쓰이기도 한다. (1ㄷ)과 (1ㅇ)에서 '를'과 '는'은 그 예가 드물다.21) (1ㄹ)의 처격조사로는 '이/의'가 쓰이지 않는 점이 언해문과 다르다. (1ㅁ)의 조격조사는 처격조사와 마찬가지로 한문의 특정어사와 호응하여 나타나는 경향이 있다. 이에 해당하는 어사로는 '以, 使, 與, 故, 自' 등이 있다.22)

구결문에 쓰인 조사는 언해문에 그대로 반영되는 것이 일반적이지만 (2)와 같이 바뀌어 나타나는 예도 간혹 보인다.

(2) ㄱ. 序ㅣ 固如是也ᄒᆞ니라 (次第 本來 이 ᄀᆞᆮᄒᆞ니라) (능1:14)
     ㄴ. 如來ㅣ 普告大衆ᄒᆞ샤ᄃᆡ (如來ㅣ 너비 大衆ᄃᆞ려 니ᄅᆞ샤ᄃᆡ) (능1:111)
     ㄷ. 我命이 亦盡ᄒᆞ리니 (내 命도 다ᄋᆞ리니) (능10:62)

---

21) 구결에서 '를'을 거의 볼 수 없는 것은 불경언해의 공통되는 현상이고 「두시언해」에 서조차 볼 수 없다고 한다. 김문웅(1986:32) 참조.

22) 남풍현(1973) 참조.

ㄹ. <u>是義</u> 云何ᄒ야ᅀᅡ 合因緣性ᄒ리잇고(<u>이</u> 쁘든 엇뎨ᄒ야ᅀᅡ 因緣性
    에 마ᄌ리잇고) (능2:67)

ㅁ. <u>唯大妄人</u>의 永絶善根ᄒ시니라(큰 妄ᄒᆫ 사ᄅᆞ미 善根 그추믈 가줄비
    시니라) (능6:110)

ㅂ. <u>義</u>예 以性相이 相違ᄒ며(쁘덴 性과 相괘 서르 어긔며) (능4:6)

(2)는 구결문의 조사가 언해문에서 바뀐 예이다. (2ㄱ)은 'ㅣ'모음 뒤의
구결 'ㅣ'가 언해문에서 'ø'로 실현된 예인데 이는 (2ㄴ)과 같이 그대로 실
현되기도 한다. (2ㄷ, ㄹ)은 주격조사가 보조사로 바뀐 예이다. (2ㅁ)은 주어적
속격의 '-의'가 언해문에서 주격조사로 바뀐 예이다. 내포문의 주어가 현결
과정에서 '-의'와 '-이' 양자로 교체될 수 있는 것과 관련된다. (2ㅂ)은 처격
조사가 복합형 '-엔'으로 바뀐 예이다. (2)와 같이 조사의 형태가 바뀌는 일
은 아주 드문 일이고, 그 방향도 '격조사 → 보조사', '단일형 → 복합형'의
예만 보인다. 보조사와 복합형은 2차적 현결에 해당되므로 1차적 현결에 대
해 언해문에서 보충하는 유형에 해당할 것이나, 조사의 경우 이런 예조차 극
히 드물고 (2ㄴ)과 같이 구결 특유의 쓰임을 보이는 것도 그대로 언해문에
반영되는 것이 보통이다. 이 점은 어미류와 비교되는데, 조사가 현결된 구절
은 구결문에서의 용법이 언해문으로 반영되기 더 쉬운 환경이라 할 것이다.

구결문에서는 선행구절의 언어 단위에 상관없이 조사만 현결되는 것이
원칙이다. 통합되는 구절이 서술성을 지니고 있더라도 (3)과 같이 쓰이기보
다는 조사만 현결되는 일이 많다.

(3) ㄱ. 能見林泉호미 無有是處ᄒ이다(能히 林泉 보미 이런 고디 업스이
      다)(능1:50)

   ㄴ. 涉萬殊而不異호ᄆ 妙也ㅣ오(萬殊에 드로ᄃ 다ᄅᄃ 아니호ᄆ 妙ㅣ
      오)(능2:35)

   ㄷ. 則無所去호ᄃ 若亭主也ᄒ니라(가미 업순ᄃ 亭主 ᄀᆮᄒ니라)(능2:24)

   ㄹ. 恣任僧擧호ᅀ 曰自恣ㅣ라(전ᄌᆞᄌᆞᆼ이 드러내에 홀쑬 닐온 自恣ㅣ라)
      (능1:29)

(3ㄱ, ㄴ)은 동명사23)에 조사가 통합된 형식이 구결로 쓰인 예이며, (3ㄷ, ㄹ)은 형식명사와 조사가 통합된 형식이 구결로 쓰인 예이다. 이런 형식은 속격, 호격, 공동격 조사를 제외한 조사 모두에 두루 보이는데 반드시 같은 형식으로 언해된다. 그러나 이런 예는 원칙적인 현결이 아니고 보통은 조사만이 현결된다.

구결문에서 보조사의 사용은 아주 소극적이다. 보조사의 영역까지도 격조사가 담당하려는 태도를 보이는데 김문웅(1986:49-50)에서는 이를 구결의 보수적인 태도에서 연유하는 것으로 보고 있으나 본고에서는 현결태도와 관계된 현상으로 이해한다. 격조사는 통사적 관계를 보이는 반면 보조사는 통사적 관계 외에 추가적인 의미적인 정보를 보이는 것이므로, 구결문에서 격조사와 보조사의 관계는 어말어미와 선어말어미의 관계와 비례하는 면이 있다. 다만 어미는 기능에 따라 형태가 구분되어 있는 데 비해, 보조사는 격조사의 기능과 보조사 독자의 기능이 하나의 형태로 표현된다는 점이 다를 뿐이다. 그런데 주격과 목적격 조사는 일부 보조사와 함께 쓰이지 못하는 것이 우리말의 규칙이므로 보조사의 구결은 표면적으로는 단일 형태이지만 심층적으로는 'φ-보조사'와 같이 보아 '-앤' 식의 복합형으로 이해할 수도 있다. 이렇게 보면 보조사의 현결은 2차적 현결태도를 취한 것이다. 구결문에 보조사가 쓰이면 언해문에도 반드시 보조사가 쓰이고, 15세기 구결보다 형식화되어 주로 1차적 현결태도를 보이는 후대의 경서구결에는 보조사의 예가 더욱 적고 조사의 복합형이 거의 나타나지 않는 것도 이 같은 맥락에서 이해될 수 있다.

구결문에서 보조사가 별로 쓰이지 않는 것은 구결문에서 조사가 담당하는 역할에도 그 원인이 있다. 구결문에서 조사는 구절 사이의 통사적 관계를 밝히는 역할을 하므로 이를 보조사로 대치하면 오히려 통사관계가 불분명해지기 때문이다. 그렇지만 보조사 중 '-ᄋᆞᆫ'은 매우 활발하게 사용된다. 이것은 한문이 주제부각형 언어이기에 그것에 대응하기 위한 구결로 '-ᄋᆞᆫ'이 사용되

---

23) 본고에서는 '-옴'만을 동명사어미로 보고 그것이 통합된 형태를 '동명사'라 부른다. '-ㄴ, ㄹ'은 관형사형어미로 불러 구분한다.

었던 것이 원인이라고 생각된다. '-ᄋᆫ'은 여타 보조사가 의미를 첨가하는 기능에 그치는 데 비해 '주제어 제시'라는 다른 격조사가 담당할 수 없는 독립된 기능을 지니고 있었기 때문에 많이 사용될 수 있었던 것으로 보인다.[24] 중세국어에서 여타 문장성분이 주제화된 '-ᄋᆫ'의 예보다는 문장주제적인 '-ᄋᆫ'의 예가 많은 것도 이와 관련되는데, 구결문에서 '-ᄋᆫ'은 한문의 주제어에 현결되는 기능을 가지고 있었기 때문에 여타 격조사를 '-ᄋᆫ'으로 대치하면 그것이 통합된 구절이 주제어로 잘못 인식되거나 통사관계가 불분명해지기 때문에 여타 문장성분의 주제화를 보이는 '-ᄋᆫ'의 예가 구결문에 적고 이것이 언해문에 반영된 것으로 볼 수 있다.

② 어미류

구결문에서 어미류는 구절과 구절 사이의 접속, 연결 관계를 보이거나, 문장의 종결 등 어구의 분절 관계를 보이는 기능을 한다. 조사가 통사 관계를 보이는 것과는 달리 의미관계에 초점이 맞춰진 기능을 한다는 점이 대조된다.

구결문에 쓰이는 어미 형태는 언해문과 큰 차이가 없다. 용법도 큰 차이가 없는 것으로 보인다. 다만 종류나 통합 양상이 언해문에 비해서 제한되어 있다.[25] 또 간혹 구결문 특유의 용법을 보이는 경우도 있다. 그 하나가 설명법어미로 쓰이는 '-니'이다. 아래 (4)의 예가 그것이다.

    (4) ㄱ. 因爲是解ᄒ니 (因ᄒ야 이 注를 밍ᄀ니라) (능1:1)
       ㄴ. 得無難驗ᄒ리니 (險難 업수믈 得ᄒ리라) (능8:8)
       ㄷ. 發疊之法也ㅣ니 (覺을 내는 法이라) (능7:17)

---

24) 현대 언어학에서 주제어는 주어, 대격어 등의 문장성분과는 층위를 달리하는 개념이지만 당시의 한문 분석에서는 주제어는 문장성분과 같은 층위의 것으로 인식하지 않았나 생각된다.
25) 구체적인 통합례는 김상대(1985)의 '구결목록'과 김문웅(1986:69-92) 참조.

언해문에서 '-니'는 「월인천강지곡」이나 「용비어천가」에 주로 나타나 반말의 가치를 띤 종결어미로 취급되는 것이다.26) 그런데 (4)의 구결 '-니'는 공손법과는 무관한 것으로 보인다. (4ㄴ, ㄷ)에서는 구결문의 '-니'가 언해문에서 '-라'가 대응하고 있다. 또 의문법으로 쓰이는 '-리'의 예는 구결문에 보이지 않는다. 구결문에서 연결어미 '-니'는 의미 단락을 맺는 기능이 강한데, (4)의 예는 이런 '-니'의 기능이 강조되어 언해문에서 설명법어미로 대체된 것이 아닌가 생각된다.

구결문의 의문법이 대개 보조사 '가/고'에 의해 표현된다는 점도 언해문과 다른 점이다. 특히 ᄒᆞ라체의 판단의문문에 '가'가 쓰이는 경향이 강하다. 이것은 구결문에서 의문법어미로 '-니아(녀), -리아(려)'의 형태가 거의 쓰이지 않는 것으로 연결된다. 이들은 언해문으로 옮겨질 때 적당한 의문법어미로 교체되는 것이 보통이다. 그러나 간혹 언해문에 그대로 이어져 의문법의 예외적인 용례를 낳기도 한다. 이 같은 구결문에서의 의문법형태의 특성은 언해문에서 간접의문과 직접의문의 구분을 중화시키는 데도 관여되지 않나 의심되기도 한다.

어미류는 'ᄒᆞ-'나 '이-'와 통합되어 실현되는데, 'ᄒᆞ-'와 '이-'는 어미의 통합 양상이 다르다. 선어말어미와의 통합에서는 대체로 '이-'가 'ᄒᆞ-'에 비해서 제한되어 있다. 'ᄒᆞ-'의 경우 언해문에 쓰이는 선어말어미가 모두 통합된 다양한 형식을 보이지만 '이-'는 '-ᄉᆞᆸ-'과의 통합체가 보이지 않고, '-오/우-'나 '-ᄂᆞ-'와의 통합체도 적은 편이다. 그러나 특정 선어말어미 즉 감동법 선어말어미나 확인법 '-거/어-'와의 통합체는 '이-'가 훨씬 우세하게 나타난다. 또 공손법 '-이-'도 '이-'의 예가 우세한 편이다. 확인법 선어말어미 '-거/어-'는 타동성에 따라 구분되어 사용되지만, 통합되는 구절이 타동성을 지니고 있더라고 '이-'가 현결되면 '-거'(실제는 '-어'로 실현)만 결합할 수 있다.

종결어미와의 통합에서는 의문법어미와 감탄법어미가 '이-'와 통합되는 경향이 강하고, 명령법어미는 'ᄒᆞ-'와만 결합한다는 차이가 있다. 이는 '이-'의 [상태성] 때문이라고 이해된다. 의문법어미의 경우는 '이-'가 보조사에 더

---

26) 고영근(1987:125-6) 참조.

가까운 형식이기 때문이라고 할 수 있다.

연결어미는 '이-'와 'ᄒ-'가 큰 차이를 보이지 않는다. 그러나 의도의 '-오려', '-고져' 등은 'ᄒ-'와만 결합한다. 이것은 선어말어미 '-오/우-'가 '이-'와 잘 통합되지 않는 것과 맥락을 같이하는 것이다. 1인칭주어와 호응하는 '이로-'의 예는 있어도 의지표현인 '이로리-'의 예가 없는 것과 같다. 또 부동사형 '-어/아-'의 결합형 '이라'는 이유의 의미나, 현대국어의 'A가 아니라 B이다'의 '아니라'와 같은 의미로만 쓰인다는 차이가 있다. 또 선어말어미 '-거/어-'와 함께 쓰이는 연결어미들은 '이-'와 통합된 예가 우세하다. 이는 확인법 선어말어미 '-거/어-'가 '이-'와 통합되는 경향이 강하기 때문이다. 이 밖에 '-ᄃ록, -다가, -디옷'은 'ᄒ-'와의 통합만 보이는데 예가 많지 않기 때문에 우연한 것일 수도 있다.

전성어미는 'ᄒ-'와 '이-'가 뚜렷한 차이를 보인다. '이-'와 통합된 예는 거의 없다. 관형사형어미는 'ᄒᆯ/ᄒᆼᆯ, ᄒᄂᆫ/ᄒᆞᄂᆫ, ᄒᆫ/ᄒᆫ/ᄒᆞᆫ' 등 시제에 따른 형태를 모두 보이는 데 반해 '이-'는 '-인'과 '이론' 정도 밖에 없으며 그 예도 아주 적다. 게다가 의미도 동격관계를 나타내는 것에 한정된다. 동명사는 'ᄒᆱ'의 예만 보인다. 계사의 동명사 '이롬'의 예는 보이지 않는다.

2.3 구결문과 언해문의 관계

구결문과 언해문의 관계는 15세기 자료의 언해 절차에서 엿볼 수 있다. 당시의 언해 작업이 먼저 원문(한문)에 구결을 다는 것으로부터 시작한다는 것은 아래 (1)의 기록을 통해 확인된다.

(1) ㄱ. 恭惟我主上殿下 … 特徹乙覽 親加口訣 正其句讀 命工曹參判臣韓
　　 繼禧及臣守溫 悉以國語依文而譯 (우리 전하께서 … 철저히 보시고
　　 친히 구결을 더하여 그 句讀를 바르게 하고 공조참판 한계희와 신
　　 수온에게 명하여 모두 우리말로 번역하도록 하였다.)

ㄴ. 於是親定口訣 臣敬依口訣宣譯 孝寧與僧海超等 更加硏究 凡五日告
　成 命刊經都監 鏤板印布
　(이에 (전하가) 친히 구결을 정하시고 신은 그 구결에 따라 번역하였
　고, 효령과 승 해초 등이 더 연구하여 5일에 완성을 고하고 간경도감
　에 명하여 인쇄하여 배포하였다.)

(1ㄱ)는 「능엄경언해」 간행에 관계한 김수온의 발문이고 (1ㄴ)은 「금강경
언해」의 한계희 발문인데, 모두 세조가 구결을 달아서 구두를 올바르게 한
뒤에, 그 구결에 따라서 번역하였다는 것을 밝히고 있다. 여기서 원문에 구
결을 다는 일이 앞서 있은 다음에 그에 따라 언해가 이루어지는 것이 당시
의 일반적인 언해 절차였음을 알 수 있다.[27]

이러한 절차로 인해 당시 언해문은 자연히 구결문의 구조 등에 영향을
받게 된다. 더구나 왕이 직접 단 구결에 대해서는 최대한 존중하여 반영하려
했을 것임을 짐작할 수 있다. 따라서 현결 이후의 언해 작업은 확정된 구결
에 의해 분절된 한문 구절을 우리말로 교체하고 구결의 문법형태를 이용하
여 언해된 단위들을 연결하는 형식적인 작업이었을 것이며, 이에 따라 구결
문은 언해문의 직접적인 모체가 되고 언해문은 구결문의 직접적인 반사형이
되는 종속적 관계가 형성되었을 것이다.

구결문과 언해문의 관계는 책의 체재를 통해서도 확인된다. 구결문과 언
해문이 같이 실리는 자료에서는 대부분 구결문이 대자로 먼저 실리고 언해
문이 그보다 작은 활자로 실리는 체재를 취하고 있다. 이러한 체재는 그 책
에서 구결문과 언해문이 갖는 비중과 역할을 보이는 것이다.[28] 구결문이 원
문의 구두를 명확히 하여 독법을 확정하고 원문에 대한 통사적 해석을 보이
는 역할을 갖는다면 언해문은 이 구결문을 정확히 이해하기 위한 부가적인

---

27) 홍윤표 선생이 소장하고 있는 이태백의 시를 언해한 필사본 자료 3책에, 제1책은
　　이태백의 원문을 한문으로 써놓고 제2책은 이 한문 원문에 구결과 해석을 달고 있
　　으며 제3책은 이를 언해하여 정리해 놓은 것이 있다고 한다. 이는 일반적인 한문
　　언해 과정을 단적으로 보여주는 자료라고 생각한다. 홍윤표(1993:122-7) 참조.
28) 김상대(1985:10-13)에서는 서책의 편찬 취지, 당시의 문자적 관념, 그리고 선인들의
　　한문 학습태도와 종교적 신념 등의 면에서 언해문보다 구결문이 중시되었다고 하고
　　있다.

역할을 수행한다고 할 수 있다. 이런 위상의 차이는 언해문이 구결문에 철저히 대응되는 관계를 낳게 된다.

그런데 현결 과정을 언어 능력의 면에서 생각하면 역으로 언해문의 모습이 구체적으로 구결문의 형식을 결정하는 데 작용했다고도 볼 수 있다. 따라서 언해문의 추상체가 도리어 언해문의 모체가 되고 구결문이 이의 반사형이 되는 관계에 놓이는 것으로도 생각할 수 있다. 김문웅(1986:13-15)에서는 「능엄경언해」의 구결이 그 이전의 훈독구결의 전통을 잇고 있으며, 훈독구결을 간소화한 형태가 「능엄경언해」의 구결로 정착되었다고 하고 있다. 훈독구결문이 언해문에 가까운 형태라고 하면 이 역시 언해문이 구결문에 영향을 주는 관계를 말해 주는 것일 것이다. 그러나 언해문의 추상체라는 것은 잠정적인 의미파악일 뿐이고 훈독구결문이 완전한 언해문인 것도 아니다. 따라서 이런 사실로 현결 과정에서 구체적인 언해문이 먼저 형성되고 그에 맞춰 현결이 이루어진 것으로 보기는 어렵다.

구결의 체계가 형성되는 단계에서는 우리말에 대한 언어 지식이나, 훈독구결의 경험이 작용하겠지만 체계가 어느 정도 정립된 단계에서는 언해문을 의식하지 않고 독자의 규칙에 의해 구결문이 형성될 수 있다. 이 때의 구결문은 한문을 국어화하는 중간 단계가 아니라 문법형태 즉 허사가 많이 사용된 또 하나의 한문 문체라고 이해된다. 후대의 경서의 구결문은 이런 속성을 더 강하게 갖는 것으로 보인다. 15세기의 구결문도 과도기적 단계의 것이지만 이와 같은 성격을 어느 정도 지니고 있는 것으로 볼 수 있다. 따라서 구결문이 언해문이 구체적으로 실현되는 모습을 결정하는 관계는 변함이 없다. 이러한 관계는 구체적인 자료를 통해 확인된다.

(2) ㄱ. 阿難이 已知如來世尊의 訶須菩提와 及大迦葉ᄒᆞ샤ᄃᆡ 爲阿羅漢이로ᄃᆡ 心不均平이라 ᄒᆞ신ᄃᆞᆯ ᄒᆞ고 欽仰如來ㅅ開闡無遮ᄒᆞ샤 度諸義謗ᄒᆞᅀᆞ와 經彼城隍ᄒᆞ야 徐步郭門ᄒᆞ야 嚴整威儀ᄒᆞ야 肅恭齋法ᄒᆞ더니 (능1:33)

ㄴ. 阿難의 如來世尊의 須菩提와 大迦葉을 외다 ᄒᆞ샤ᄃᆡ 阿羅漢이 ᄃᆞ외야쇼ᄃᆡ ᄆᆞᅀᆞ미 고르디 아니타 ᄒᆞ신ᄃᆞᆯ ᄒᆞ마 아ᅀᆞᆸ고 如來ㅅ 마곰 업수믈 여르샤 疑心과 할아ᄂᆞ니 濟度ᄒᆞ샤ᄆᆞᆯ 恭敬ᄒᆞ야 울워ᅀᆞ와 뎌 城隍

애 **디나** 城門애 날호야 **거러** 威儀롤 싁싁기 ᄒ며 ᄀᄌᄀ기 **ᄒ야** 齋法
을 恭敬ᄒ더니 (능1:33-4)

(2)에서 보듯 구결에 의해 분절된 한문 구절의 순서가 언해문에서 바뀌
는 일은 없다. 일단 구결이 현결된 구조는 언해문에서도 그 구조가 그대로
유지된다. 또 형태면에서도 음운론적 조건에 따른 교체에 의한 이형태 간의
차이가 있을 뿐 문법형태가 대부분 일치한다. (2)에서는 '-오디'와 '-야쇼디',
'-고'와 '-ᅌᅳᆸ고'와 같이 일부 예가 일치하지 않을 뿐이다. 언해 과정에서 구
결문에 없던 문법형태가 추가되는 일은 드물지 않은 일인데, 이것은 구결문
이 1차적 현결태도를 취하는 경우가 있기 때문이다. 1차적 현결의 구결문이
언해문으로 옮겨질 때 추가되는 형태로는 선어말어미 '-시-, -ᅌᅳᆸ-, -ᄂᆞ-, -리-,
-오/우-, -더-'와, 보조사 '-ᄋᆞᆫ', 동명사어미 '-옴', 형식명사 'ᄃᆞ, ᄉᆞ' 등이 대표
적이다. 특히 선어말어미의 예가 많다. 따라서 (2)에서 불일치되는 예는 1차
적 현결을 언해문에서 보완한 것일 뿐, 언해문이 구결문의 반사형이 된다는
본고의 입장에 지장이 되는 것은 아니다.

그런데 간혹 (3)과 같이 구결문의 형태가 언해문에서 달리 표현되는 일
이 있다.

(3) ㄱ. 是義**ㅣ** 云何ᄒ**야사** 合因緣性**ᄒ리잇고** (이 **ᄠᅳᆮ** 엇뎨ᄒ**야사** 因緣性에
　　　ᄆᆞᄌᆞ리잇고) (능2:67)
　　ㄴ. 我等이 於來世예 護持不所囑**ᄒ리이다** (우리 來世예 부텻 付囑을 護
　　　持**ᄒ리이다**) (법4:198)
　　ㄷ. 味不生舌矣**로다** (마시 혀에셔 아니 **나놋다**) (능3:27)
　　ㄹ. 初禪**ᄋᆞᆫ**(初禪은) (능2:32), 畜**ᄋᆞᆫ**(畜**ᄋᆞᆫ**) (능3:7)
　　ㅁ. 執心不起**ᄒᆞᆯᄃᆞ니라** (ᄆᆞᅀᆞᆷ 자바 니르왇디 아니 **홀ᄃᆞ니라**) (능8:7)

(3ㄱ)은 주격 '-ㅣ'가 언해문에서 보조사 '-ᄋᆞᆫ'으로 교체되어 있다. 조사
의 교체는 어미류에 비해 매우 드문 일인데, 보조사 '-ᄋᆞᆫ'이 주격조사에 대
해 2차적 현결태도를 보이는 것으로 본다면 형태 추가의 유형으로 볼 수 있
다. 구결문의 '-ᄋᆞᆫ'이 '-이'로 교체되는 역방향의 예는 보이지 않는 점도 이

들이 형태의 추가와 관련되는 것이기 때문이다. (3ㄴ)은 구결문에 실현된 문법형태가 언해문에서 생략된 것이다. 이러한 유형은 매우 드물다. 존경법의 '-시-'가 사용된 것에 일부 예가 보이며, '-오/우-'는 「능엄경언해」와 「법화경언해」를 통해 위의 예가 유일하다. 조사는 그 정도가 더 심해 「법화경언해」의 '-과로'가 '-과'로 되는 일부 예를 제외하곤 나타나지 않는다. (3ㄷ)은 다른 형태로 교체된 예이다. 이런 유형의 어미류로는 '-ㄹ디면 : -ㄹ딘댄, -오리라 : -오려, -샷다 : -시놋다/-시리로다, -리라 : -ᄂ니라, -얀 : -면, -거늘 : -거든, -ㄴ댄 : -면, -샤ᄉ이다 : -시리로소이다, -가 : -논다/뇨, -니라 : -다, -히 : -게'가 있고, 조사류로는 '-이 : ㅅ, -에 : -끠/-제/마다, -읜 : -이' 등이 있다. 그런데 이 때 교체되는 형태들은 같은 기능 범주의 것들로 현결할 때도 수의적으로 상호 교체되어 쓰일 수 있는 것들이다. (3ㄹ)은 양성모음과 음성모음이 교체되어 나타나는 예이다. 이에는 두 개의 유형이 존재하는데 구결의 쓰임을 바로 잡은 것과 한자의 음을 달리 읽은 것이 그것이다. 그러나 오히려 언해문의 것이 잘못되는 일도 있어, 모음조화의 점진적 붕괴와 관련된 것으로 보는 것이 좋다고 생각된다. (3ㅁ)은 관형사형어미 '-ㄹ' 뒤의 표기가 달라진 예로 표기법 차이에 의한 것이다. 예 외에 구결문의 '-ㄹ시'가 언해문에서 '-ㄹ씬'로 표기되는 것이 있다.[29]

　　이와 같이 구결문과 언해문이 불일치를 보이는 예가 없지 않지만 그 수가 적고, 기능을 바꾸지 않는다는 한정된 범위에서 가능한 것이다. 구결문과 언해문 사이의 대응이 형태소 층위의 대응이라고 본다면 이형태 사이의 변이를 보이는 (3)의 예들이 언해문이 구결문의 반사형이 된다는 본고의 생각에서 벗어나는 것은 아니다. 문제가 된다면 (3ㄴ)의 유형인데 수가 극히 적어 예외로 처리할 수 있다. 이처럼 구결문에 실현된 문법형태는 언해문에 반드시 실현된다는 특성을 갖고 있는데 이런 이유로 구결문의 독자적 규칙에 의해 쓰인 구결이라도 언해문에 그대로 이행될 수 있다.[30]

---

29) 자세한 설명과 구체적인 예는 김문웅(1986:93-137)을 보기 바란다.

30) 이 밖에 언해문이 구결문에 견인되는 근거로 김상대(1985:16-18)에서는 언해문에서 차용어와 고유어의 선택이 구결문에서의 어사의 문법적 범주와 밀접히 관련된다는 것과 중세국어의 복잡한 구조의 장문의 특성을 들고 있다. 이에 대해서는 본고도 대

그러나 구결문과 언해문이 불일치하는 예가 있다는 것은 구결문을 언해하는 과정에 제한적이나마 구결문을 우리말의 체계에 맞게 수정하는 과정이 있음을 말해 준다. 이에 본고는 구결문과 언해문의 관계를 다음과 같이 이해한다.

(4)

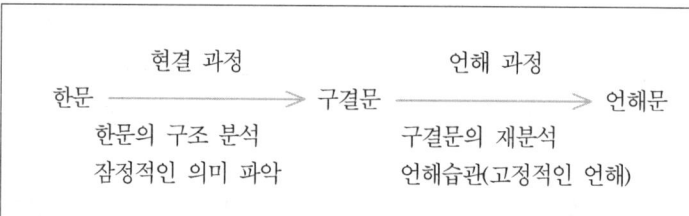

(4)에서 보듯 한문이 언해문으로 바뀌는 데는 2단계의 인식 과정이 존재한다. 구결문은 한문 구조에 대한 통사적 인식과 잠정적인 의미 파악의 결과이며, 언해문은 구결문에 대한 재분석(통사구조의 재인식)과 일부 고정화된 언해습관을 이용하여 우리말로 표현된 것이다. 결국 구결문은 언해문의 전제조건이 되어 언해문의 구조적 모습을 결정하게 된다.[31]

이와 같은 관계에서는 구결문 특유의 쓰임이 언해문에 그대로 반영되기 쉬우며, 이렇게 형성된 언해문은 자연스럽지 않은 구문이나 국어체계에서 불규칙적인 것일 가능성이 있다. 이러한 변이의 원인은 셋으로 나누어 볼 수

체로 공감하는 바이지만, 장문의 특성을 구결문의 영향만으로 설명하기는 곤란할지 모른다. 장문이 중세국어의 문체적 특성이지만 그것은 문어가 갖는 특성일 수도 있고 구결문의 영향이 아닌 또 다른 이유에서일 수도 있기 때문이다.

31) 중세국어 자료가 모두 구결문이 선행하고 언해문이 그에 따라 형성된 것은 아니다. 「별행록절요」와 같은 예는 원문을 축소하여 번역하고 있고, 16세기의 「번역소학」은 대응되어 있는 구결문을 따르지 않고 있기도 하다. 또 「두시언해」는 구결문이 보이지 않기도 한다. 그러나 본고가 대상으로 삼는 15세기 특히 간경도감 간본들은 구결문과 언해문의 관계가 아주 밀접하다. 또 구결자와 언해자가 구별되어 있고, 구결 작업이 언해 작업보다 선행한다. 더구나 간경도감 간본은 세조가 구결을 단 것이다. 이런 정황으로 미루어 언해자가 구결문을 무시할 수는 없었을 것이다. 따라서 이들 자료에 국한하여서는 구결문과 언해문의 관계는 종속적인 것으로 볼 수 있다.

있다. (1) 구결문 내에서의 문법형태의 공백에 의한 것, (2) 사용되는 문법형태의 용법이 구결문과 언해문이 다름으로써 발생한 것, (3) 이질적인 구결문의 통사구조가 언해문에 반영됨으로 발생한 것이 그것이다.

구결문의 문법형태는 언해문의 문법형태와 일치하지 않는 일이 있다. 이러한 불일치의 방향은 언해문에 있는 문법형태가 구결문에는 쓰이지 않는 것이었다. 구결문에 문법형태가 나타나지 않는 이유는 구결문 내에서 찾을 수 있다.

구결문은 현결태도에 따라 1차적 현결과 2차적 현결로 나뉜다. 1차적 현결은 구결의 기본적인 기능만을 중시하는 것이므로 당연히 언해문에 나타날 수 있는 문법형태가 충분히 반영되지 않는다. 또 특정 환경에서는 1차적 현결이 중점적으로 사용되어, 문법형태가 잘 반영되지 않는 일도 있다. 이런 예로는 연첨형구결의 선행구결이나 조사의 현결을 들 수 있다.

구결 '이-'는 선행구절이 동사성을 지니고 있는 경우에도 'ᄒᆞ-'를 대신해서 사용될 수 있다. 그런데 앞에서 살폈듯이 '이-'는 통합되는 형태가 'ᄒᆞ-'에 비해 제한되어 있다. 따라서 동사구에 '이-'가 현결된 경우, 필요로 하는 문법형태가 구결문에 제대로 반영되지 못할 가능성이 많다. 결국 '이-'가 현결된 구절은 체계 내적인 이유에 의해 문법형태의 출현이 제약되는 환경이라 할 것이다.

구결문에서의 문법형태가 갖는 기능은 언해문의 그것과 완전히 같지는 않다. 만일 구결문 특유의 용법에 의해 사용된 형태가 언해문에 그대로 옮겨간다면 문법체계에 새로운 기능과 용법이 추가되는 것이 된다. 이 중에 당시의 언어규칙에 모순되거나 문법체계에 채 수용되지 못한 것은 불규칙적이고 이질적인 요소가 될 것이다. 본고는 앞서 구결문에서 조사는 한문의 허사와 유사한 역할을 한다고 하였다. 한문의 허사가 지니는 문법 기능이 국어와 같을 수만은 없기 때문에 이런 예들은 언해문에 이질적인 요소를 발생시킬 소지가 있다. 처격조사 '-애', 속격조사 '-의', 주제보조사 '-ᄋᆞᆫ'은 이런 가능성이 높은 것들로 생각된다. 계사 '이-'도 이에 포함될 수 있다. 또 구결문의 구성 단위는 구절이다. 이들을 언해하면 단어에 해당할 수도, 구나 문장에 해당할 수도 있다. 그런데 우리말의 문법형태 중에는 이 문장성분 상의 관계에 의해 쓰임이 결정되는 것들이 있다. 선어말어미 '-시-'나 '-오/우-', '-숩-'은 주어나 대격어와 서술어 사이의 관계에 따라 그 쓰임이 결정된다. 그러나 구절이 구성 단위인 구결문에서는 언해문의 문장성분이 하나의 독립된 구절로 실현되는 것은 아니다. 이런 여러 요인에 의해 구결문의 문법형태는 언해문과는 다른 규칙과 기능을 가질 수 있다.

구결문은 한문의 구조를 바꾸지 못한다. 따라서 구결문의 구조는 한문의 구조를 그대로 갖고 있게 된다. 그런데 한문의 구조는 우리말과 다르다. 동빈구조와 같은 현격한 차이는 언해 과정에서 수정되지만 표면적 모습이 현격한 차이를 보이지 않는 구조는 그대로 언해문으로 반영될 수 있다. 특히 구결문은 線條的 배열이기 때문에 배열 순서라는 표면적 모습이 우리말에서 허용되는 범위라면 구결문의 구조가 그대로 옮겨질 가능성이 더욱 높다. 그러나 표면적인 모습이 같다 하더라도 내적 제약조건이 다르면 같은 통사구조라고 할 수 없다. 구결문은 이러한 내적 제약조건까지 보이지는 않기 때문에 한문의 구조를 언해문으로 투영시키는 매개체 역할을 할 수도 있다.

3 문법형태와 구결문

3.1 처격조사 '-애/에'

어떤 문법형태가 구결문에서 특유의 용법을 가지고 있을 때, 이것이 언해문에 그대로 반영되면 이질적인 요소가 될 것이다. 이런 예 중 하나가 '以'로 인한 '-로'의 사용이다. 15세기 자료의 구결문은 '以'가 쓰인 구절에는 반드시 '-로'를 현결하려는 경향이 있다. 한문에서 '以'는 "憑藉(依據), 원인, 자격, 受惠, 처소, 시간, 목적"의 기능을 가진다고 한다.[32] 언해문의 '-로'도 이와 유사한 의미 범주를 갖기 때문에 호응관계가 성립한 것이겠지만 뒤의 "시간, 처소, 목적"은 '-로'가 갖는 본래적 의미는 아닌 것으로 보인다.

(1) ㄱ. 此는 甫ㅣ 欲以書籍으로 與虞而傳其業也라(두시8:25)

ㄴ. 言以爪로 浸水ᄒ니 或浮或沈이 如水玉也ㅣ라(두시15:18)

ㄷ. 以竹筒으로 貯書ᄒ야 繫犬頸ᄒ대(두시8:35)

(1)은 '以'와 '-로'가 호응관계를 가지고 사용된 예이다. (1ㄱ, ㄴ)은 '以'

---

32) 정우상(1990:43-72) 참조.

가 "목적"의 의미로 쓰인 예이고 (1ㄷ)은 "처소"의 의미로 쓰인 예이다.[33] 이 '-로'는 언해될 때 언해문에 그대로 전이되는데, 이런 식으로 언해문에 나타난 '-로'는 한문에서의 기능을 그대로 유지한 것이므로 당시 국어체계에서는 이질적 존재였을 것이다. 만일 (1)에서 호응관계를 무시하고 현결되었다면 (1ㄱ,ㄴ)의 '-로'는 대격의 '-올로 실현되고 (1ㄷ)은 '-애'로 실현되었을 것이다. 이들은 현결 과정에서의 호응관계라는 구결문의 특성이 언해문에 영향을 준 한 예이다.

15세기 언해자료에서 '以 : -로'와 같이 강한 호응관계를 보이는 것으로 '於, 于, 乎'와 처격조사 '-애'가 있다. 한문에서 이들 어사가 통합된 구절은 어순상의 조건만 맞는다면 어김없이 '-애'가 현결된다. 한문에서 '于(乎)+NP'는 처소나 시간의 보어가 되기 때문에 '-애'와 기능상 차이가 없다. 그런데 '於+NP'는 '목적어, 受事補語, 처소보어, 시간보어, 원인보어, 피동식, 빙적보어, 비교보어'에 해당한다.[34] 구결문에서 '於+NP'에는 '-애'가 현결되므로[35] 구결문의 '-애'는 위의 통사관계를 나타내는 기능을 수행하게 된다.

아래 (2)는 여격어(受事補語)에 '-애'가 현결된 것이다.

(2) ㄱ. 於如是人에 不能起惡ㅎ리며 (이 ㄱ튼 사른미게 能히 모디로몰 니른완디 몯ㅎ리며) (능7:47)

ㄴ. 於空王佛所애 同佛發心ㅎ야 (空王佛ㅪ 부텨와 ㅎ쁴 發心ㅎ야) (능1:36-7)

ㄷ. 開示我等에 覺心明淨ㅎ쇼셔 (우리等의게 覺心이 불가며 조호몰 여러 뵈쇼셔) (능2:76)

ㄹ. 定光佛所애 得無邊身ㅎ니 (定光佛ㅪ ᄀ업슨 모몰 得ㅎ니) (능5:78)

(2ㄱ,ㄴ)은 '於'에 호응하여 '-애'가 현결된 예이다. 이들은 언해될 때 선행명사의 존칭성에 따라 각각 '-이게'와 '-ㅪ'로 교체된다. 이러한 구결문의

---

33) 남풍현(1972:5-6) 참조.

34) 정우상(1990:87-106) 참조.

35) "於는 아모그에 ㅎ논 겨체 쓰는 字ㅣ라(正音언해 3)"의 예는 당시 편찬자들이 '於'를 '-애'와 같은 것으로 인식하고 있었음을 보여준다.

여격적 '-애'는 (2ㄷ, ㄹ)과 같이 '於'가 없어도 쓰일 수 있다. 이는 '於'와의 호응으로 인해 구결문에서 '-애'가 '於'와 동일한 기능을 갖게 됨에 따라 '於'가 있을만한 여격의 한문 구절에 '-애'가 의미 보충의 차원에서 현결된 것이다. 결국 이러한 '-애'는 한문의 생략된 '於'를 보충하는 것과 같은 역할 이다.

(3) ㄱ. <u>先於</u>威音王佛<u>끠</u> 聞法出家ᄒ쇼셔 (능5:39)

ㄴ. <u>十方如來끠</u> 氣分이 交接호미 (능8:18)

ㄷ. 我ㅣ <u>已施衆生의게</u> 娛樂之具호디 (법6:7)

(3)은 구결문에 여격조사가 현결된 예이다. 대개 '-끠'가 많지만 (3ㄷ)과 같이 '-의게'도 간혹 나타난다. 이들은 당시의 언어현실을 반영한 현결이다. 이러한 여격적인 구결문의 '-애'는 언해문에서 대개 여격조사로 교체되므로 언해문에 이질적인 요소를 남기지는 않는다.[36]

(4)는 대격 성분에 통합된 '於'에 호응하는 '-애'의 예이다.

(4) ㄱ. <u>前</u>애 <u>於妙明本覺</u>애 疑同因緣自然홀시 (알픠 <u>微妙히 볼</u>ㄹ <u>本覺</u>애 因 緣과 自然이 ᄀᆮᄒᆞᆫ가 疑心홀씨) (능2:95)

ㄴ. <u>於音</u>에 言觀者ᄂᆞᆫ (소리예 觀올 술오믄) (능6:2)

ㄴ'. 我等이 <u>於佛德</u>에 言不能宣이로소니 (우리 <u>부텻 功德</u>에 술와도 能히 펴디 몯ᄒ리로소니) (법4:6))

ㄷ. <u>於此經卷</u>에 敬視如佛ᄒ야 (이 <u>經卷</u>에 恭敬ᄒ야 보디 부텨ᄀᆞ티 ᄒ야) (법4:72)

---

36) 간혹은 아래와 같이 '於'의 영향으로 유정체언에도 '-애'가 결합되는 예가 나타나기 도 한다.
衆生<u>앤</u> 塵勞애 ᄢᅵ려 잇고 菩薩<u>앤</u> 萬行에 ᄢᅵ려 잇고 (於衆生則蘊在盡勞ᄒ고 於菩 薩則蘊在萬行ᄒ고) (법4:95)
또 김문웅(1986:39)에서는 "上合諸佛ᄒ시며(우흐로 <u>諸佛</u>에 어우르시며)(능6:6)"의 예 를 유정체언(有情體言)에도 '-애'가 쓰이는 구절의 용법에 영향을 받은 것이라 하고 있다. 이 예에는 구결문에 '-애'가 나타나지 않았으므로 직접적으로 영향을 받았다고 하긴 어렵지만, 구결의 특성이 언해문의 문법체계에 편입되는 일도 있음을 보이는 것이라 생각된다.

ㄹ. <u>於不宜曲</u>애 而曲之홀시 曰枉이니 (<u>구부미 맛당티 아니호매</u> 구필 씨
  닐오디 枉이니) (능8:92)

(4)에서 '於+NP'는 대격성분으로 이해된다. 특히 (4ㄹ)은 대격어가 전치
되었음을 보이는 '之'가 쓰이고 있어 '於+NP'가 대격어와 관계된 것임을
알 수 있다. 이들 구절에도 '於'와 호응하여 '-애'가 현결되며, 이 '-애'는 언
해문에 그대로 반영되어, 언급대상을 지칭하는 '-에 대하여' 정도의 의미를
갖게 된다. 이들이 정상적이라면 대격으로 나타났을 것임은 (5)의 예로 알
수 있다.

(5) ㄱ. 諸佛이 方便力으로 혼 佛乘에 눈호아 세흘 니르시ᄂᆞ니라 (諸佛이 以
    方便으로 <u>於一佛乘</u>에 分別說三ᄒᆞ시ᄂᆞ니라) (법1:186)
  ㄱ'. 諸佛이 方便力으로 혼 <u>佛乘을</u> 가져 이셔 세헤 굴ᄒᆞ야 니르시ᄂᆞ니라
    (석보13:56)
  ㄱ″. 諸佛이 方便力으로 혼 佛乘에 굴ᄒᆞ야 세흘 굴ᄒᆞ야 니르시ᄂᆞ니라 (월
    석11:117)
  ㄴ. 이 色香 됴혼 藥애 됴티 몯다 너기니라 (<u>於此好色香藥</u>애 以爲不美ᄒᆞ
    니라)(법5:156)
  ㄴ'. 이 色香앳 <u>藥을</u> 됴티 몯다 ᄒᆞ니라 (월석17:20)

(5ㄱ)에서는 「법화경언해」의 '혼 佛乘에'가 (5ㄱ')의 「석보상절」의 예에
서는 '혼 佛乘을'로 대응되고 있으며, (5ㄴ)에서는 「법화경언해」의 '藥애'가
(5ㄴ')에서 '藥을'로 대응되고 있다. 「석보상절」이나 「월인석보」가 「법화경
언해」에 비해 의역적인 문헌이라는 것은 주지의 사실이다. 직역적인 문헌일
수록 구결문의 영향을 받기 쉬우므로 「법화경언해」 언해문의 '-애'는 '於'
에 호응한 구결문의 '-애'가 그대로 반영된 것으로 볼 수 있으므로, 이 때의
'-애'가 수행하는 기능은 자연스러운 현상으로 보기 어렵다.[37]

---

37) '於'의 영향력은 아래의 예에서도 확인된다.
  a. <u>六十小劫</u>을 不起于座ㅣ어시늘 (六十小劫을 座애 니디 아니ᄒᆞ얫거시늘) (법
    1:106)
  b. <u>於六十小劫</u>애 說是經已ᄒᆞ시고 (六十小劫에 이 經을 니르시고) (법1:107)

그런데 대격적인 '-애'는 (6)과 같이 구결문에 '於'가 없거나 (7)과 같이 '於'가 쓰이더라도 '-애'가 현결될 수 없는 구문에서도 나타난다.

(6) ㄱ. 이 萬象中애 微細히 發明컨대 (是萬象中에 微細發明컨댄) (능2:52)

    ㄴ. 그럴씨 잇논 고대 반ᄃᆞ기 尊重홀띠니라 (所生之處에 當尊重之니라) (법5:208)

    ㄴ'. 그럴씨 잇는 짜흘 尊重홇디니라 (월석17:43)

(7) ㄱ. 衆의 小法 즐겨 大智예 젓ᄂᆞᆫ둘 알씨 (知衆의 樂小法ᄒᆞ야 而畏於大智홀씨) (법4:23)

    ㄴ. 부텨끠 疑心 아니ᄒᆞ리라 (不疑於佛意리라) (법5:122)

구결문에서 '-애'는 선행구절의 성격에 따라 고정적으로 현결되는 경향이 있다. 처소성이나 시간성이 강한 구절이나 疊語形式의 구절, 그리고 '時, 中'으로 끝나는 구절은 구문 전체에서의 기능과 상관없이 '-애'가 현결되는 경향이 있다.[38] (6ㄱ)은 '中'으로 끝난 구절에 현결된 '-애'가 언해문에 그대로 쓰인 것이고, (6ㄴ)은 '所在之處'가 처소성이 강한 명사이기 때문에 현결된 '-애'가 언해문에 이어진 예이다. 이들은 의미상 대격어에 해당한다. 이처럼 '於:-애'의 호응에 의한 것이 아니너라도 현결습관에 의해서 대격어에 '-애'가 현결될 수 있고, 그것이 언해문에 그대로 실현되면 대격적 '-애'가 된다.

(7)의 예는 언해습관과 관계된다. '於 : -애'의 호응은 '於'와 구결문의 '-애'를 같은 기능으로 인식했기 때문에 발생한 것이다. 이러한 인식은 언해 과정에도 영향을 미쳐 '於'가 통합된 명사구는 '-애'가 현결되지 않더라도 대부분 '명사-애'의 형식으로 언해된다. 이러한 고정적인 언해습관이 대격적인

위 (a)과 (b)는 모두 "기간"을 나타내는 표현이지만 '於'가 있는 구절에는 '-애'가 쓰이고 있다. 중세국어에서 기간을 나타낼 경우는 '-올'이 쓰이는 것이 보통이므로 이 때의 '-애'도 예외적인 존재라 할 수 있다.

38) 아래와 같이 '來'가 포함된 시간 표현의 구절도 '-애'가 고정적으로 현결되는 환경이다.
  a. 我等이 從昔來예 (법2:48)
  b. 我ㅣ 曠劫來예 心得無礙ᄒᆞ야 (능5:50)

'於'에도 그대로 적용된 것이 (7)의 예이다.

(7)과 같은 구결문은 (8)과 같이 대격으로 언해되기도 한다. 이는 언해습관에 지배되지 않고 자연스러운 우리말로 표현된 예로 대격적 '-애'가 한문의 영향으로 발생한 요소라는 본고의 입장을 지지해 준다.

    (8) ㄱ. <u>見於初禪</u>호디 (<u>初禪</u>을 보더) (능2:31)

       ㄴ. 復有菩薩이 <u>讀誦於經法</u>호며 (또 諸菩薩이 <u>經法</u>을 讀誦호며) (법6:38)

이상에서 본고는 15세기 언해자료에 간혹 보이는 대격적 '-애'는 구결문의 영향으로 나타난 것임을 논의했다. 그것은 한문의 '於'와 호응되어 현결된 '-애'나 특정 구절에 고정적으로 현결되는 '-애'가 언해문에 반영된 것인데, '-애'가 통합된 구절이 구결문에서 대격어 기능을 수행할 경우에도 그대로 옮겨짐으로써 언해문에 대격적 '-애'의 예가 나타난 것이다.

아래에서는 또 하나의 구결문적 '-애'의 용법을 살펴보고자 한다. 한문에서는 구와 구가 접속된 複句에서 선행구(上句)와 후행구(下句)가 일정 의미관계를 가질 때, 두 구절을 시간관계로 인식하기도 한다. 그것은 대체로 아래의 의미관계일 때 그러하다고 한다.[39]

    (9) ㄱ. 어떤 일을 가지고 다른 일의 시간적인 배경을 가리키는 관계

       ㄴ. 두 가지 일 또는 그 이상의 사건이 선후 관계가 계속되는 경우

       ㄷ. 선행구에 '已, 旣, 卽'의 시간 한정어나 '當, 方' 등의 관계사가 있는 경우

       ㄹ. 습관적인 사실이 계속될 경우

       ㅁ. 선행구와 후행구에 선후가 있으면서 조건 관계를 내포할 경우

(9ㄱ, ㄴ)은 '가벼운 이유나 전제'의 의미로, (9ㅁ)은 '조건'의 의미로 이해될 수 있는 관계이다. 이와 같은 관계를 갖는 구결문에서는 선행구에 '-애'가 현결되기도 한다. 이것은 (9)의 관계를 광범위한 시간 관계의 하나로 인식하고 시간 관계를 나타내는 '-애'를 현결한 것으로 이해된다. 언해문에서

---

39) 홍인표(1984:127-134) 참조.

흔히 보이는 동명사 '호매'는 바로 이런 구결문을 언해한 것으로 보인다. '호매'구성이 다양한 의미관계를 나타내는 것도 이 점과 관련된 것일 것이다.

(10) ㄱ. <u>돗글 니서 꼬로매</u> 茱萸ㅣ 됴토다 (綴席茱萸好) (두시11:36)
　　ㄴ. <u>念 자보몰 오라디 아니호매</u> 身心이 믄득 空ᄒᆞ야 업서 (攝念未久에 身心이 忽空ᄒᆞ야) (능5:48)
　　ㄷ. <u>鐘聲 다시 툐매</u> 네 엇데 앓다 (鐘聲更擊에 汝ㅣ 云何知홀따) (능4:128)
(11) ㄱ. <u>셴 머리예</u> 고지 디논 주를 슬코 (白髮悲落花) (두시21:14)
　　ㄴ. <u>長安ㅅ 심훈 치위예</u> 뉘 ᄒᆞ올로 슬허ᄒᆞᄂᆞ니오 (長安苦寒誰獨悲) (두시19:40)

(10)은 '동명사-애'의 예이고 (11)은 '명사-애'의 예이다. (10ㄱ)과 (10ㄴ)은 "상황", (10ㄷ)은 "전제"나 "대상" 정도의 의미로 이해될 수 있다. (11)은 동명사 대신 명사가 쓰이고 있다. '관형사형＋명사'의 구성은 『두시언해』와 같은 시가문에 많이 보이는데 4.2에서 후술하겠지만 동사문적인 명사구로 각각 '머리가 셰요매', '長安ㅅ 치위 심호매'와 같이 동명사 표현으로 고쳐질 수 있는 것이므로,[40] 속성이 다른 것이 아니다. 의미도 (11ㄱ)은 "상황", (11ㄴ)은 "상황"이나 "전제"로 (10)에서의 '-애'와 다르지 않다.

위에서 언해문의 '-애'가 통합된 구절은 다양한 의미로 해석될 수 있지만, 한문은 두 개의 상황이 접속된 구문으로 (9)의 의미관계로 이해될 수 있는 범주의 것이다. 즉 선행구와 후행구가 광범위한 시간 관계로 갖는 것으로 파악될 수 있는 구문으로 상황을 제시하는 '-할 때'나 '-하는데' 정도의 의미를 갖는 것으로 이해될 수 있다. 이렇게 보면 (10)과 (11)의 '-애'는 선행구와 후행구를 시간관계로 인식하여 현결된 구결문의 '-애'가 언해문에 그대로 옮겨진 것일 가능성이 높다.

물론 (10), (11)에서와 같은 다양한 의미관계가 '-애'에 의해서 표현되는 것은 '-애'가 본래부터 갖는 기능일 수 있다. 구결문에 종속적이지 않은 『석

---

40) 『두시언해』와 같은 시가문에서는 술어의 전치가 적지 않은데, 전치된 동사는 관형사형으로 언해되는 것이 보통이다. 전치되기 전의 원 구조를 중시한다면 이들은 동사로 이해할 수 있다.

보상절」이나 「월인석보」에도 이런 예가 많기 때문이다. 그러나 '-애'가 이런 의미를 가질 때는 대개 (10), (11)과 같은 한문구성을 바탕으로 하며, '호매'와 같이 동명사와만 통합됨을 주의할 필요가 있다. 이 점은 이런 '-애'가 구조의존적인 성격을 갖고 있음을 말하는 것일 것이다.

또 이러한 환경에서 '-애'는 '-ᄒᆞ야'나 '-으니', '-오디'로, '-앤'은 '-ᄒᆞ얀'이나 '-ᄒᆞ면' 등과 거의 유사한 의미를 나타낸다. 현결 과정에서 위의 형태들은 서로 교체되어 쓰이기도 하는데 이것은 (9)의 의미관계를 보다 명료하게 표현하기 위한 의도에서이다. 즉 위의 교체는 언해문에서의 교체가 아니라 한문의 특정 환경에서 나타나는 구결문에서의 교체가 언해문으로 반영된 것으로 이해할 수 있다.

이런 속성을 고려할 때 '호매'의 '-애'는 한문의 선행구와 후행구를 시간관계로 인식하여 '-애'를 현결하는 구결문의 용법이 언해문에 파급된 것으로 볼 수 있는 것이다. 이와 같이 보면 (10), (11)과 같은 구문에서 '-애'의 의미가 모호하면서 다양한 의미를 보이는 현상을 설명하기 쉽다. 원래 (9)와 같은 다양한 의미관계를 포괄하여 현결된 '-애'이기 때문이다.

현대국어나 기타 의역문헌의 '호매'의 예는 구결문의 이러한 용법에서 생성된 기능이 문체적으로 굳어져 우리말의 체계로 받아들여진 것이 아닌가 생각된다. 구결문의 영향으로 나타난 기능일지라도 그것이 우리말의 체계로 수용되는 것이 불가능한 것은 아니기 때문이다.

3.2 속격조사 '-의/의'

구결문에서 속격을 표시하는 구결로는 '-의/의'와 '-ㅅ', 그리고 복합형 '-앳'이 쓰였다. 중세국어에서의 속격조사의 용법은 무정체언에는 '-ㅅ'이 유정체언과 존칭체언에는 '-의'가 쓰이는 것이었다.[41] 구결문에서의 속격조사

---

[41] 안병희(1968:337-345) 참조. 편의를 위해 '-의/의'는 앞으로 '-의'로만 표시한다.

의 용법도 이 범주에서 크게 벗어나지 않지만 약간 다른 양상을 보인다.

(1) ㄱ. 是謂無始生死ㅅ根本이니 (이룰 닐온 <u>無始生死ㅅ 根本</u>이니) (능1:46)
　　 ㄴ. 不審觀煩惱根本ᄒ면 (<u>煩惱의 根本</u>을 子細히 보디 아니ᄒ면) (능4:91)
　　 ㄴ'. 潛爲煩惱根本ᄒ고 (수면 <u>煩惱ㅅ 根本</u>이 ᄃ외오) (능4:91)
　　 ㄷ. 阿難ㅅ同列之德也ㅣ라 (<u>阿難ㅅ 同列ㅅ 德</u>이라) (능1:25)
　　 ㄷ'. <u>中下之機</u>ᄂ 無難疑惑일ᄉᆡ (<u>中下앳 機</u>ᄂ 疑惑 업수미 어려울ᄊᆡ) (능4:3)
　　 ㄷ". 因嘆同列之德ᄒ야 (<u>同列의 德 기류믈</u> 브터) (능1:25)
　　 ㄹ. <u>如來ㅅ三十二相</u>이 (<u>如來ㅅ 三十二相</u>이) (능1:42)
　　 ㅁ. 忽蒙天王ㅅ賜與華屋ᄒ야 (믄득 <u>天王ㅅ 빗난 집 주믈</u> 니버) (능4:77)
　　 ㅂ. 如來ㅅ發明ᄒ시논 <u>二種앳 精見</u>과 (如來ㅅ 發明ᄒ시논 <u>두 가짓 精見</u>과) (능2:55)
　　 ㅅ. 世와 出世왓 智의 所知之境을 (世와 <u>出世왓</u> 智의 아논 境을) (법4:98)

(1)은 구결문에서 '-ㅅ'이 사용된 예이다. (1ㄱ)은 무정체언 뒤에 '-ㅅ'이 현결된 예이다. 구결문에서 무정체언 뒤에 '-ㅅ'이 쓰이는 예는 드문 편으로 (1ㄴ, ㄴ')과 같이 '-ㅅ'이 쓰이지 않는 것이 보통이다. 구결문에 '-ㅅ'이 없는 경우 언해문의 속격은 (1ㄴ)(1ㄴ')에서와 같이 '-의'나 '-ㅅ'으로 나타난다.[42] 물론 구결문에 '-ㅅ'이 쓰이면 언해문에는 이에 대응하여 '-ㅅ'이 쓰인다. (1ㄷ)은 구결문에 '之'가 쓰인 예이다. 한문 문법에서 '之'는 잘 생략되지만 이와 같이 실현되어 속격조사와 같은 역할을 수행하기도 한다. 이런 점에서 구결문에서는 이런 '之'도 구결과 같은 것으로 취급할 수 있으며, 역으로 속격

---

42) 김문웅(1986:28)에서는 속격조사에 있어서 구결문과 언해문의 차이가 위와 같은 혼란을 일으키는 원인이기도 하다고 하고 있으나, 그 내용을 구체적으로는 밝히지는 않고 있다. 언해문의 규칙으로 보건대 무정체언 뒤에 '-의'가 쓰인 예가 비규칙적인 것일텐데 이것이 구결문의 영향으로 나타난 것인지는 확실하지 않다. 무정체언 뒤에 '-의'가 쓰인 예는 '한자어+한자어'나 '동명사+한자어' 사이인 경우가 많다. 이중에는 (1ㄴ)이나 '<u>水火의 氣分</u>을 볼기시고(明水火의 氣分ᄒ시고)(능4:3)'와 같이 주어적속격으로 이해될 만한 것도 있지만 모든 예를 이런 식으로 볼 수는 없다. 일단 이런 유형은 속격조사의 예외적 용법으로 보아 둔다.

조사는 한문에서의 생략된 '之'를 표시하는 기능을 갖는 것으로 이해할 수
도 있다.43) '之'는 (1ㄷ)(1ㄷ')나 (1ㄷ")와 같이 '-ㅅ, -앳, -의'로 각각 언해된
다. 또 관형사형으로 언해되기도 한다.44) (1ㄹ)은 존칭체언 뒤에 '-ㅅ'이 쓰
인 예이다. 구결문에서 '-ㅅ'은 이런 환경에 나타나는 것이 대부분이다. 이런
'-ㅅ'은 (1ㅁ)과 같이 주어적속격의 기능으로 사용되기도 한다. 이때도 구결
문에 '-ㅅ'이 쓰이면 언해문도 '-ㅅ'으로 표기된다. 존칭체언 뒤의 '-ㅅ'은 구
결문과 언해문의 용법이 차이를 보이지 않는다. (1ㅂ)의 '-앳'과 (1ㅅ)의 '-왓'
은 '-ㅅ'의 복합형으로 이 역시 언해문에서와 그 기능이 다르지 않다.

　　구결문에서 '-ㅅ'은 존칭체언 뒤가 아니면 별로 쓰이지 않는다. 이는 한
문에서 '之'가 생략된 곳을 군이 표시하지 않아도 되는 것과 상통한다. 이
점을 제외하면 전체적으로 '-ㅅ'의 쓰임은 구결문과 언해문이 크게 다르지
않다.

　　(2)　ㄱ. 則今阿難이 身이 空ᄒᆞ야 (이제 阿難이 모미 空ᄒᆞ야) (능3:45)

　　　　ㄴ. 非我의 傭力ᄒᆞ야 得物之處ㅣ로소니 (내의 傭力ᄒᆞ야 物 어둘 ᄯᅡ히
　　　　　　아니로소니) (법2:194)

　　　　ㄴ'. 내 傭力ᄒᆞ야 物 어둚 ᄯᅡ히 아니니 (월석13:12)

　　　　ㄷ. 則如虛空이 不和諸色ᄒᆞ리니 (虛空이 모든 色과 섯디 몯홈 ᄀᆞᆮᄒᆞ리
　　　　　　니)(능3:66)

　　　　ㄹ. 汝ㅣ見變化의 遷改不停ᄒᆞ고 (變化의 올마 고텨 머므디 아니호ᄆᆞᆯ
　　　　　　네 보고) (능2:7)

　　　　ㅁ. 及投灰等諸外道種이 說有眞我ㅣ 徧滿十方이라 ᄒᆞ욤과 (投灰等 모
　　　　　　ᄃᆞ 外道ㅅ 무릐 眞實ㅅ 내 十方애 ᄀᆞ득ᄒᆞ니 잇ᄂᆞ니라 닐옴과) (능
　　　　　　2:62)

---

43) 아래의 예는 구결문에서 '之'가 속격이나 관형사형 구결과 같은 역할을 하는 것을
　　보여주는 예일 것이다.
　　斯皆調伏誘進ᄒᆞ샨之大恩.(이 다 질드려 달애야 나ᅀᅩ샨 큰 恩惠시니) (법2:255)
　　證ᄒᆞᆫ之果海也ㅣ라 (證ᄒᆞᆫ 果海라) (능10:73)

44) 한문에서 '之'의 용법은 다양하다. 언해문에서 이와 같이 다양하게 대응하는 것은
　　'之'의 용법을 살리려는 취지일 것이나, 뚜렷한 대응 관계를 찾기는 어렵다. 그러나
　　내용상의 동격관계를 나타내는 '之'는 '앳'이나 관형사형어미로 언해되는 경향이
　　있다.

ㅂ. 示諸佛土의 衆寶嚴淨ᄒ시며(諸佛土의 한 보비 싁싁기 조ᄒᆞᆯ 뵈
시며)(법1:87)

ㅂ'. 한 佛土애 衆寶ㅣ 싁싁기 조ᄒᆞᆯ 뵈시며(석보13:26)

ㅅ. 略明精과 想과의 感變ᄒ시고(精과 想과의 感ᄒ야 變ᄒᆞᆯ 略히 ᄇᆞᆯ
기시고)(능8:79)

(2)는 구결문에 '-의'가 쓰인 예들이다. (2ㄱ)은 유정체언의 뒤에 '-의'가
통합된 것이며, (2ㄴ) 이하는 주어적속격으로 보아야 할 예이다. 구결문에서
'-의'는 주어적속격의 예가 가장 많다.[45] (2ㄴ, ㄷ)과 같이 '非, 是'나 '如'가
쓰인 구문이나 (2ㄹ)과 같은 동빈구조에서 빈어가 문장에 해당할 때 주어성
분의 어사에는 주격이 현결되기도 하나 '-의'가 현결되는 일도 많다. 또 (2
ㅁ)과 같이 '及, 與, 以'와 같은 기능어가 이끄는 구절의 주격성분에 '-의'가
현결되기도 한다. 이들 기능어를 동사적 성분으로 파악한 것일 것이다. (2ㅂ)
에서 '佛土'는 대응하는 『석보상절』의 예로 보아 처격의 의미로 이해될 수
있지만, 구결문의 구조에 이끌려 '-의'로 현결되고 이에 따라 언해된 것이
다.[46] '-의'는 (2ㅅ)과 같이 '-과의'로도 나타난다. 현결 과정은 위와 다르지
않다.

(3) ㄱ. 顯常住眞心의 性淨明體ᄒ시고(샹녜 住ᄒ 眞實ㅅ ᄆᆞᅀᆞ믜 性이 조ᄒ
ᄇᆞᆯᄀᆞᆫ 體를 나토시고)(능1:14)

ㄴ. 同是菩提의 瞪發勞相이라(ᄒᆞᆫ가짓 이 菩提의 바ᄅᆞ ᄠᅥ 잇부미 난 相
이라)(능3:7)

ㄷ. 知衆의 樂小法ᄒ야 而畏於大智홀씨(衆의 小法 즐겨 大智예 전ᄂᆞᆫ 들
알씨)(법4:23)

(3)은 '-의'가 현결된 구결문이 관형구성으로 언해된 예이다. (3ㄱ)은 관
계절, (3ㄴ, ㄷ)은 명사구보문이다. 언해문의 구조는 (2)와 다르지만 구결문의

---

45) 김문웅(1986:30)에서는 이들이 통사적 기능을 띠고 있기 때문에 좀처럼 생략되지 않
는다고 하고 있다.

46) 이 구문은 '諸佛土ㅣ 한 보비 싁싁기 조ᄒᆞᆯ'과 같이 이중주어문으로 언해될 수도 있
다. (2ㅂ)의 구결문은 '諸佛土'를 주어성분으로 보았기 때문에 '-의'가 현결된 것이다.

구조는 다르지 않다. (2)와 (3) 모두 한문은 'V+[[NP+[V] np] s'의 구조이다. 구결문의 '-익'는 이러한 구조에서 동사 바로 뒤에 후행하는 명사구를 주어성분으로 인식하고 '-익'에 후행하는 구절 '[V]np'와 함께 전체가 하나의 명사구가 됨을 보이는 기능을 한다.[47] 만일 이때 후행하는 구절을 명사구로 인식하지 않고, 의미를 중시해 동사성분으로 인식했다면 주격의 '-이'가 현결된다. '-이'와 '-익'는 후행 구절을 여하히 판단하느냐에 따라 나타나는 것이다. (3)은 언해 과정에서 빈어 전체를 동명사가 아닌 관형구성으로 언해한 점이 (2)의 예와 다를 뿐이다. 이와 같은 구조 인식은 (4)의 組合式詞結과도 관련되는 것으로 보인다.[48]

> (4) ㄱ. 此ㅣ _眞修之盡道也_ㅣ라(이 _眞實ㅅ 닷고믹 道_ 다호미라)(능10:73)
>   ㄴ. 言_起惑之異_니(_惑 니르와도믹_ 달오몰 니르시니)(능2:79)

조합식사결에서 '之'는 선행구가 의미상의 주어임을 보이는 동시에 후행 구절을 명사구로 파악하고 전체 구절을 명사구로 만드는 역할을 하는데, 주어적속격 '-익'의 기능과 일치한다. (4)에서 보듯 이런 '之'는 '-익'로 언해된다. 구결문에서의 '-익'는 한문의 구절을 조합식사결적인 구조로 인식하고 그에 필요한 '之'의 역할을 수행하기 위해 현결된 것으로 이해할 수 있다. 따라서 '-익'가 쓰인 구결문은 '-익'에 후행하는 구절을 명사구로 인식했음을 전제로 하는 것이다.

---

47) 주어적속격의 '-익'는 빈어로 쓰인 한문 구절에만 나타나는 것은 아니다. 아래와 같이 전체가 명사구가 되는 구성이라면 '-익'가 현결될 수 있다. 다만 빈어로 쓰이면 하나의 명사구임이 확연해지기 때문에 예가 더 많을 뿐이다.
   a. _虛空의 淺深_이(_虛空이_ 녀트며 기푸미)(능3:87)
   b. _夫客塵이 爲障_이(_客塵이_ ᄀ리욤 ᄃ외요미)(능1:104)
48) 한문 문법에서 아래와 같이 '주어 + 술어'의 구문을 '주어 + 之 + 술어'로 하여 전체를 명사구로 만드는 일이 있다. 이런 명사구를 '조합식사결'이라 한다. 홍인표(1984: 163-4) 참조.
   a. _三子之不遷業_ (서사구문 '三子不遷業'의 변형)
   b. _妄路之遠近_ (표태구문 '路遠近'의 변형)
   c. _吾今日始知鯨魚之非語也_ (판단구문 '鯨魚非語也'의 변형)
   d. _猶人之有手也_ (유무구문 '人有手也'의 변형)

이 점은 所구성[49] 앞에서는 대부분 '-익'가 현결되는 (5)의 예로도 확인 된다.

(5) ㄱ. 實癡暗의 所蔽也ㅣ라 (實로 <u>迷惑호 어드우미</u> <u>ᄀ료미라</u>) (법2:85)
　　ㄴ. 如來ㅣ 知彼淫術의 所加ᄒ샤 (如來ㅣ <u>뎌 婬術의 더은 고돌</u> 아르샤)
　　　　(능1:38)
　　ㄷ. 爲<u>物의 所轉</u>ᄒ며 (<u>物의 올교미</u> 두외며) (능1:3)
　　ㄹ. <u>如我等輩의 所修功業</u>으론 久成菩提언마론 (<u>우리 무릐 닷곤 功業으</u>
　　　　<u>론</u> 菩提일옳디 오라건마론) (능7:64)
　　ㄹ'. 於釋迦如來ㅅ所轉法輪에 (<u>釋迦如來ㅅ 轉ᄒ산 法輪에</u>) (능1:4)
　　ㅁ. <u>乃至算數譬喩의 所不能知</u>리라 (<u>算數譬喩의 能히 아디 몯호매</u> 니를
　　　　리라) (법5:188)
　　ㅁ'. <u>算數譬喩로 能히 아디 몯호매</u> 니를리라 (월석17:32)

(5)는 所구성 앞에 '-익'가 현결된 예이다. (5ㄱ)과 (5ㅁ)은 所구성이 동명 사로, (5ㄴ)은 명사구보문구성으로 언해되어 있다. (5ㄷ)은 所구성이 포함된 피동구문의 예이다. 이 때도 반드시 '-익'가 현결된다. (5ㄹ)은 관계절로 언 해되어 있다. (5ㄹ)은 '所修功業'의 어순을 중시해 관형사형으로 언해된 것 일 뿐으로, 한문의 구조는 다른 예와 다르지 않다. 현결 단계에서 구별되지 않는다. '所' 앞에서 '-익'가 현결된 어사는 (5ㅁ)과 같이 의미적으로는 부사 어적인 것으로 이해되는 예도 있지만, '-로'가 현결되거나 하지는 않는다. 이 와 같이 명사구 앞의 주어성분에는 대부분 '-익'가 현결되며, 이들이 주격의 '-이'로 현결되는 일은 거의 없다. '-익'는 후행하는 명사구와의 통사적 관계 에 따라 현결된 것이기 때문이다

(6) ㄱ. 如來ㅣ 觀知<u>一切諸法</u>之所歸趣ᄒ며 (如來ㅣ <u>一切諸法의</u> 간 될 보아
　　　　알며) (법3:7)
　　ㄴ. <u>隨意所欲</u>호나 (<u>쁘듸 欲을</u> 조초나) (법6:8)
　　ㄴ'. <u>隨意所作</u>이니 (<u>쁘데 홀띨</u> 조초리니) (법3:175)

---

49) '所'가 사용된 한문구성을 앞으로 이렇게 부른다.

ㄷ. 不應說言更除虛空앳 方相所在니라 (다시 虛空앳 方호 相 잇논 딜
더루려 닐오미 몯ᄒ리라) (능2:43)

ㄹ. 欲令法音을 宣流ᄒ샤 變化所作이시니라 (法音을 펴게 코져 ᄒ샤 變
化로 지스샨 거시라) (아미 10)

ㅁ. 一一結成에 皆取手中엣 所成之結ᄒ샤 (낫나치 미욤 이로매 다 手中
엣 일운 미요ᄆᆯ 取ᄒ샤) (능5:18)

ㅂ. 聖意예 所知샤디 (聖人 ᄠᅳ데 아르시논 이리샤디) (법6:153)

(6)은 所구성이 (5)와 달리 현결된 예이다.

(6ㄱ)에서는 '-의' 대신 '之'가 쓰이고 있다. 이 예는 구결문에서 '-의'와
'之'가 유사한 기능을 수행함을 말해 준다.

(6ㄴ, ㄴ′)와 (6ㄷ, ㄹ)에서는 '-의'가 현결되어 있지 않다. '-의'는 반드시
현결되는 것은 아니므로 예외적인 것은 아니다. 그런데 여기서 주목할 점은
대응하는 언해문의 조사 사용이 일정하지 않다는 점이다. '-의'가 현결된 구
결문은 반드시 '-의'로 언해되고, '-의'가 현결되지 않은 예도 (6ㄴ)과 같이
'-의'로 언해되는 경향이 강하긴 하지만 때론 (6ㄹ, ㅁ)과 같이 별개의 조사로
언해되는 일도 있다. 이런 현상은 구결문에 '-의'가 없어 언해문에 대한 강
제력이 약해졌기 때문에 나타난 것으로 보이며, 역으로 언해문의 주어적속
격 '-의'는 구결문에 의존하여 실현된 것임을 반증하는 것이기도 하다.

(6ㅁ, ㅂ)과 위의 (5ㄹ′)은 다른 조사가 쓰이고 있다. 이런 예는 극히 드물
다. (5ㄹ′)은 '釋迦如來'가 지니는 존칭성에 이끌려 '-ㅅ'이 현결된 것이다.
(6ㅁ)은 '手中'의 '中'이 처격조사과 연결되는 성향이 강한 데서 발생한 것
이며, (6ㅂ)은 '意'의 의미적 특성으로 나타난 것이다. 이들은 특정 어사가
쓰이는 환경에만 나타나는 예외적인 현상일 뿐이다.

아래의 예들도 구결문에 현결된 '-의'의 영향으로 나타난 것으로 보인다.

(7) ㄱ. 제 聲塵의 시혹 업스며 시혹 이실ᄯᆞ니언뎡 (自是聲塵의 或無或明이
언뎡) (능4:128)

ㄴ. 이 菩薩의 說法 잘ᄒ논 젼ᄎ로 (以是菩薩의 善說法故로) (법6:53)

ㄴ′. 이 菩薩이 說法을 잘홀씨 (석보19:21)

ㄷ. <u>下根의</u> 어려이 들가 저호샤(恐下根의 難入호샤) (원각 상1-2:74)

ㄹ. <u>日月光明의</u> 能히 여러가짓 어드움 더돗호야(如日月光明의 能除諸
幽明돗호야) (법6:114)

ㅁ. 가줄비건댄 <u>虛空의</u> 東西南北四維上下ㅣ 無量無邊돗호야(譬非如虛
空의 東西南北四維上下ㅣ 無量無邊돗호야) (법5:204)

ㅂ. <u>諸佛과 聲聞과 佛子菩薩等의</u> 호오새어나 한 게 이셔 (諸佛及聲聞과
佛子菩薩等의 若獨若在衆호야셔) (법6:61)

ㅅ. <u>소리의</u> 드로몰 因호야 소릿 相 이쇼몰 許홇딘댄(許聲의 因聞호야
而有聲相인댄) (능3:40)

(7ㄱ~ㅁ)의 '-의' 뒤에는 명사구 상당어가 없다. (7ㄱ)과 (7ㄴ)은 표면적
으로는 '뿐'과 '젼ᄎ'를 표제명사로 하는 관형구성이지만, (3)과 같은 구조로
보긴 어렵다. (7ㄱ)과 (7ㄴ)을 '聲塵의 뿐'이나, '菩薩의 젼ᄎ'로는 고쳐지지
않으며, '뿐니언뎡'이나 '젼ᄎ로'는 어미구조체로 굳어져 사용되는 것으로
보아야 하기 때문이다. 그러나 이런 구문도 구결문에서 '-의'가 현결되는 것
은 자연스럽다. '是'와 '以' 뒤에 오는 구절 전체의 주어성분에 현결된 것으
로, 여타 구결문의 '-의' 현결과 다르지 않다. (7ㄱ,ㄴ)은 '-의'로 현결된 구결
문에서 '-의'의 후행 구절을 명사구 상당어로 언해하지 않아 형성된 구문이
다. 만일 (7ㄱ)을 '이쇼미언뎡' 정도로 언해했다면 흔히 보는 형식이 된다. (7
ㄴ)도 '잘호ᄆ로 그럴씬' 정도로 고쳐 표현될 수 있다. '以'에 호응하는 구결
'-로'가 '故'에 호응하는 '-로'와 중복되어 하나만 쓰인 구결문 구조 때문에
(7ㄴ)과 같이 언해된 것이다.

(7ㄷ)도 같은 방식으로 설명된다. 동사 '恐'의 빈어의 주어성분에 '-의'가
현결되는 것은 흔한 일이다. 그런데 '恐'구문은 '-ㄹ가 호-'형식으로 잘 언해
된다. 이 습관으로 '難入호샤'를 '들가 저호샤'로 언해한 것이 (7ㄷ) 같은 구
문이 된 것이다. 정상적이라면 '드로몰 저호샤'가 되었을 것이다.

(7ㄹ,ㅁ)은 '如 : 돗호-'의 언해습관에 의해 발생한 것이다. 구결문에서
'如'의 빈어의 주어성분에 '-의'가 현결되는 것은 일반적인 일이다. 그런데
위 구결문은 '如'와 호응관계를 가지는 '돗호-'가 현결되어 있다. 이를 그대
로 반영해 언해한 것이 (7ㄹ,ㅁ)의 언해문인데 결과적으로 '더돗호야'나 '無

量無邊툿ᄒ야'의 동사적 표현과 속격 '-이'가 연결되는 기묘한 문장이 되었다. '툿ᄒ-'는 간혹 'ᄀᆮᄒ-'로 바뀌어 언해되기도 하는데 '더로미 ᄀᆮᄒ야', '無量無邊호미 ᄀᆮᄒ야'로 언해되었다면 중세국어의 일반적인 주어적 속격과 다르지 않았을 것이다.[50]

(7ㅂ)의 구조는 'NP+[V]np'로 조합식사결에 가깝다. '諸佛及聲聞과 佛子菩薩等'는 후행하는 동사성분 '獨'과 '在衆'의 의미상 주어이다. 이런 의미 관계를 중시해 '之'를 대신하는 '-이'가 현결된 것인데, '獨'과 '在衆'을 동사술어[51]로 언해함으로써 예와 같은 형식으로 실현된 것이다.

이상의 예들은 모두 구결문의 '-이'가 수정되지 않고 언해문에 그대로 반영된 반면[52] 후행 구절이 동사술어로 언해됨으로써 형성된 것으로, 언해문이 구결문의 구조에 견인되어 나타난 비정상적인 유형의 하나다.

(7ㅂ)은 사정이 조금 다르다. 정상적인 현결이라면 '聲울' 정도가 현결되었을 구문이다. 전치에 의해 동사 '許'의 바로 아래에 위치하게 됨으로써 주어성분으로 잘못 파악되어 '-이'가 현결된 것이 언해문에 그대로 옮겨진 것이다.[53] 이와 같이 현결이 잘못되어 있더라도 언해 과정에서는 그것을 고치지 못하고 그대로 따르게 된다.

---

50) 다음의 예가 이에 해당한다.
　　猶如虛空이 不和諸色툿ᄒ고(虛空이 모든 色과 섯디 몯홈 ᄀᆮ고)(능3:66)
51) 'ᄒ오ᅀᅢ어니'는 명사술어이지만 실제 "존재"의 의미를 나타내므로 동사술어와 다를 바 없다. 후술 4.2 참조.
52) 아래의 예와 같이 구결문의 '-이'가 언해문에서 '-이'로 고쳐지는 예도 있다. 그러나 이런 예는 극히 드물다.
　　喩大妄人이 永絶善根ᄒ시니라 (큰 妄호 사ᄅᆞ미 善根 永히 그추믈 가줄비시니라)
　　(능6:110)
53) 所구성 앞이라면 그 명사성에 이끌려 의미관계에 관계없이 '-이'가 현결되지만 위와 같은 환경은 의미관계에 따라 다양한 구결이 쓰일 수 있다. 그런데 이 구성에서 '-이'가 통합된 어사를 주어로 이해할 수 없는 것은 아니다. 이런 의미상의 모호성이 이와 같은 구결문을 낳은 것으로 보인다.

(8) ㄱ. <u>諸聲聞衆과 또 緣覺 求ᄒᄂᆫ 乘의</u> 내 受苦 얽매요매 버서 涅槃 미처
　　　得게 혼 사ᄅᆞᆷᄃᆞ게 니ᄅᄂᆞ니(告<u>諸聲聞衆과 及求緣覺乘의</u> 我ㅣ 令脫
　　　苦縛ᄒᆞ야 逮得涅槃者ᄒᆞ노니) (법1:158)

　　ㄴ. 알픳 <u>塵의</u> 分別이 ᄀᆞ리욤 <u>아니니</u> 업스니(無非<u>前塵의</u> 分別留礙니)
　　　(능2:33)

　(8)은 관형절의 표제명사가 관형절 내부에 중복되어 나타나는 관형구성
에서 관형절 내부의 주어성분에 속격 '-의'가 통합된 예이다. (8)의 한문의
구조는 'V＋[NP＋[V]np]s'로 표면적인 모습은 앞의 (2)와 다르지 않다. 다만
명사구 사이의 의미관계가 다를 뿐이다. 이 차이를 무시하고 구조적 모습에
따라 '-의'가 현결된 것이 (8)의 언해문으로 실현된 것이다.

　다음 (9)의 예들도 유사한 성격의 것들이다.

(9) ㄱ. <u>子孫의</u> 이런 힝뎍 잇다 ᄃᆞ로ᄆᆞᆯ 願티 아니ᄒᆞ노라(不願聞<u>子孫의</u> 有此
　　　行也ᄒᆞ노라) (내훈1:33-4)

　　ㄴ. <u>네의</u> 묏 뎌레 브텟다 호ᄆᆞᆯ 듣노니(聞<u>汝</u>依山寺) (두시8:35)

　　ㄷ. <u>그듸의</u> 赤縣ㅅ 圖ᄅᆞᆯ 그리더라 ᄃᆞ르니(聞<u>君</u>掃却赤縣圖) (두시16:29)

　　ㄹ. 손지 뎌 <u>末伽梨等의</u> 모다 닐오디 이 모미 주근 후에 오ᄋᆞ로 滅ᄒᆞᄂ
　　　다 호ᄆᆞᆯ 혀ᄂᆞᆫ다(猶引彼<u>末伽梨等의</u> 都言호디 此身이 死後에 全滅ᄒ
　　　ᄂ다) (능2:9)

　(9)는 상위문의 동사가 동명사로 실현된 예이다. 여기서 '-의'가 통합된
어사는 하위문의 주어인데, 하위문의 술어는 모두 동사로 언해되어 있다. 조
사는 구결문의 것을 따랐지만 언해 과정에서 구결문의 구조 인식을 무시하
고 번역함으로써 형성된 비정상적인 예로 (7)과 유사한 성격의 것이다.

　(9ㄱ)에서 '子孫의'와 관계하는 하위문의 서술어는 '잇다'로 동명사 'ᄃᆞ
로ᄆᆞᆯ'은 상위문의 동사이다. 그런데 구결문을 보면 '-의'는 '聞'의 빈어의 주
어성분에 통합되어 있다. 이는 동빈구조의 일반적인 현결방식이다. (9ㄱ)은
'有此行也'를 명사구로 파악하여 '-의'를 현결한 것인데, 상위문의 동사가
이중으로 쓰인 환경 때문에 이와 같은 모습으로 언해된 것이다. 정상적으로
언해하면 (9ㄱ)는 '이쇼ᄆᆞᆯ ᄃᆞ로ᄆᆞᆯ'과 같이 대격형이 중복되는 모습이 된다.

아마 이런 구조를 피하기 위해 (9ㄱ)과 같이 언해된 것으로 보인다.

(9ㄴ, ㄷ)에는 구결이 없지만 '聞' 뒤의 성분 '汝'와 '君'에 '-익'가 쓰이는 것은 동빈구성의 일반적인 현결 방식으로 미루어 보건대 충분히 가능한 일이다. 그런데 한문의 '聞'구성을 '호몰 듣-'이 아닌 'S (호몰) 듣-'의 방식으로 언해함으로써 하위문의 주어가 동사로 실현된 것이다.

(9ㄹ)은 '호몰'로 나타난 인용동사의 주어성분에 '-익'가 통합된 정상적인 예이다. (9ㄱ-ㄷ)과 비교하기 위해 함께 제시한 것이다.

(10) ㄱ. 내 샹녜 부텨끠 이 쁘들 펴 니르시거늘 듣줍노이다 (我常聞佛의 宣說斯義ᄒ습노이다) (능4:9)

ㄴ. 네 내익 地藏菩薩ㅅ 不思議 利益 이롤 펴 니르거든 듣고져 ᄒᄂ니 (월석21:158)

ㄷ. 一切比丘衆과 쪼 諸比丘尼의 經典 讀誦ᄒ며 눔 爲ᄒ야 니르거든 法師ㅣ 예 住ᄒ야셔 다시 드르며 (一切比丘衆과 一切比丘尼의 若讀誦經ᄒ며 若爲他人說커든 法師ㅣ 住於此ᄒ야셔 悉皆得聞之ᄒ며) (법6: 37-8)

ㄹ. 쪼 諸菩薩이 經法을 讀誦ᄒ며 눔 爲ᄒ야 니르며 撰集ᄒ야 그 쁘들 사기거든 이 굳ᄒ 여러가짓 音聲을 다시 드르며 (復有諸菩薩이 讀誦於經法ᄒ며 若爲他人說ᄒ며 撰集解其義ᄒ거든 如是諸音聲을 悉皆得聞之ᄒ며) (법6:38)

(10ㄱ~ㄷ)은 '{-거늘, 거든} + 보-/듣-' 구문에서 '-거늘', '-거든'의 주어성분이 '-익'로 실현된 예이다. 이들도 위에서 논의해 온 것과 같은 방식으로 설명될 수 있다.

(10ㄱ)의 구결문에서 보듯 '聞'의 빈어의 주어에는 '-익'가 통합되어 있다. (10ㄷ)도 마찬가지이다. 다만 (10ㄷ)은 대격성분 전체가 전치되고 구결도 '-거든'이 현결되어 있는 점이 다를 뿐이다. 그런데 중세국어에서 '듣-'과 '보-'의 대격성분이 되는 명사절은 '-거늘', '-거든'으로 언해되기도 한다. (10ㄹ)에서는 '-거든'이 통합된 구절을 다시 받는 대격성분이 있어 '-거든'이 의미상 대격성분에 해당됨을 말해 준다.

(10ㄱ)은 구결문의 빈어 즉 대격성분을 '-거늘'로 언해했지만 빈어의 주

어성분에 현결된 '-익'가 그대로 언해문에 반영된 것이다. 여기서 다시 '부텨'라는 존칭체언의 영향으로 여격의 '-끠'로 잘못 수정된 것이다. (10ㄷ)은 전치된 구절을 (10ㄹ)에서와 같이 대격성분으로 파악하고 그에 따라 현결된 '-익'가 언해문에 그대로 나타난 것이다. (10ㄴ)도 구결문은 없지만 이와 같은 과정을 거쳐 발생한 것으로 보인다.

끝으로 다음의 '-익'에 대해 살펴보자.

> (11) ㄱ. <u>일워 세유믹</u> 어려오문 (번소6:20)
> ㄱ'. 일워 세유매 어려옴온 (成立之難은) (소학5:19)
> ㄴ. <u>업더 디유믹</u> 쉬오문 (번소6:20)
> ㄴ'. 업텨 뼈러 ㅂ림애 쉬옴온 (覆墜之易는) (소학5:19)
> ㄷ. <u>禮道애</u> 큰 이리어늘 (번소7:6)
> ㄷ'. 례도애 큰 거시어늘 (禮之大者이어늘) (소학5:39)
> ㄹ. 如來는 이 <u>諸法애</u> 王이라 (如來는 是諸法之王이라) (법3:5)

(11ㄱ,ㄴ)은 이현희(1988:28)에서 검토된 예이다. 이들은 조합식사결을 번역한 것이라 하고 '-익'를 처격조사로 파악하고 있다. 그러나 '-애'는 처격조사이지만 '-익'는 속격조사이다. 이는 (11ㄷ)의 예에서 확인된다. 「소학언해」나 「번역소학」에는 간혹 (11ㄷ)과 같이 '之'를 '-애'로 번역하는 일이 있다. 또 드물지만 15세기 자료에도 (11ㄹ)과 같은 예가 있다. 이 원인은 불분명하지만 (11ㄱ,ㄴ)의 「소학언해」의 '-애'는 이러한 이유로 나타난 것일 뿐이다. 따라서 「번역소학」의 예까지 처격으로 볼 이유는 없다. 본고는 앞서 조합식사결의 '之'는 주어적 속격과 같은 역할을 한다고 보았는데 여기서의 '-익'도 그와 같이 볼 수 있다.

이상에서 본고는 구결문의 용법에 따라 쓰인 문법형태가 언해문에 그대로 반영됨으로써 언해문이 비정상적인 모습을 갖게 되는 것을 속격조사 '-익'의 예를 통해 검토하였다. 이 결과 15세기 자료의 언해문에 나타나는 문법형태의 불규칙적이거나 예외적인 용법의 일부는 구결문의 영향으로 나타난 것으로 국어문법의 논의에서 제외할 수 있는 근거의 일단을 얻었다고 생각한다.

3.3 존경법 선어말어미 '-시-'

구결문에 실현된 문법형태는 언해문으로 옮겨질 때 생략되는 일이 없다.
그것은 조사에서만 그런 것이 아니라 선어말어미에서도 그러하다. 이런 상
황으로 인해 구결문의 독자적 규칙에 의해 사용된 문법형태가 언해문에 그
대로 옮겨지면 결과적으로 언해문의 체계로서는 불규칙한 문법형태가 발생
하게 된다. 본고는 이런 현상을 존경법 선어말어미 '-시-'를 통해 살펴보고자
한다.

(1)은 존귀한 인물의 행동이나 존귀한 인물과 관계되는 사물이 주어가
되는 구문이다. 그런데 이들은 '-시-' 사용에서 균일하지 않다.

> (1) ㄱ. 이 フ티 이대 닷フ샤몬 우흿 正語行フ티 닷フ실씨라 무숨 이대 닷フ
>   샤몬 닐온 몸 닷고미시고(如是善修者눈 如上앳 正語之行히 以修也
>   ㅣ라 善脩其心은 所謂脩己시고)(법5:42)
>   ㄴ. 三周開示와 녀나몬 도와 나토샤미 如來ㅅ 全身 아니니 업스시니라
>   (三周開示와 及餘助顯이 無非如來ㅅ全身也ㅣ 시니라)(법4:89)
>   ㄴ'. 三周로 여러 뵈시며 녀나몬 도봐 나토샤미 如來ㅅ全身 아니니 업
>   스니라(월석15:41)
>   ㄷ. 이 フ으기 볼기시논 平等慈ㅣ샤 迦葉의 마리 몯 밋즈올 꼬디라(此
>   ㅣ 爲密闡等慈ㅣ샤 而迦葉의 言所未及이라)(법3:33)
>   ㄹ. 이 法華經은 諸佛如來ㅅ 秘密흔 藏이라(此法華經은 諸佛如來ㅅ秘
>   密之藏이라)(법5:65)
>   ㄹ'. 부텻 座ㅣ 놉고 머르시니(佛座ㅣ 高遠ㅎ시니)(법4:133)

(1ㄱ)에서 주어는 如來의 행위로 동일하지만 서술어에 '-시-'가 나타나는
양상이 다르다.[54] (1ㄴ)과 (1ㄴ')는 「월인석보」와 「법화경언해」의 동일 부분

---

54) 후술하겠지만 동명사 구성이 서술어로 쓰일 때는 '-시-'가 동명사에 실현되는 것이
   일반적이다. 그런데 (1ㄱ)에서는 '몸 닷고미시고'로 상위의 계사 '이-'에 '-시-'가 나
   타나 있다. 이것은 '명사+이-'의 구성에서나 보이는 것이다. 여기서 우리는 중세국
   어의 동명사의 성격이 단일하지 않음을 상기할 필요가 있다. (1ㄱ)은 파생명사적 성

을 비교한 것이다. 「법화경언해」가 「월인석보」보다 '-시-'를 많이 사용하는 경향을 보인다. (1ㄷ)은 동일한 주어 '이'에 대하여 서술어의 '-시-' 사용이 달리 나타난 예이다. 존귀한 인물과 관계된 행동이나 사물에 대하여 서술어에 '-시-'가 나타나는 현상을 존대파급에 의한 간접경어라고도 한다. 존대파급은 필수적인 것이 아니기에 '-시-' 사용이 수의적일 수 있으나 (1)과 같이 동일한 구성에서 '-시-'가 달라지는 것을 편찬자의 수의적 태도만으로는 설명하기 곤란하다. (1)의 예에서 눈에 띄는 것은 구결문에서 '-시-'의 사용이 다르고 언해문에 '-시-'는 그에 따라 나타나고 있다는 점이다. 여기서 하나의 가정을 할 수 있다. 15세기 자료의 언해문에 나타나는 '-시-'는 국어문법의 규칙과 구결문의 영향이 복합적으로 작용하고 있지 않을까 하는 것이다. 본고는 후자의 요인에 대해 논의하고자 한다.55)

(1)에서의 '-시-'의 불규칙성은 구결문의 '이-' 사용과 관련된 것으로 생각된다. 그런데 구결문에서 '이-'의 성격은 단일하지 않다.

(2) ㄱ. 如來는 是諸法之王이라 (如來는 이 諸法에 王이라) (법3:5)
　　ㄴ. 何時예 復生諸有也ㅣ시리잇고 (어느제 쏘 諸有를 내시리잇고) (능4:33)
　　ㄴ. 謂無怖畏心으로 能女樂說也ㅣ시니라 (니ᄅᆞ샨 저픔 업슨 ᄆᆞᅀᆞᄆᆞ로 能히 便安히 니르리라 ᄒᆞ샤미라) (법5:31)

(2)는 구결문에 쓰이는 '이-'의 성격을 보이는 예들이다. (2ㄱ)의 '이-'는 명사술어를 만드는 계사 본래의 용법으로 사용된 예이다. 구결문에서도 명사술어에는 '이-'가 현결되는 것이 원칙이다. (2ㄴ)은 동사구에 '이-'가 현결

격의 동명사이다. 따라서 일반명사와 같은 '-시-'사용을 보인 것으로 생각된다. 이런 예는 한문의 단어적 어사를 고유어로 옮기고자 할 때 주로 발생한다.
55) 간접경어와 존대파급을 부정하는 것은 아니다. 존대는 심리적인 현상이기 때문에 존대파급에 의한 간접경어 현상은 우리말에 엄연히 존재한다. 다만 존대파급이 규칙 지배를 받는 언해문에서보다는 구절이 구성 단위가 됨으로써 규칙 지배가 덜 엄격한 구결문에서 쉽게 일어날 수 있지 않을까 생각한다. 존귀한 인물에 대한 주석문은 그 인물의 행위가 아닌 문장에서도 구결문에 '-시-'가 쓰이는 예가 많은데 이런 점은 존대파급으로 설명되어야 할 것이다.

된 것이다. 이 경우 'ᄒᆞ-'가 현결되기도 하지만 (2ㄴ)처럼 '이-'가 현결되는
예도 적지 않다. (2ㄷ)은 연첨형구결이 융합된 '이-'이다. 연첨형구결에서 제
1구결의 어미부와 제2구결의 'ᄒᆞ-'가 생략되고 나머지가 융합되면 '이-'에
제2구결의 어미구조체가 연결된 형식으로 실현된다. 구결문에서는 같은 '이-'
라 하여도 기능에 따라 계사, 동사구에 연결된 '이-', 융합형 '이-'의 세 유형
으로 나뉜다. 본고에서는 이를 각각 '이-'의 제1유형, 제2유형, 제3유형으로
부르고자 한다.

　　그러면 구결문에서 '-시-'는 어떠한 요인에 의해 나타나는가? (3)은 구결
문의 주어성분의 존칭성에 호응하여 '-시-'가 쓰인 예이다.

　　(3) ㄱ. <u>一一菩薩이 皆是大衆의 唱導之首ㅣ러시니</u>(一一菩薩이 다 이 大衆
　　　　　　의 唱導ᄒᆞ시논 <u>머리러시니</u>)(법5:83)
　　　　ㄱ'. <u>修佛智慧ᄒᆞ시ᄂᆞ니돌히</u> 悉是釋尊所化ㅣ시니(부텻 智慧 닷ᄀᆞ시ᄂᆞ니
　　　　　　돌히 다 이 釋尊 <u>化ᄒᆞ샤미시니</u>)(법5:78)
　　　　ㄴ. <u>是諸菩薩이</u> 身皆<u>金色이시고</u> <u>三十二相이시고</u> <u>無量光明이러시니</u>(이
　　　　　　諸菩薩이 모미 다 <u>金色이시고</u> <u>三十二相이시고</u> <u>無量光明이러시니</u>)
　　　　　　(법5:81)
　　　　ㄷ. <u>菩薩摩訶薩이 過八恒河沙數ㅣ러시니</u>(菩薩摩訶薩이 八恒河沙數ㅣ
　　　　　　<u>넘더시니</u>)(법5:80)
　　　　ㄷ'. <u>是諸菩薩이 … 從下發來ᄒᆞ시니</u>(이 諸菩薩이 … 아랠 從ᄒᆞ야 <u>나오시</u>
　　　　　　<u>니</u>)(법5:83)

　　(3ㄱ,ㄱ')는 제1유형의 '이-'에 '-시-'가 쓰인 것이다. 이 때 '이-'는 구결
문에서도 계사로 쓰였기 때문에 언해문에서의 '이-'와 그 용법이 다르지 않
다. (3ㄴ)도 같은 예이다. 그러나 '三十二相이시고 無量光明이러시니'는 지
정구문이 아니라 "所有"의 의미로, 제2유형에 더 가까운 것이다. (3ㄷ)은 제
2유형의 '이-'에 '-시-'가 쓰인 것이다. 이 예는 구결문을 'NP이 VP'식으로
파악하고 VP '過八恒河沙數'의 주체가 존대대상이기 때문에 '-시-'가 쓰인
것이다. (3ㄷ')은 같은 구조에 'ᄒᆞ-'가 현결될 수 있음을 보인다. 이때는 동사
구이므로 주어인 '是諸菩薩'에 호응하여 '-시-'가 쓰였다.

그런데 (3)과 같이 구결문의 구조로 '-시-'의 발생을 설명할 수 있는 것은 그리 많지 않다. 구결문에서 주어성분이 현시되는 일은 드문 일로 많은 경우 는 주어성분이 생략된 채 술어만 나타나기 때문이다. 이 때는 생략된 주어를 상정하여 '-시-'를 사용한다. 따라서 이런 상황에서는 '-시-' 사용이 자의적인 면을 가질 수밖에 없다.

(4) ㄱ. 此는 頌該數ㅣ 自多反少ㅎ시니라(이는 該數ㅣ 하니브터 두르혀 져 고물 頌ㅎ시니라) (법5:99)

　　 ㄱ'. 此는 指單數ㅣ 自少反多ㅎ니라(이는 ㅎ옷 數ㅣ 져그니브터 두르혀 하물 ㄱ르치니라) (법5:85)

　　 ㄴ. 此는 歷見修進成佛ㅎ시논 始終之行也ㅣ시니라(이는 닷가 나아 成 佛ㅎ시논 처섬 내좋ㅅ 行을 다 보샤미라) (법5:76)

　　 ㄴ'. 舍父는 譬棄背本覺이라(아비 브료문 本覺 ㅂ려 背叛호물 가줄비니 라) (법2:182-3)

　　 ㄷ. 諸莊嚴具는 彰果行德用ㅎ시니라 種種莊校는 卽萬德之像이시고 五 千欄楯은 卽摠持之力이시고 … 七寶幡盖 高至天宮은 表衆德의 尊 勝也ㅎ시니라(여러가짓 莊嚴엣 거슨 果行德用을 나토시니라 種種 쑤뮤믄 곧 萬德의 像이시고 五千欄楯은 곧 摠持ㅅ 희미시고 … 七 寶幡盖ㅣ 노픠 天宮에 나ᄂᆞ모믄 衆德의 尊勝을 表ㅎ시니라) (법4: 109)

　　 ㄷ'. 莊嚴들ㅎ 果行德用을 나토니라 種種으로 쑤뮤믄 곧 萬德의 像이오 五千欄楯은 곧 摠持ㅅ 희미오 … 七寶幡盖 노픠 天宮에 니르로믄 尊勝ㅎ샤물 表ㅎ시니라 (월석15:64)

(4)는 주석문에 많이 나타나는 형식이다. 여기서 '-오'이 통합된 구절은 주제어이다. (4ㄱ, ㄱ', ㄴ)의 '此'는 대문의 내용을 받는 어사이며, (4ㄴ', ㄷ, ㄷ') 에서는 대문의 단어나 구절 등을 메타언어적으로 이용한 것이다. 이런 구조 에서 '-시-'는 주제어나 주어성분과는 관계가 없다.

(4ㄱ)과 (4ㄱ')의 차이는 '-이-'가 통합된 구절 내의 '頌'과 '指'의 행위자 를 현결자가 누구라고 판단했느냐이다. '此'의 내용이 모두 부처의 발화이지 만 현결자가 (4ㄱ)은 '부처'를 행위자로, (4ㄱ')는 '此'를 행위자로 파악한 것

이 '-시-'에서 차이를 보이는 것이다. (4ㄴ)과 (4ㄴ')도 '歷見'과 '譬'의 행위자를 달리 파악한 것이다. 주석문에서 '이-'가 통합된 구절내의 주체는 대문의 발화자나 행위자에 근거하여 판단되는데 문맥상 생략되어 있는 주어를 복원하는 것보다 자의성을 가지고 있다. (4ㄷ)과 (4ㄷ')은 주석문에서의 주체 판단이 자의적임을 잘 보여 주는 예다. 같은 원문에 대해「법화경언해」와「월인석보」가 '-시-' 사용이 다르다. 또「월인석보」의 예는 하나의 문장 안에서도 '나토니라'와 '表ᄒ시니라'로 행위자가 다른 것으로 인식하고 있기도 하다. 대문의 구절에 대해 설명할 경우 보통은 그것을 행한 행위자나 말한 발화자를 주체로 상정하게 되지만, (4ㄱ), (4ㄱ')과 같이 대문 내용 전체를 설명할 경우는 판단이 자의적이다.[56)]

다음 (5), (6)의 예들은 (3)과 다른 '-시-'의 발생 요인을 보여준다.

(5) ㄱ. 此ㅣ 爲密闡等慈이샤 而迦葉의 言所未及이라 (이 그스기 불기시논 平等慈ㅣ샤 迦葉의 마리 몯 밋ᄌᆞ올 <u>ᄭᅩ디라</u>) (법3:33)

ㄴ. 我ㅣ 今에 詣娑婆世界호미 皆是如來之力이시며 (내 오ᄂᆞᆯ 娑婆世界예 가미 다 이 如來ㅅ 히미시며) (법7:12)

ㄷ. 寶塔의 殊勝은 及果行依報ㅣ시고 (寶塔의 殊勝은 <u>果行依報ㅣ 시고</u>) (법4:109)

ㄷ'. 本은 久成佛이시니라 (미튼 오라건 <u>成佛이시니라</u>) (법5:139)

ㄹ. 南北東西예 一釋迦ㅣ샷다 (南北東西예 ᄒᆞ 釋迦ㅣ 샷다) (금삼2:60)

(6) ㄱ. 而說我等等者ᄂᆞᆫ 且進以小果ᄒᆞ샤 使成就也ㅣ시니라 (而說我等이라 홈둘흔 안ᄌᆞᆨ 小果애 나ᅀᅡ샤 일우게 ᄒᆞ샤미라) (법2:246)

ㄴ. 諸佛이 於法에 得最自在ᄂᆞᆫ 讚方便之德也ㅣ오 (諸佛이 法에 ᄆᆞᆺ 自在 得ᄒᆞ샤ᄆᆞᆫ 方便德을 <u>기리ᅀᆞᆸ고</u>) (법2:260)

(5)는 제1유형의 '이-'가 쓰인 예이다. (5ㄱ)은 동일한 주어에 대한 술어

---

56) 이런 현상도 존대파급의 하나로 볼 수 있다. 대체로 존귀한 인물의 행위나 발화에 대해서는 구결문에 '-시-'를 쓰는 경향이 높기 때문이다. 또 문헌에 따라서 일정 경향을 보이기도 하는데「능엄경언해」보다는「법화경언해」가 더 민감한 편이다. 또 이러한 현상은 구결문에 있어서 존칭성의 부여가 자의적인 면이 있음도 함께 말해 준다.

임에도 '-시-'가 달리 나타나고 있다. '이-'가 통합된 구절의 '密闡'과 '未及'의 주체가 다른 것이 원인이라고 생각할 수밖에 없다. (5ㄴ)에서 주어성분은 존대대상이 아니어서 구결문의 '-시-'가 잘 설명되지 않는다. 그런데 '이-'의 선행구절에는 '如來'라는 존귀한 인물이 포함되어 있다. 이 때문에 '이-'에 '-시-'가 사용된 것이다. 즉, 존귀한 인물을 주체로 하는 동사나 존귀한 인물이 포함된 구절은 그것에 호응하여 구결 '이-'에 '-시-'가 쓰인다고 할 수 있다.

(5ㄷ,ㄷ′)는 기형적 명사문의 성격을 가지고 있으며 (5ㄹ)은 무주어문으로 엄격히는 제2유형에 가까운 것들이다. 다만 언해문이 명사술어로 나타나기 때문에 여기서 함께 다룬 것이다. 이 예들에서도 구결문의 '-시-'는 주어성분과는 무관하고 선행구절에 따라 결정된다. (5ㄷ)과 (5ㄷ′)의 '-시-'는 구절 내의 동사성분 '果, 依'와 '成佛'의 주체가 존대대상임을 보이는 것이다. (5ㄹ)은 무주어문이므로 '-시-'가 주어성분과 무관함을 단적으로 말해준다. (5ㄹ)도 (5ㄷ)과 같은 이유로 설명될 수 있다. 그런데 이 문장은 "존재"의 의미를 가지고 있어 '有' 정도의 동사가 생략되어 있는 것처럼 보인다. 사실 (5ㄴ)도 분열문적 구문으로 '如來ㅅ 힘'이 행위자인 것처럼 보인다.

(6)은 제2유형 '이-'의 용례이다. 여기서도 '-시-'는 주어나 주제와의 관계로 설명되지 않는다.[57] (6ㄱ)은 존귀한 인물의 행위가 아니데도 '-시-'가 쓰이고 있고 (6ㄴ)은 존귀한 인물의 행위인데도 '-시-'가 쓰이지 않고 있다. 이 때 구결문의 '-시-'는 '이-'의 선행구절에 따라 결정된다. 구절내의 동사 '使'와 '讚'의 주체에 대한 존대 판단에 따라 '-시-'가 나타나고 나타나지 않은 것이다. 결국 여기도 (5)와 마찬가지로 '이-'가 통합된 구절 자체만으로 '-시-'의 사용이 결정된 것이다.

(7) ㄱ. 曰心이 精ᄒᆞ야 遺聞이시니 (니ᄅᆞ샤ᄃᆡ ᄆᆞᅀᆞ미 精ᄒᆞ야 드로믈 ᄇᆞ리다 ᄒᆞ시니) (능6:37)

ㄴ. 此佛을 何故로 號阿彌陀ㅣ어시뇨 (뎌 부텨를 엇던 젼ᄎᆞ로 阿彌陀ㅣ

---

57) 이러한 구조는 주석문의 고정적 형식이다. '-오'이 통합된 구절은 대문의 구절을 메타언어적으로 인용한 것에 불과하다. 이 때의 '-오'이 통합된 구절은 주제어인데 '-시-'의 발생과는 하등 관계가 없다.

시다 ᄒᆞ거뇨)(아미13)

ㄷ. 則神力이 可謂至大어신마론(神力이 至極 크시다 슬오련마론)(법6: 107)

(7)은 제3유형의 예이다. 구결문의 형식은 제2유형과 별 차이가 없고 또 '-시-'도 구절 자체만으로 결정된다는 점도 같지만, 연첨형의 융합형이기 때문에 구절내의 상위동사, 하위동사와 동시에 관계된다는 점이 다르다. 이 때 '-시-'가 상위동사와 관계되는 것인지 하위동사와 관계되는 것인지 구분하기 쉽지 않다.[58] (7ㄱ)은 상위문의 '曰'에 걸리는 '-시-'이며, (7ㄴ)과 (7ㄷ)은 하위문의 술어 '阿彌陀'와 '大'에 걸리는 '-시-'다. 이들이 연첨형의 축약형임은 언해문을 통해 확인된다.

이상에서 논의한 구결문에서의 '-시-'의 발생 조건을 정리하면 (8)과 같다.

(8) 구결문에서의 '-시-'의 발생 조건

    a. 구결문에서 조사 '-이'나 '-온'이 통합된 구절이 존대 인물일 경우 그에 호응하여 술어구절의 구결 'ᄒᆞ-'나 '이-'에 '-시-'가 사용된다.

    b. 구결문에 조사 '-이'나 '-온'이 통합된 구절이 없거나, 있더라도 구 이상의 단위일 경우 술어구절의 'ᄒᆞ-'나 '이-'에는 구절의 속성에 따라 '-시-'가 수의적으로 나타난다.

      i) 구절 안에 동사적 성분이 있으면, 그 동사적 성분의 주체의 존칭성에 따라 '-시-'가 쓰인다.

      ii) 구절 안에 동사적 성분은 없지만 구문 전체가 동작적 의미를 나타내고, 존귀한 인물이 있으면, '-시-'가 쓰인다.[59]

다음에는 구결문에 쓰인 '-시-'가 언해될 때 어떻게 반영되는가를 살펴보자.

---

58) 이현희(1994)에서는 이런 융합현상은 하위문의 어간과 상위문의 어미통합체가 융합되는 것으로 보고 있지만, '-시-'에 있어서는 하위문의 '-시-'가 남아 있어 예외가 된다.

59) (8b)의 '-시-' 사용은 구결문의 독특한 체계를 바탕으로 가능한 것이지 우리말에서 그렇다는 것은 아니다.

(9) ㄱ. (釋迦ㅣ) … 이 天中天엣 法王이시니라((釋迦ㅣ) … 是爲天中天之
　　　　法王也ㅣ시니라)(법4:161)

　　ㄴ. 우흔 다 諸佛ㅅ 머리셔 讚嘆ᄒ시논 마리시니라(上온 皆諸佛ㅅ遙讚
　　　　之言이시니라)(법3:179)

　　ㄴ′. 쏘 第三周說法을 여르샨 그티시니라(及開第三周說法之端이시니
　　　　라)(법3:81)

　　ㄷ. 이 楞嚴 지ᅀᅡ샨 고디시니라(此ㅣ 楞嚴所以作也ㅣ시니라)(능1:21)

　　ㄷ′. 큰 ᄆᅀᅳᄆᆞᆯ 너펴 萬德을 일우시논 고디니(所以廓其大心ᄒ야 成就萬
　　　　德이시니)(법2:33)

　　ㄹ. 이 三周開示의 ᄆᆞᄎᆞ미시니라(是爲三周開示之終也ㅣ시니라)(법4: 150)

(9)는 제1유형의 '-이-'에 쓰인 '-시-'를 언해한 것이다. (9ㄱ)은 주어성분과
의 호응으로 '-시-'가 쓰인 것으로 언해문의 구조와 구결문의 구조가 다르지
않으므로 '-시-'의 사용도 규칙적이다. (9ㄴ, ㄴ′, ㄷ)은 (8a)에 의해 '-시-'가 쓰
인 것으로 보인다. 이때 '-시-'는 동사와 관련된 것이므로 당연히 관형절의 동
사에 '-시-'가 쓰이고 있다. 문제는 상위문 '마리시니라'나 '그티시니라', '고
디시니라'의 '-시-'이다. 이 '-시-'는 구결문의 형식에 영향받은 것으로 보인
다. 언해문도 구결문과 같이 지정구문이므로 구결문의 구조가 그대로 옮겨
가기 쉬운 환경이 이러한 현상을 낳은 것이다. (9ㄷ′)은 상위문에 '-시-'가
나타나지 않고 있다. 명사구보문구성으로 언해될 때 상위문에서의 '-시-'의
출현은 수의적이다. 특히 표제명사로 형식명사가 쓰이면 더욱 그러하다. 형
식명사에 따라 '-시-' 사용이 편중성을 보이는 경향이 있다. (9ㄹ)에서 구결
문의 '-시-'는 '開示'에 걸리는 것으로 보인다. 그러나 이를 언해하지 않고
한문의 구절을 그대로 씀으로써 '-시-'가 실현될 곳이 없어지고 말았다. 이와
같이 한문의 구절이 언해문에 그대로 사용될 경우는 구결문의 '-시-'는 '-이-'
에 남아 있게 된다. 이때는 언해문과 구결문의 구조가 더욱 유사해지기 때문
에 구결문의 '-시-'에 더 영향받기 쉽다. 무주어문이나 기형적명사문에서 구
결문의 '-시-'가 그대로 옮겨지는 것도 이들 구문이 구결문의 구조에 영향받
은 것이기 때문이다.

　(9ㄴ, ㄴ′, ㄷ)에서 상위의 '-시-'를 구결문의 영향으로 본 것은 아래 (10)과

같이 동일 환경이지만 구결문에 '-시-'가 쓰이지 않은 구문에서는 이러한 현상이 일어나지 않고,[60] (11)과 같이 의역문헌에서는 '-시-'가 쓰이지 않는 경향이 있기 때문이다.

(10) ㄱ. 뎌는 魔 굴히욘 그를 結ᄒ샨 마리라 (彼ᄂᆞᆫ 乃結辯魔文이라) (능1:17)

ㄴ. 法界를 다 두프시ᄂᆞᆫ 體니라 (周覆法界之體니라) (능1:9)

ㄷ. 常ᄋᆞᆯ 니ᄅᆞ샤ᄆᆞᆫ 眞實ㅅ 寂滅을 뵈샤미니 이ᄂᆞᆫ 오직 滅ᄋᆞᆯ 臨ᄒᆞ샤 기텨 맛디시ᄂᆞᆫ 이리라 (談常者ᄂᆞᆫ 所以示眞寂이시니 此ᄂᆞᆫ 獨臨滅付之事ㅣ라) (능1:18)

(11) ㄱ. 菩薩 ᄀᆞᄅ치시ᄂᆞᆫ 法이며 부텨 護念ᄒᆞ시ᄂᆞᆫ 배시니 (教菩薩法이며 佛所護念이시니) (법6:105)

ㄱ'. 菩薩 ᄀᆞᄅ치시ᄂᆞᆫ 法이며 부텨 護念ᄒᆞ시ᄂᆞᆫ 배라 (석보19:41)

ㄴ. 釋迦ㅅ前身이 威音王時예 … 利道ᄅᆞᆯ 너비 펴신 자최시니 (釋迦前身 … 廣施利道之迹也ㅣ시니) (법6:71)

ㄴ'. 釋迦 前身이 威音王時節에 … 利益게 引導ᄒ샨 이리라 (석보19:36)

본고에서는 관형구성이나 동명사가 존대파급에 의해 전체가 존칭성을 지니게 되었다고 보지 않는다. 이러한 구성이 주어로 쓰일 때 서술어에 '-시-'가 나타나지 않는 예가 훨씬 많기 때문이다.

제2유형의 '이-'는 (12)와 같이 다양하게 언해된다.

(12) ㄱ. 이 經은 尊ᄒᆞ야 한 經ㅅ中에 爲頭ᄒ니 (此經은 爲尊ᄒᆞ야 衆經中上이니) (법5:68)

ㄱ'. 阿修羅等이 數ㅣ 恒沙 ᄀᆞᆮᄒ니 恭敬合掌ᄒ얫거든 (阿修羅等이 數如恒沙ㅣ 恭敬合掌이어든) (법5:72)

ㄴ. 寶几 발바도ᄆᆞᆫ 萬行ㅅ 미틀 尊호미라 (寶几承足者ᄂᆞᆫ 尊萬行之本也ㅣ라) (법화2:196)

---

60) 이들 구결문에서 계사 '이-'에 '-시-'가 사용되지 않은 것은 (8a)에 의한 것이다. (8b)는 (8a)에 의해 '-시-'가 쓰이지 않을 경우에 수의적으로 나타나는 현상이다. 따라서 (10)과 같이 '-시-'가 쓰이지 않는 경우도 적지 않다.

ㄴ'. 올흔 무룹 恭敬ᄒ야 ᄭ루믄 마디롤 구펴 恭敬닐위유믈 뵈ᄉ오미라 (右膝虔跪ᄂᆞᆫ 示屈節致欽也ㅣ라) (법2:178)

ㄷ. 求ᄒ야 ᄇ라몰 먹디 말오 爲ᄒ야 <u>說法홀띠니라</u> (不壞希望코 而爲說 法이니라) (법5:26)

ㄷ'. 오직 人情의 거츠리 셜 ᄯᆞᄅᆞ미라 (特人情의 妄立耳니라) (법5:85)

(12ㄱ, ㄱ')는 '이-'를 동사로 언해한 것이다.61) (12ㄴ, ㄴ')는 동명사로62) (12ㄷ, ㄷ')은 명사구보문구성으로 언해한 것이다. 이들은 구결문의 '이-'에 이끌려 명사적 표현으로 언해된 것인데 구절 내의 동사의 서술성을 살리려 는 의도를 여전히 가지고 있다. 형식적으로는 앞의 (11)과 같지만 동사적 속 성을 더 지니고 있는 것으로 보아야 한다.

(13)은 제2유형에 '-시-'가 사용된 예이다. 제2유형의 '이-'는 (8b)에 의해 '-시-'가 쓰이는 것이 보통이다.

(13) ㄱ. 法華애 더우미 잇디 <u>아니ᄒ시니라</u> (非有加於法華也ㅣ시니라) (능1: 18)

ㄱ'. 얼굴 목숨 다오몰 <u>니르시고</u> (言盡形壽也ㅣ오) (능4:12)

ㄴ. 如來ㅣ 다 能히 實다이 <u>보샤미라</u> (如來ㅣ 皆能如實見之ᄉ시니라) (법 3:27-8)

ㄴ'. 다 여러 뵈샤 져의 本來ㅅ 佛性을 보게 <u>ᄒ샤미니</u> (皆所以開而示之 ᄒ샤 使見自己의 本來佛性이시니) (법4:150)

ㄷ. 勅ᄒ샤ᄆᆞᆫ … ᄀᆞᆺ업슨 디 져쥬려 <u>ᄒ산 젼치라</u> (欲霈無際故也ㅣ시니라)

---

61) 이런 식의 언해는 주석문보다 대문에 상대적으로 많이 나타난다. 또 「법화경언해」와 「능엄경언해」를 비교할 때 「능엄경언해」가 더 많이 나타난다.

62) 동명사로 언해된 구결문의 '-이'는 두 가지 속성을 갖고 있는 것으로 보아야 한다. 그 하나는 계사적인용법으로 구결문 전체의 명사술어임을 보이는 것이고 또 하나는 통 합된 구절 안의 동사성분의 서술성을 보이는 것이다. 전자의 성격이 강조되면 동명 사로 언해되고, 후자의 성격이 강조되면 동사로 언해된다. 이를 형식화하면 아래와 같이 나타낼 수 있다.

a. [[NP]top[(NP)+VP]s이-

b. [NP]top[(NP)+VP이-]s

(a)는 전체를 하나의 문장으로 보아 '주제 = S'의 의미관계로 본 것으로 전자에 해당 하고, (b)는 독립적으로 본 것으로 후자에 해당한다.

(법6:152)

ㄹ. 六銖는 少分을 니르실 ᄯᄅᆞ미라 (六銖는 言少分이시니라) (법6:13)

ㅁ. ᄒᆞ나ᄒᆞᆫ 大慈悲行이시니 平等히 利益게 濟度ᄒᆞ샤미오 둘흔 앗곰 업
스신 行이시니 內外財를 나 내실씨오 (一은 大慈悲行이시니 平等
滋濟시고 二는 無慳各行이시니 竭內外財시고) (법6:123)

ㅁ'. ᄒᆞ나ᄒᆞᆫ 大慈悲行이니 平等히 거리츠실씨오 둘흔 앗곰 업스신 行
이니 內外財를 다 쓰실씨오 (월석18:17)

(13ㄱ, ㄱ')은 동사로 언해한 예이다. 이때의 '-시-'는 동사에 실현된다.
(13ㄴ, ㄴ')는 동명사로 언해한 것이다. '-시-'는 동명사에 실현되고 상위의
'이-'에는 '-시-'가 나타나지 않는 것이 원칙이다. 이것은 구결문의 '-시-'가
구절내의 동사와 관련되어 실현된 것이기 때문에 이를 존중한 것이다. (13
ㄷ, ㄹ)은 형식명사를 표제명사로 하는 명사구보문구성이다. '-시-'는 하위문
의 관형형에 실현되고 상위문의 '이-'에는 '-시-'가 보이지 않는다. (13ㅁ)과
(13ㅁ')의 대비는 '이-'가 쓰인 구결문에서 '-시-'가 언해문에 실현되는 양상
을 모두 보여준다. 동명사와 관형구성(주로 명사구보문구성)이 자유로이 교체되
며, '명사＋이-'로 언해될 때는 '-시-'가 상위의 '이-'에 실현된다는 것을 알
수 있다.

그런데 이런 언해문에서도 간혹 (14), (15)와 같이 상위의 '이-'에 '-시-'가
실현되는 예를 볼 수 있다. 이때는 구결문의 '이-'에 반드시 '-시-'가 쓰이고
있다.

(14) ㄱ. 經에 이를 아니 니르샤믄 닐온 혀고 發티 아니ᄒᆞ샤 제 낫게 ᄒᆞ샤미
시니 (經에 不言此者는 所謂引而不發ᄒᆞ샤 斯其自進이시니) (법4:93)

ㄴ. 說法이 가지가지 겨샤미시니 (說法이 有種種이시니) (법5:137)

(15) ㄱ. 우릴 敎化ᄒᆞ시ᄂᆞ니시니 (敎化我者ㅣ시니) (법6:157)

ㄴ. 부텻긔 뵈ᅀᆞᆸ디 아니ᄒᆞ샤믄 體 ᄀᆞᆮᄒᆞ신 전치시고 (不躬觀佛者는 體同
故也ㅣ시고) (법4:130)

ㄷ. 오직 菩薩 ᄀᆞᄅᆞ치시논 法을 니르실 ᄯᄅᆞ미시니 (但說敎菩薩法而已
시니) (법화1:191)

ㄹ. 道場에 證ᄒ샤미 이 ᄀᆞᄒᆞ실 ᄲᅮ니시니 (道場所證이 如此而已시니)
(법1:227)

(14)는 동명사로 언해된 예이고, (15)는 명사구보문구성으로 언해된 예이다. 동명사로 언해될 때는 상위의 '이-'에 '-시-'가 쓰이는 예가 많지 않아, (14)의 예가 오히려 예외에 가깝다. 이는 동명사가 명사보다 동사에 가깝게 인식되기 때문이 아닌가 생각된다. 따라서 구결문의 '-시-'는 동사 내부로 실현되는 경향을 보이는 것이라 생각된다.

명사구보문구성으로 언해될 때는 표제명사로 쓰인 형식명사에 따라 일정 경향을 보인다. '이'는 '-시-'가 잘 쓰인다. '이'가 '사람'을 뜻하는 의미로 자주 쓰이기 때문일 것이다. 'ᄉᆞ롬'도 상위문에 '-시-'가 실현되는 경향이 강한 편에 든다. '젼ᄎᆞ, 뿐'은 양자가 비슷한 정도로 나타나며, '것'이나 '所'에 대응하는 '곧, 디, 바'는 상위문에 '-시-'가 잘 나타나지 않는다. 이들은 앞의 형식명사에 비해 형식성이 강해, 이들 형식명사가 표제명사로 쓰인 명사구 보문구성은 동명사와 별 차이가 없다. 실제 한문의 所구성은 동명사로도 잘 언해된다. 여기서 우리는 관형구성에서 표제명사의 자립성이 강할수록 '-시-'가 상위문에 나타나는 경향이 강해진다고 가정할 수 있다. 자립명사가 표제명사가 되는 관형절은 상위에 '-시-'가 잘 나타나는 데 비해, 표제명사의 형식성이 강해 동명사에 가까워질수록 '-시-'가 나타나지 않기 때문이다. 형식명사의 강한 형식성이 '-시-'의 출현을 제한하는 것은 'ᄃᆞ'와 'ᄉᆞ'의 경우 상위문에 '-시-'가 나타나는 일이 없는 것에서도 확인된다. 'ᄃᆞ'와 'ᄉᆞ'의 경우 문법화되어 전체 구성이 하나의 어미구조체로 쓰이기 때문에 '-시-'가 쓰이지 않는다고 할 수 있으나, 문법화는 형식성이 강했기 때문에 일어날 수 있는 현상이므로 'ᄃᆞ'와 'ᄉᆞ'의 예도 자체의 형식성 때문에 '-시-'가 잘 나타나지 않은 것으로 볼 수 있다.

다시 말해 표제명사의 자립성이 강해 전체 구성이 '명사+-이-' 구성에 가까워지면 구결문의 계사문 구조에 가까워진다. '-시-'도 그에 비례해 쉽게 출현할 수 있다. 반면 형식성이 강해 동명사에 가까워지면 구결문의 계사 구조와는 거리가 멀어지게 된다. 이 때는 '-시-'가 상위의 '이-'에 잘 나타나지 않는다. 이는 결국 언해문의 구조가 구결문의 구조가 이행되기 쉬운 구문일수록 구결문의 '-시-'가 이행되기 쉽다는 말이 된다. 이는 상위문의 '이-'에 실현되는 '-시-'는 구결문의 구조가 전이된 것이라는 점을 방증하는 것이기도 하다.

이현희(1994)에서는 (14)와 (15)가 원칙이고 (13)의 예는 '-시-'가 중복됨으로써 그 중 하나가 생략된 것으로, 지정구문은 하위문 우선의 원리에 지배된다고 보고 있다. '-시-'에 있어서의 상위문우선의 원리, 하위문 우선의 원리 전체를 부정하는 것은 아니나, 언해문의 계사구문은 '이-'구결문의 영향을 받는 환경이므로 다른 구조와는 구별할 필요가 있다고 본다. 본고에서는 반대로 (13)이 원칙적인 것이고, (14)와 (15)가 비정상적인 것으로 본다. 이는 (16)에서와 같이 구결문에서 '-시-'가 쓰이지 않으면 상위의 '이-'에 '-시-'가 나타나는 일이 없고, 구어적인 문헌에서는 '-시-'가 나타나지 않는 경향을 보이는 (17)의 예로 확인된다.

(16) ㄱ. 반ᄃ기 드로몰 브터 들리라 ᄒ샤ᄆᆞᆫ 各各 機緣을 조차시논 젼칙라
(心由聞入者ᄂᆞᆫ 各隨機緣故也ㅣ라) (능6:65)
ㄴ. 처섬 水性의 ᄒᆞᆫ 마시 流通호ᄆᆞᆯ 브트실 ᄯᆞᄅᆞ미라 (初由水性의 一味 流通耳라) (능5:73)
ㄷ. 道證호미 正히 ᄉᆞᄆᆞ초ᄆᆞᆯ 니르실 ᄲᅮ니언뎡 (言其證道ㅣ 精徹이언뎡) (법3:76)

(17) ㄱ. 이 法이 다 一乘佛 爲ᄒᆞ샨 젼칙시니라 (是法이 皆爲一佛乘故ㅣ시니라) (법6:124)
ㄱ'. 이 法이 다 一乘佛 爲ᄒᆞ논 젼칙라 (월석17:18)
ㄴ. 因ᄒᆞ샤 法 나토실 ᄯᆞ르미시니라 (特因事ᄒᆞ샤 顯法耳시니라) (법4:126)
ㄴ'. 法을 나토실 ᄯᆞᄅᆞ미라 (월석15:79)

다음 (18)은 제3유형의 '이-'에 '-시-'가 쓰인 예이다.

(18) ㄱ. 니르샤ᄃᆡ ᄆᆞᅀᆞ미 精ᄒᆞ야 드로ᄆᆞᆯ ᄇᆞ리다 ᄒᆞ시니 (曰心이 精ᄒᆞ야 遺聞

이시니) (능6:38)

ㄴ. 이 니ᄅ샨 種種地예 住커든 如來ㅣ 다 能히 實다이 보샤미라 (是謂 住於種種之地어든 如來ㅣ 皆能如實見之시니라) (법3:28)

ㄷ. 나ᄆᆞ닌 일ᄏᄅ샨 金剛觀察로 覺明을 分析이시니 (餘ᄂᆞᆫ 稱金剛觀察 로 覺明을 分析이시니) (능1:9)

ㄹ. 慧雲이 저쥬믈 머그며 光이 ᄀ료믄 니ᄅ샨 慈意妙ᄂᆞᆫ 大雲이라 煩 惱 브를 ᄢᅵ샤미라 (日光이 掩蔽者ᄂᆞᆫ 所謂慈意妙ᄂᆞᆫ 大雲이라 滅除 煩惱念也ㅣ 시니라) (법3:35)

제3유형의 '이-'는 연첨형구결의 융합형이므로 (18ㄱ)과 같이 인용문 형 식으로 언해된다. 그런데 표면 모습은 제2유형과 같으므로 제2유형과 같이 언해되기도 한다. (18ㄴ, ㄷ)의 예가 바로 그것이다. (18ㄴ)에서 구결 '-시니라' 는 '-이라 ᄒᆞ시니라'가 융합된 것으로 구결문의 '-시-'는 상위문의 인용동사 '謂'와 관계되는 것이다. 그런데 이를 무시하고 제2유형과 같이 언해한 결과 마치 '-시-'가 하위문의 동사와 관계되는 것처럼 언해되어 있다. (18ㄴ)에서 '種種地예 住커든 如來ㅣ 다 能히 實다이 보-'는 대문에서 인용한 부분이다. 여기서 '如來'는 화자 자신이므로 '-시-'가 쓰이지 못하는 데도 불구하고 (18 ㄴ)에서는 '-시-'가 '如來'와 관계되는 것으로 되어 있다. 정상적이리면 '니 ᄅ샤디 種種地예 住커든 如來ㅣ 다 能히 實다이 보다 ᄒᆞ시니라'로 될 문장 이다. (18ㄷ)은 기형적명사문의 예이다. 구결문 '-이시니라'의 '-시-'는 '稱'과 관계되어 사용된 것이다. 그런데 명사술어로 언해되었기 때문에 '-시-'가 실현된 장소가 없어 상위의 '이-'에 '-시-'가 쓰인 것이다. 정상적이라면 '分 析ᄒᆞ다 ᄒᆞ샤미니' 정도가 예상되는 곳이다. (18ㄹ)은 제3유형의 예는 아니다. 소위구문에 현결되는 '이-'는 제1유형적에 해당된다. 그러나 소위구문은 인 용문 형식으로 언해되기도 하여 위와 같은 현상을 보이기도 한다. (18ㄹ)에 서 구결문의 '-시-'는 '所謂'의 '謂'의 주체와 관계되어 사용된 것이다. 그런 데 이를 동명사로 언해함으로써 상위문에 걸리는 '-시-'가 하위문의 주어와 관련되는 것처럼 되어 있다. 'ᄢᅵ'의 주어는 '慈意妙'로 존대대상이 아니므로 정상적이라면 "慈意妙ᄂᆞᆫ 大雲이라 煩惱 브를 ᄢᅵ다 ᄒᆞ샤미라"로 되어야 할 것이다.

(19) ㄱ. 無常無我이 닐온 精持ㅣ시니라 (無常無我이 謂精持也ㅣ시니라) (법
6:71)

ㄱ'. 無常과 無我왜 긔 精微히 디니샤미라 (석보19:36)

ㄴ. 세흔 바다 디뇨몰 對答이시니 (三은 答奉持니) (원각 하3-2:78)

ㄴ'. 네흔 功德을 對答ᄒᆞ샤미니 (四ᄂᆞᆫ 答功德이니) (원각 하3-2:81)

ㄷ. 後ㅅ行竟뵈샤ᄆᆞᆫ 解 ᄆᆞ차 行에 가과뎨시니 (後示行竟은 欲其解終趣
行이시니) (법6:118)

ㄷ'. 오직 念佛은 正心코져 ᄒᆞ샤미라 (但念佛은 欲正心也ㅣ라) (법5:17)

(19ㄱ, ㄴ)은 기형적명사문, (19ㄷ)은 분열문의 예이다. 이들은 제2유형의
'이-'를 지정구문의 형식으로 언해한 것이다. 따라서 언해문에서도 '이-'에
'-시-'가 쓰이고 있다. 그러나 이때의 '-시-'는 모두 구결문에서 '이-'가 통합
된 구절 안의 동사 '謂', '對答'과 관련되어 쓰인 것이다. (19ㄱ)에 대해 (19
ㄱ'), (19ㄴ)에 대해 (19ㄴ'), (19ㄷ)에 대해 (19ㄷ')는 각각 정상적으로 언해
되었을 때의 구문을 보인다.

마지막으로 (20)의 예를 보자.

(20) ㄱ. 飮光成佛은 됴흔 국토롤 當ᄒᆞ실ᄊᆡ 비록 魔ㅣ 이셔도 다 佛法 護持
호미라 (雖有魔ᄒᆞ야도 皆護佛法이니라) (법3:61)

ㄴ. ᄒᆞ마 볼기 보샤 걸ᄭᅵᆫ 디 업스실ᄊᆡ 다른 말 업스샤미 맛당커신마ᄅᆞᆫ
(旣明無見滯ᄒᆞ실ᄊᆡ 則宜無異說이어신마ᄅᆞᆫ) (법5:144)

ㄷ. 이 부톄 一切 天人衆애 法華經을 니ᄅᆞ시ᄂᆞ니 聽受ᄒᆞᅀᆞ오미 올ᄒᆞ시
니이다 (此佛이 於一切天人衆中에 說法華經ᄒᆞ시ᄂᆞ니 宜應聽受ㅣ시
니이다) (법7:132)

ㄷ'. 큰 므레 ᄡᅴ요ᄆᆞᆫ ᄠᅳ디 風災롤 兼ᄒᆞ시니라 (大水所漂ᄂᆞᆫ 意兼風災ᄒᆞ
시니라) (능6:26)

(20ㄱ)에서 '護持호미라'는 '-시-'가 나타남직한 예인데, '-시-'가 쓰이지
않고 있다. (20ㄱ)은 주석문에 많이 보이는 '-ㄹᄊᆡ ~이-(ᄒᆞ-)'구성이다. 이 구
성은 대문의 구절을 해석하는 형식의 하나이다. '~'의 부분은 인용된 부분
으로 피해석어에 해당된다. (20ㄱ)의 대문은 '비록 魔와 魔民이 이셔도 다

佛法을 護持ᄒ리라'(雖有魔及魔民ᄒ야도 皆護佛法ᄒ리라)(법3:60)이다. (20ㄱ)은 융합형구결이 쓰여 인용구조가 명확히 나타나지 않았지만 구결문 '雖有魔ᄒ야도 皆護佛法이니라'는 '雖有魔ᄒ야도 皆護佛法이라 ᄒ오미라'의 구조다. 따라서 '비록 魔ㅣ 이셔도 다 佛法護持ᄒ리라 ᄒ니라'나 '비록 魔ㅣ 이셔도 다 佛法護持ᄒ리라 ᄒ오미라' 정도로 언해되었을 예다. 융합형 '이-'로 인해 '-시-'이 사용이 불규칙인 것처럼 보이지만 정상적인 구문인 것이다.

(20ㄴ, ㄷ)은 당위표현에 '-시-'가 사용된 예이다. 당위표현은 (20ㄴ)과 같이 'ᄒ오미 맛당ᄒ-'식으로 언해되는데 '다론 말 업스샤미'로 언해된 '無異說'은 '宜'의 빈어이기 때문에 전체는 존대대상이 아니다. 이때 동명사 '업스샤미'(無)의 행동주가 존대대상이냐에 따라 '-시-'의 사용이 결정된다. 이 점은 이 구성이 '맛당히 V'로 언해될 수 있는 데서 알 수 있다. 구결문의 '-시-'는 이 점을 잘 반영하고 있다. 그런데 언해습관에 의해 이 구문이 'ᄒ오미 맛당ᄒ-'식으로 되었기에 '-시-'의 사용이 이상하게 보이는데, 이것을 존귀한 인물의 행위에 대한 존대라고 해석해서는 안 된다. 그러나 (20ㄷ)은 잘못된 쓰임이다. '聽受ᄒᅀ오미'의 행동주는 '天人衆'이다. 따라서 '올ᄒ시니이다'로 나타날 수 없다. 이것은 구결문의 '-시-'가 옮겨간 것인데 구결문의 쓰임이 잘못되어 있다. '宜應聽受'을 앞의 '此佛'에 관계되는 것으로 잘못 보아 '-시-'를 사용한 것이 언해문에도 그대로 나타난 것이다. 이같이 잘못된 사용이더라도 구결문에 쓰인 형태는 언해문에 그대로 옮겨진다. 본고가 앞서 존대파급이 구결문에서 일어나기 쉽다고 한 것은 이런 예와도 관계된다. 구결문의 구조를 보면 '此佛'이 주어로 인식되기 쉽게 되어 있다. 결국 존대파급에는 이러한 구문인식의 잘못도 포함되는 것이다.

(20ㄹ)도 언해습관과 관련된 예이다. 구결문의 '-시-'는 '意'를 동사로 보고 생략된 주어에 대해 존대한 것이다. 그런데 '意'구문은 '쁘디 S'나 '쁘데 S'로 잘 언해된다. 이같이 고정된 언해로 인해 마치 '쁘디'가 존대받는 문장이 되는 불규칙한 예가 되고 말았다. 이와 같이 표면적으로는 '-시-'의 사용이 불규칙하게 보이는 것도 구결문과의 상관관계에서 보면 쉽게 설명되는 경우가 있다.

이상에서 구결문의 '-시-' 사용 규칙이 언해문의 그것과 다르고, 그것이 언해문에 그대로 옮겨짐으로써 불규칙한 '-시-'의 용례가 나타날 수 있음을 검토하였다. 또 언해 과정에서 구결문 구조를 잘못 분석하여 발생하는 오류에 대해서도 검토하였다. 이런 과정에서 15세기국어에 나타나는 '-시-'의 불규칙성의 일부는 구결문의 영향으로 설명할 수 있음을 논의하였다. 그러나 분명히 하고자 하는 것은 '-시-' 사용을 모두 구결문의 영향으로 보는 것도 아니고 불규칙한 '-시-'의 예를 모두 구결문의 영향이라고 보는 것은 아니라는 점이다. 다만 '-시-' 등 15세기국어의 문법현상에는 구결문의 영향이라는 요소를 함께 고려하여 다룰 필요가 있음을 보이기 위해 일부 예외적인 '-시-' 사용을 검토한 것이다.

3.4 선어말어미 '-오/우-'

중세국어의 선어말어미 '-오/우-'는 중세국어 연구에서 일찍부터 주목을 받아왔다. 그러나 그 기능에 대해서는 아직도 완전히 밝혀지지 않은 부분이 많이 남아 있다. 그것은 하나의 설명 방법만으로는 포괄되지 않는 예외적인 현상이 많이 나타나기 때문이다. 본고는 이런 예외적인 예 중에는 구결문의 영향에 의한 것도 있을 수 있다는 가정에서 선어말어미 '-오/우-'에 대해 접근해 보고자 한다.

본고에서는 1인칭주어와 호응하여 나타나는 '-오/우-'에 초점을 맞추어 논의를 진행하고자 한다. 내포문 속의 '-오/우-'는 예외적인 쓰임이 많은 반면 1인칭주어와 호응하는 선어말어미 '-오/우-'는 비교적 규칙적이고 안정된 모습을 보이기 때문이다.

(1)에서 보듯 화자의 행위나 상태, 즉 1인칭주어를 가지는 명사절이 주어가 되는 구문의 서술어에는 '-오/우-'가 사용되지 않는다.

(1) ㄱ. 내 너를 건네요미 올흐니라 (令是汝ㅣ 渡汝ㅣ 니라) (육조 상:33)
　　ㄴ. 부텨도 이 곧흐야 世間애 나 現호미 가줄비건댄 큰 구루미 一切예

너비 둛둧ᄒᆞ니라(佛亦如是ᄒᆞ야 出現於世호미 譬如大雲이 普覆一
切ᄐᆞᆺᄒᆞ니라) (법3:37-38)

ㄷ. 오직 아바닚 病이 됴ᄒᆞ실씨언뎡 모몰 百千디위 ᄇᆞ려도 <u>어렵디 아니</u>
<u>ᄒᆞ니</u> (월석21:216)

ㄹ. 우리브터오ᄆᆞᆫ <u>五百萬億國이니</u>(我等所從來ᄂᆞᆫ 五百萬億國이니)(법
3:109)

(1ㄱ)에서 주어성분은 '내 너를 건네요미'로 화자의 행위에 해당한다. (1
ㄴ)에서 명사절의 주어 '부텨도'는 화자 자신을 가리키는 말이므로 이 역시
화자의 행위가 주어에 해당하지만 서술어에는 '-오/우-'가 쓰이지 않았다. (1
ㄷ)에는 주어가 생략되어 있지만 원 문장은 '오직 아바닚 病이 됴ᄒᆞ실씨언뎡
모몰 百千디위 ᄇᆞ려도 (이) 어렵디 아니ᄒᆞ니' 정도로 생략된 '이'는 '내 모몰
百千디위 ᄇᆞ료미' 정도이므로 명사절이 주어가 되는 구문의 하나이다. 이와
같이 행위를 나타내는 명사절이 주어로 쓰이는 구문에서는 서술어에 '-오/
우-'가 쓰이지 않는 것이 원칙인 것으로 보인다. (1ㄹ)에서 '-ᄋᆞᆫ'이 통합된 어
사는 주제어에 해당한다. '-시-'에서와 마찬가지로 주제어가 주어와 동일지시
적일 경우를 제외하고는 '-오/우-'가 주제어와 일치하여 나타나는 일은 없다.

(2) ㄱ. 내 이제 衰老ᄒᆞ야 주긇 時 ᄒᆞ마 <u>다ᄃᆞ르니</u> (死時已至ᄒᆞ니) (법5:157)

ㄴ. 내 ᄒᆞ던 이리 甚히 <u>외다ᄉᆞ이다</u> (석보24:18)

ㄷ. 내 보논 性은 오히려 靜 이슈미 <u>업거니</u> (而我見性은 常無有靜커니)
(능1:109)

ㄹ. 내 後에 定에 나 모미 처엄 <u>ᄀᆞᆮ더이다</u>(我ㅣ 後出定ᄒᆞ야 身質이 如初
<u>ᄒᆞ더이다</u>)(능5:72)

ㅁ. 내 命도 ᄯᅩ <u>다ᄋᆞ리니</u> (我命이 亦盡ᄒᆞ리니) (능10:63)

ㅂ. 내 큰 스숭니미 ᄒᆞ마 <u>涅槃ᄒᆞ시니</u> (석보23:41)

(2)는 화자, 즉 1인칭주어가 관형절의 주어로 나타나거나(2ㄱ~ㄷ), 속격으
로 실현된(2ㅁ~ㅂ) 구문들이다. (2ㄹ)에서 '내'는 주격이지만 '모미' 앞에는
속격의 '내' 정도가 생략되어 있는 것으로 볼 수 있다. 이 때도 원칙적으로
는 서술어에 '-오/우-'가 쓰이지 않는 것으로 보인다. 허웅(1975:757)에서는 (2

ㄱ, ㄴ, ㄹ)을 이중주어문 구성에서 직접주어에 이끌려 '-오/우-'가 나타나지 않는 것으로 보고 있다. 그러나 (2ㄱ~ㄷ)은 이중주어문이 아니라 관형구성이 주어로 쓰인 구문이다. 이렇게 보면 '-오/우-'가 쓰이지 않는 것이 정상적인 것이다. 이처럼 1인칭 '내'에 의해서 수식받는 명사는 원칙적으로 서술어에 '-오/우-'가 나타나지 않는다. 특히 (2ㅂ)과 같이 피수식어가 인물명사일 때는 '-오/우-'가 쓰이는 일이 절대 없다.

그런데 (3)과 같이 (2)와 동일한 환경에서 '-오/우-'가 쓰이는 예가 간혹 나타나기도 한다.

(3) ㄱ. 내 일후믄 아모 甲이로니 (我名은 某甲이로니) (법2:222)
ㄴ. 내 ᄆᆞᅀᆞ미 이 ᄀᆞᆮ호니 반드기 이 ᄠᅳ들 體ᄒᆞ라 (我心이 如是호니 當體 此意ᄒᆞ라) (법2:216-7)
ㄷ. 내 ᄠᅳ데 滅道애 니를에 코져 아니ᄒᆞ노라 (我意예 不欲令至滅道ᄒᆞ노라) (법2:154)

(3)은 피수식어 '일훔', 'ᄆᆞ숨', 'ᄠᅳᆮ'의 명사가 화자 자신을 가리키거나 화자 자신에 관한 말을 하게 되므로 '-오/우-'가 요구되는 것으로 설명되기도 한다.[63] 즉, 특정 의미관계를 바탕으로 형성되는 것이라 할 수 있는데 '내 ᄆᆞᅀᆞ미 이러ᄒᆞ니(월석13:27)'의 예나 유사한 의미관계를 보이는 (2ㄹ, ㅁ)에서는 '-오/우-'가 쓰이지 않는 것을 보건대 의미관계만으로는 '-오/우-'의 발생을 설명하기 어렵다.

'-오/우-'의 예외라면 '-오/우-'가 쓰여야 할 곳에 쓰이지 않은 것과 쓰이지 말아야 할 곳에 쓰인 것의 둘로 나눌 수 있을 것이다. 구결문의 문법형태는 언해문에 그대로 전이되는 것이 원칙이므로 후자는 구결문의 영향관계로 이해할 수 있는 소지가 있으나, 전자는 '-오/우-'가 15세기국어에서도 소멸 단계에 있는 것이기 때문에 변화의 결과를 보인 것일 수도 있어 구결문과의 직접적인 관계를 설정하기 어렵다.

(3)과 같이 선어말어미가 '-오/우-'가 쓰이지 못할 상황임에도 불구하고

---

63) 허웅(1975:747) 참조.

'-오/우-'가 쓰인 예는 구결문에 반드시 '-오/우-'가 나타나 있다. 이것은 구결문적인 특성으로 인해 쓰인 '-오/우-'가 언해문에 그대로 옮겨간 것이라고 보는 것이 온당할 듯하다. '-오/우-'의 언어적 변화는 소멸되는 방향이기 때문에 역방향의 예는 역사적 변화가 아닌 다른 이유를 가진 것으로 볼 수 있기 때문이다.[64]

구결문은 단어가 아닌 구절을 구성 단위로 삼기 때문에 문장성분과 호응하는 '-오/우-'의 규칙이 정밀히 적용되기 어렵다. 따라서 구절 안에 1인칭화자를 지칭하는 어사가 포함되어 있을 경우 그 전체가 1인칭화자와 같이 취급될 수 있다. 이는 인칭성의 파급이라고도 할 수 있는데 (3)의 예는 이러한 인칭성의 파급에 의해 구결문에 '-오/우-'가 쓰이고, 그것이 언해문에 전이된 것으로 보인다. 단 인칭성의 파급은 구결문의 현상이지 언해문의 현상은 아닐 것이다.

(4)의 예들은 명사절 주어에 대해 서술어에 '-오/우-'가 사용된 예이다.

(4) ㄱ. 願ᄒᆞᅀᆞ오ᄃᆡ 우릴 記를 주쇼셔 주으린 사ᄅᆞ미 머그라 ᄀᆞᄅᆞ춈 기드리ᄃᆞᆺ호이다(願賜我等記ᄒᆞ쇼셔 如飢| 須敎食ᄃᆞᆺ호이다)(법3:66)

   ㄴ. 우리 오ᄂᆞᆳ나래 未曾有를 得ᄒᆞᅀᆞ와 알픠 ᄇᆞ라미 아닌 거슬 오늘 제 得호니 뎌 窮子| 그지 입는 보ᄇᆡ 得ᄃᆞᆺ호이나(我等이 今日에 得未曾有ᄒᆞ야 非先所望을 而今에 自得호니 如彼窮子| 得無量寶ᄐᆞᆺ호이다)(법2:254)

   ㄷ. 우리 무리 … 어느 ᄆᆞᅀᆞᆷ 어느 혜미 부텻 天倫에 參預호리잇고 졋 일흔 아히 믄득 慈母 맛남 ᄀᆞᆮ호이다(我輩 … 何心何慮| 預佛天倫호리잇고 如失乳兒| 忽遇慈母ᄐᆞᆺ호이다)(능5:29)

   ㄹ. 如來 無礙智 뎌 부텻 滅道와 ᄯᅩ 聲聞菩薩ᄋᆞᆯ 아로ᄃᆡ 오ᄂᆞᆳ 滅道 봄 ᄀᆞᆮ노라(知佛滅道聲聞菩薩ᄒᆞᄃᆡ 如見今滅道ᄒᆞ노라)(법3:89)

   ㅁ. 王이 몰애로 布施ᄒᆞ샤미 ᄀᆞᆮ디 아니호이다(석보24:35)

   ㅂ. 부텨도 이 ᄀᆞᆮᄒᆞ야 世間애 나 現호미 가줄비건댄 큰 구루미 一切예

---

64) 이것을 '-오/우-'의 기능이 쇠퇴하면서 기능에 대한 인식이 명료하지 못해졌기 때문에 잘못 사용된 예로 이해할 수도 있다. 이렇게 보면 이 역시 '-오/우-'의 변화가 원인이 되는 셈이다. 그러나 이렇게 보더라도 구결문의 영향은 잘못된 사용을 유발하는 원인으로서의 의미는 갖는다.

너비 둛듯ᄒ니라(佛亦如是ᄒ야 出現於世호미 譬如大雲이 普覆一切톳ᄒ니라)(법3:37-38)

(4)와 같은 예는 주로 '곧ᄒ-'나 '듯ᄒ-'가 쓰인 구문에 많이 나타난다. 구결문에서 '如', '猶' 등 비교의 어사가 쓰인 구절 뒤에는 (4ㄱ~ㄷ, ㅂ)과 같이 '톳ᄒ-/듯ᄒ-'가 현결되거나 (4ㄹ)과 같이 'ᄒ-'가 현결된다. '톳ᄒ-'가 현결된 구결문도 (4ㄷ)과 같이 언해문에서는 '곧ᄒ-'로 바뀌어 나타나기도 한다.[65] (4)의 비교의 대상은 모두 행위를 나타내는 명사절이므로 생략된 주어도 명사절일 것이다. (4ㄱ)은 '우리 부톄 ᄀᆞᄅ쵸ᄆᆞᆯ 기ᄃᆞ료미', (4ㄴ)은 '우리 未曾有ᄅᆞᆯ 得호미', (4ㄷ)은 '우리 부텨 만나미' (4ㄹ)은 '如來 無礙智 녀 부텻 滅道ᄅ 쏘 聲聞菩薩ᄋᆞᆯ 아로미' (4ㅁ)은 '부텨ᄭᅴ 됴ᄒᆞᆫ 쳔랴ᄋᆞ로 布施홈' 정도를 상정할 수 있다. 이런 구문에서는 (4ㅂ)과 같이 '-오/우-'가 쓰이지 않는 것이 원칙이다. 그럼에도 불구하고 (4ㄱ~ㅁ)에는 '-오/우-'가 쓰이고 있다. 이것은 현결 과정에서 생략되어 있는 주어를 명사절이 아닌 1인칭주어로 인식하여 현결한 구결문이 원인으로 보인다. 특히 이런 현상은 '톳ᄒ-'로 현결될 때 많이 보인다. 이런 '-오/우-'의 예는 구결문에 '-오/우-'가 없을 때는 보이지 않는다. (4ㅁ)은 구결문이 없지만 이런 영향 하에서 성립된 것으로 보여진다.

아래의 (5)도 인용문 구성에서 '-오/우-'가 예외적으로 쓰인 예이다.

(5) ㄱ. 妾은 드로니 ··· 君臣이 서르 保全호ᄆᆞᆫ 어렵다 ᄒ니(妾은 聞 ··· 君臣相保全難이라 ᄒ니)(내훈 2하:41)

ㄴ. 아래 드로니 千人ᄋᆞᆯ 사ᄅᆞ니 子孫이 封侵ᄒ리 잇다 ᄒ니(嘗聞活千人者ᄂᆞᆫ 子孫이 有封이라 ᄒ니)(내훈 2하:9)

ㄷ. 妾ᄋᆞᆫ 드로니 賞罰이 公反ᄒ야ᅀᅡ 足히 사ᄅᆞᄆᆞᆯ 降伏히ᄂᆞ다 ᄒ니(妾ᄋᆞᆫ 聞賞罰이 惟公이라ᅀᅡ 足以服人ㅣ라 ᄒ니)(내훈 2하:53)

ㄹ. 前日에 虞ㅣ 夫子ᄭᅴ 듣ᄌᆞ오니 ᄀᆞᆯᄋᆞ샤ᄃᆡ 君子ᄂᆞᆫ 天을 怨티 아니ᄒ며 人을 尤티 아니ᄒᆞᆫ다 ᄒ오다(虞ㅣ 聞諸夫子ᄒ오니 曰君子ᄂᆞᆫ 不怨天不尤人이라 ᄒ오다)(맹자4:33-4)

---

65) 'ᄒ-'만 현결된 구결문은 대개 '곧ᄒ-'로 언해되고 'ᄒ듯ᄒ-'로는 잘 언해되지 않는다. 이런 일방향성은 '듯ᄒ-' 구문이 구결문의 영향을 받은 것이 아닌가 의심하게 한다.

ㅁ. 녜 드로니 黃金이 하면 안자셔 뉘읏부미 나물 <u>보느니라 호니</u> (昔聞黃
金多 坐見悔吝生) (두시22:20)

(5)는 모두 '드로니~호니'의 구문으로 되어 있다. 이 구문은 「內訓」에 많이 보이는데, 이에 대해 이현희(1994:497)에서는 '드로니 S ᄒ-'에서 'ᄒ-'가 '니ᄅ-'의 대동사가 아니라 '드로니'의 대동사인 것으로 잘못 파악되어 나타난 것이라고 보고 있다. 그런데 (5ㄱ~ㄹ)의 구결문을 보면 모두 '이라 호니'나 '이라 호이다'로 모두 '-오/우-'가 통합되어 있다. 이 '-오/우-'는 구결문에서 '聞'과 관계되어 사용된 것이다. 구결문의 연첩형구결의 'ᄒ-'는 상위문의 술어성분과 관련된 것이므로 구결문의 현결은 정상적이다. 이 구결문을 '드로니 S ᄒ-'의 연첩형적인 구문으로 언해하면서 구결문의 형태를 그대로 쓴 것이 (5ㄱ~ㄹ)과 같이 나타난 것이다. (5ㅁ)도 구결은 없지만 같은 과정을 거쳐 이루어진 것으로 이해할 수 있다. 이러한 예는 16세기 자료에 꽤 많이 보인다.

(6) ㄱ. 먼 ᄀᆞᆺ 三冬ㅅ 나조희 뜬 人生애 ᄒᆞᆫ 病ᄒᆞᆫ <u>늘그니로라</u> (絶域三冬暮 浮
生一病身) (두시8:62)

ㄴ. 江湖ㅣ ᄀᆞ득ᄒᆞᆫ ᄯᅡ헤 ᄒᆞᆫ 고기잡ᄂᆞᆫ <u>늘그니로라</u> (江湖滿地一漁翁) (두시
6:10)

(7) ㄱ. 그러나 <u>내라</u> ᄒᆞᆫ 아래는 (然我下ᄂᆞᆫ) (능2:59)

ㄴ. <u>내라</u> ᄂᆞ미라 ᄒᆞ야 볼씨라 (월석7:45)

ㄷ. 이제 나ᄂᆞᆫ <u>가난호미라</u> 病 아니로라 ᄒᆞ야ᄂᆞᆯ (남명 상:30)

(6)과 무주어문에 '-오/우-'가 쓰인 예이다. (6)은 주어가 생략된 것처럼 보이기도 하나, 주어를 복원하기 곤란하므로 무주어문으로 취급된다. 이런 구문은 술어가 생략된 시구를 축자역함으로써 나타난 구문으로,[66] "존재"의 의미로 해석된다. 각각 '먼 ᄀᆞᆺ 三冬ㅅ 나조희 浮生ᄒᆞᄂᆞᆫ 病ᄒᆞᆫ ᄒᆞᆫ 늘그니 잇노라', '江湖ㅣ ᄀᆞ득ᄒᆞᆫ ᄯᅡ해 ᄒᆞᆫ 고기잡ᄂᆞᆫ 늘그니 잇노라' 정도로 고쳐볼 수 있

---

66) 이에 대해서는 4.2.의 '계사구문' 참조

다. 여기서 '늘그니'는 杜甫 자신을 가리키며 이 때문에 '-오/우-'가 쓰인 것이다. 그런데 이때의 언해문에 '-오/우-'가 나타나는 것은 두 가지로 설명될 수 있다. 그 하나는 계사 '이-' 앞의 화자 지칭 표현에 이끌려 '-오/우-'가 쓰였다고 보는 것이고 또 하나는 의미상의 동사 표현 '잇-'의 주체와 관련되어 쓰였다고 보는 것이다. 그러나 전자는 1인칭어사에 통합되었는데도 '-오/우-'가 쓰이지 않은 (7ㄱ, ㄴ)으로 보아 성립되기 어렵고 후자의 방식으로 설명하는 것이 나을 것이다. 즉 존재나 동작적 의미를 가지는 무주어문에 국한되어 나타나는 현상으로 볼 수 있다. 이렇게 보면 'ᄆᆞᅀᆞᆷ매 샹녜 사ᄅᆞᆷ을 가ᄇᆡ야이 너겨 내로라 호몰 긋디 몯ᄒᆞ면(육조 상:88)'의 '내로라'도 '나ᄲᆞᆫ 잇노라'와 같은 존재구문으로 이해될 수 있다. (7ㄷ)은 '가난호니라'로 나타날 것이 '가난호미라'와 같이 명사적 표현으로 나타난 것이다. 이 같은 환경에서는 1인칭 주어가 쓰이더라도 '가난호미로라'와 같이는 나타나지 못한다. 구결문이 없어 확인할 수 없으나, 언해문의 구조로 보건대 '이라 ᄒᆞ야ᄂᆞᆯ' 정도의 연첨형 구결의 '이라'에 영향 받은 것은 아닐까 추측된다.

(8)은 '自謂'를 언해한 예들이다. 이들은 예외적인 표현은 아니지만 특정 표현과 관계되어 나타나는 것이라는 특성을 지니고 있다. 일종의 고정적 언해인 셈이다.

(8) ㄱ. 내 弟子ㅣ 제 阿羅漢辟支佛이로라 너기리(自謂阿羅漢辟支佛者ㅣ) (법1:190)

ㄴ. ᄯᅩ 무리 이셔 各各 제 닐오디 우업슨 道롤 일우라 ᄒᆞᄂᆞ니라(各各自謂成無上道ㅣ라 ᄒᆞᄂᆞ니라)(능6:86)

ㄷ. 제 닐오디 이 부톄로라 ᄒᆞ고(自言是佛이로라 ᄒᆞ고)(능9:109)

ㄹ. 네 ᄠᅳ디 어린 사ᄅᆞ미 엇뎨 네 釋子ㅣ로라 ᄒᆞᄂᆞᆫ다(월석9:35)

ㅁ. 제 ᄆᆞᅀᆞᆷ매 ᄒᆞ마 이 盧舍那ㅣ로라 疑心ᄒᆞ야(自心에 已疑是盧舍那ㅣ로라 ᄒᆞ야)(능9:73)

ㅂ. 제 올호라 ᄒᆞ고 ᄂᆞ물 외다 ᄒᆞ야(석보9:14)

구결문의 '自謂'나 이에 준하는 구성은 諺解文에서 '제~호라 ᄒᆞ-'로 고정되어 언해되는 경향이 있다. 이들 구성은 (8ㄷ)과 같이 '-오/우-'가 실현된 연첨형구결로 현결되기도 하고 (8ㄴ)과 같이 '-오/우-'가 없는 연첨형구결이 현결되기도 하나, 현결된 구결에 상관없이 하위문은 '호라' 형식으로 고정되어 나타난다. 이런 언해습관은 공손법이 중화된 듯한 (8ㄹ)의 예나 '-ᄂ가' 대신 'ㅣ로라'가 쓰인 (8ㅁ)의 형성에 관여하는 듯하다. 또 (8ㅂ)에서와 같이 인용문의 '내'를 대격주제화할 때 '저를'이 아니고 항상 '제'로 나타나는 것과도 관계된다. 이 같은 '自謂'의 고정적 언해는 시점의 변동이 없는 것처럼 보이게 함으로써 간접인용문이 직접인용문적인 성격을 갖게 만드는 요인으로 작용하기도 한다. 중세국어에서 '-오/우-'가 직접인용과 간접인용의 구분 기준으로 의미를 갖지 못하는 것에는 이와 같은 언해습관에도 그 원인이 있을 것이다.

선어말어미 '-오/우-'가 쓰일 상황임에도 쓰이지 않은 예외는 소멸의 변화를 반영한 것으로도 이해할 수 있어 구결문의 영향을 받은 것이라 단정할 수 없다. 더구나 구결문에 '-오/우-'가 없더라도 언해문에 그것이 보충되는 일이 빈번하다. 또 구결문에 '-오/우-'가 쓰이지 않은 것이 1차적 현결태도를 취한 것일 수도 있어 '-오/우-'의 기능과 관련하여 사용되지 않은 것이라 보기도 어렵다.

그러나 나타나지 않은 원인이 다양하다 하더라도 무표적인 것도 하나의 특성이며 그것이 영향을 줄 수는 있다. 언해 과정에서의 수정 보충이 완벽한 것이 아니므로 어느 정도는 구결문에 이끌릴 수 있기 때문이다. 특히 그것이 특정 환경에 집중되어 나타난다면 개연성은 더욱 높아진다고 생각한다.

(9) ㄱ. 婆羅門이 그 말 듣고 고ᄫᆞᆫ ᄯᆞᆯ 얻니노라 ᄒᆞ야 (석보6:13)

　　ㄴ. 나랏 이룰 쟝ᄎᆞ 世子ᄭᅴ 맛됴리라 ᄒᆞ야 바룼믈로 머리예 브슴 ᄀᆞ토미
　　　 (월석2:64)

(10) ㄱ. 奇異ᄒᆞᆫ 거슬 ᄡᅳ데 반ᄃᆞ기 즐겨 著ᄒᆞ리라 ᄒᆞ야 (種種珍玩奇異之物을
　　　 情必樂著이라 ᄒᆞ야) (법2:66)

　　ㄴ. 내 반ᄃᆞ기 부톄 ᄃᆞ외리라 ᄒᆞ야 精進定行ᄒᆞᄂᆞ닌 (我當作佛이라 ᄒᆞ야
　　　 行精進定行ᄒᆞᄂᆞ닌) (법3:43)

　　ㄷ. ᄀᆞᆯᄒᆡ욤 업시 다 아ᄂᆞ다 ᄒᆞ야 勝ᄒᆞᆫ 解룰 내닌 (無擇偏知라 ᄒᆞ야 生勝

解者논) (능10:54)

(11) ㄱ. 維那롤 삼소보리라 王올 請ㅎ숩노이다 (월석8:79, 기225)

　　 ㄴ. 가마오디 西ㅅ녁 히 비취옛논디 눌개 몰외노라 고기잡논 돌해 ᄀᆞ득
　　　 ᄒᆞ얏도다 (鸕鷀西日照 曬翅滿漁梁) (두시7:5)

(9)는 '호리라 ᄒᆞ-'가 '호려 ᄒᆞ-'의 의미로 사용된 예이다. 중세국어에서
이 두 형식은 교체되어 사용될 수 있다. 그런데 같은 "의도"의 의미로 이해
됨직한 (10ㄱ,ㄴ)은 선어말어미 '-오/우-'가 없는 형태로 실현되었다. 그런데
이들의 구결을 보면 모두 '이라 ᄒᆞ야'가 쓰이고 있다. '이라 ᄒᆞ야'는 구결문
에서 관련 어사가 없이 나타나기도 하는데 그 때는 (10ㄷ)과 같이 '-라고 생
각하여' 정도의 의미를 갖는다. 이것은 이 구결이 思考의 어사와 호응관계
를 갖고 있음을 암시한다. 구결문에서 관련 어사가 없이도 나타날 수 있는
구결들은 특정 어사와의 호응관계에 의해 그 어사를 대신할 수 있는 기능까
지 갖게 된다. '以'와 호응하는 조사 '-로'가 '以'의 기능을 대신하는 것과 같
은 현상이다. 특정어사와 관련을 맺는 연첩형구결로는 '-게 ᄒᆞ-'와 '호려 ᄒᆞ-'
등이 있다. '-게 ᄒᆞ-'는 간혹 한문의 자동사나 형용사적 표현을 타동사로 언
해하기 위한 목적으로 사용되기도 하며, '호려 ᄒᆞ-'는 조동사 '欲'을 대신하
기도 한다. (9)에서 보듯 '호리라 ᄒᆞ-'는 '호려 ᄒᆞ-'의 의미를 가짐에도 불구
하고 「법화경언해」와 「능엄경언해」에서 구결문의 '호려 ᄒᆞ야'가 '호리라 ᄒᆞ
야'로 교체되어 언해되는 법이 없다.[67] 이것은 이 구결이 하나의 단위로 굳
어져 사용되기 때문에 그 형식을 유지하여야 하기 때문이다. '이라 ᄒᆞ야'도
이와 같은 성격의 것으로 보인다. '-리-' 등의 선어말어미가 보충되어 언해되

---

67) '欲' 등의 의도 표현의 어사가 있는 구절은 '호려 ᄒᆞ야'나 'ᄒᆞ야'가 현결된다. 그러고
　드물지만 아래와 같이 '호리라 ᄒᆞ야'가 현결되기도 한다. 이 '호리라 ᄒᆞ야'는 아래 예
　처럼 언해문에서 '호려 ᄒᆞ야'로 교체되기도 하는데, 이것은 이 교체가 우리말에서 일
　반화된 현상임을 말해 준다.
　　世尊이 阿難과 모둔 大衆을 어엿비 너기샤 쟝ᄎᆞ 大陀羅尼와 여러 三摩提와 微
　妙ᄒᆞᆫ 修行ㅅ 길흘 敷演호려 ᄒᆞ샤 阿難ᄃᆞ려 니ᄅᆞ샤디 (世尊이 憐愍阿難及諸大衆ᄒᆞ
　샤 將欲敷演大陀羅尼와 諸三摩提와 妙修行路호리라 ᄒᆞ샤 告阿難言ᄒᆞ샤디)(능
　2:77)

는 등 '호려 호야' 만큼의 긴밀성은 없지만, 관련어사가 없이 현결될 수 있기 때문이다. (10ㄱ~ㄷ)에서 '-오/우-'가 쓰이지 못한 것은 바로 이런 속성에 영향받은 것으로 보인다. 즉, 굳어진 구결 형식이기 때문에 형태적 영향력이 강하고, 그 의미에 저촉되는 선어말어미 '-오/우-'의 보충이 회피되는 것이다.[68] 다시 말해 「능엄경언해」와 「법화경언해」에서는 '호려 호야'와 '이라 호야'가 별개의 기능을 가지는 구결 형식이었으며, 이로 인해 '이라 호야'가 쓰인 구결문은 1인칭주어에도 불구하고 서술어에 '-오/우-'가 쓰이지 못한 것이다. 여기서 현결에 사용되는 구결은 언해문의 문법형태를 그대로 이용한 것이 아니라 구결문 자체의 용법을 갖고 사용되며, 그로 인해 언해문이 제한되기도 하는 것을 알 수 있다. 이는 구결문이 언해문과는 별개의 체계를 갖고 있음을 말해주는 것이기도 하다.

　(11)의 예는 운문자료에 많이 나타난다는 특징이 있다. 이들은 운문자료에서 연결 관계를 나타낼 때 연첨형구결을 잘 쓰지 않는 것과 관련된 것이 아닌가 생각된다. 즉 언해문의 '호리라 호-'가 연첨형구결을 바탕으로 해서 나온 것이라면 어떤 운문적 특성에 의해 이와 같은 연첨형구결이 현결되지 못한 것이 이런 구문이 나타난 원인이 아닐까 생각된다. 만일 어떤 현상이 자료의 성격에 따라 나타난다면 그것은 자연스러운 것이 아닐 가능성이 높다. 그런데 위의 자료들은 구결문이 없어 구결문의 모습이 어떠했는지 확인할 수 없어 단정하기는 어렵다.

(12) ㄱ. 내 이제 눈 알퓌 오직 어드우믈 보고 ᄂᆞ외 다ᄅᆞᆫ 것 보미 <u>업다</u> ᄒᆞ리니(我ㅣ 今에 眼前에 有見黑暗ᄒᆞ고 更無他囑<u>이라 ᄒᆞ리니</u>)(능1:100)

　　ㄴ. 우리 漏업수믈 得ᄒᆞ야 小乘을 일운 聲聞弟子ㅣ라 니ᄅᆞ시다ᄉᆞ이다(而說我等이 得諸無漏ᄒᆞ야 成就小乘ᄒᆞᆫ 聲聞弟子<u>ㅣ라 ᄒᆞ시다ᄉᆞ이다</u>)(법2:246)

　　ㄷ. 우리 안해 滅코 제 足호라 너겨 오직 이 이ᄅᆞᆯ 알오 ᄂᆞ외야 나ᄆᆞᆫ 일 <u>업다</u> ᄒᆞ야(我等이 內滅ᄒᆞ고 自謂爲足ᄒᆞ야 唯了此事ᄒᆞ고 更無餘事

---

[68] 이런 용법상의 차이가 없었다면 '-오/우-'는 쉽게 보충될 수 있었을 것이다. 1차적 현결태도를 보이는 연첨형구결에 언해 과정에서 선어말어미가 보충되는 일은 흔한 것이기 때문이다.

ㅣ라 ᄒᆞ야) (법2:249)

ㄹ. 내 나히 스믈헤 비록 <u>져므니라</u> ᄒᆞ나 (我年이 二十에 雖號年少ㅣ나)
   (능2:6)

연첨형구결의 제1구결은 1차적현결을 취하는 경향이 강해 선어말어미가
나타나지 않은 '이라 ᄒᆞ-'형으로 실현되는 경향이 강하다. (12)는 바로 이런
특성과 관계된 것이 아닌가 생각되는 예들이다. '-오/우-'가 실현될 자리에
나타나지 않는 예들은 인용문에 자주 보이는데, 대응하는 구결문을 보면 모
두 '-오/우-'가 쓰이지 않은 연첨형구결을 사용하고 있다. 물론 이런 연첨형
구결이 쓰여도 '-오/우-'가 언해 과정에서 보충되는 일이 더 많다. 그러나 연
첨형구결이 쓰이고 그것이 연첨형구결적 구문으로 언해될 때는 형식상의 유
사성으로 인해 구결문의 형식이 그대로 전이되기 쉬울 것이다. 이런 점에서
(12)의 예들은 구결문의 영향으로 나타났을 개연성이 높다 할 것이다.

(13) ㄱ. 우리 무른 힘ᄡᅮ미 <u>맛당ᄒᆞ니라</u> (五徒ᄂᆞᆫ 宜勉旃이니라) (능10:42)
    ㄴ. 내 ᄠᅳ디 혜아료미 <u>어려우니라</u> ᄒᆞ샤도 (我意難可測이라 ᄒᆞ샤도) (법
       1:162)
    ㄷ. 比丘아 알라 諸佛이 世間애 나미 맛나미 <u>어려보니</u> (월석17:14)
    ㄷ'. 比丘아 當知ᄒᆞ라 諸佛出世호미 難히ᅀᅡ <u>맛나ᄂᆞ니</u> (比丘아 當知ᄒᆞ
       라 諸佛出世ㅣ 難可値遇ㅣ니) (법5:148)

(13)은 평가구문의 예이다. 이 구문에서는 (13ㄱ)과 같이 1인칭주어가 쓰
여도 서술어에 '-오/우-'가 쓰이지 않았다. 평가구문에서 언해문의 주어성분
은 의미상 대격어에 해당된다. 이 점은 한문에서 더 직접적으로 인식될 수
있으며 이 인식은 구결문에 반영된다. (13ㄴ)은 주어가 '내 ᄠᅳ디'로 '내'가
직접 주어가 되는 것은 아니지만 '-오/우-'가 잘 쓰이는 예이다. 그러나 평가
구문의 언해문에서는 '-오/우-'가 사용되는 일이 없다. (13ㄷ)의 '諸佛'은 여
래가 자기 자신을 포함하여 말한 것이다. 따라서 1인칭주어에 해당된다. 그
럼에도 '-오/우-'가 쓰이지 않은 것은 평가구문을 언해한 것이기 때문이다.
이 점은 (13ㄷ')과 같이 '부사＋동사'의 구성으로 언해될 때에도 마찬가지이

다. 이들 (13)의 예는 현결단계에서 이런 구문 인식을 바탕으로 하여 구결문에 '-오/우-'가 쓰이지 않은 것이 언해문에 그대로 이어진 것으로 볼 수 있다.

(14) ㄱ. 내 世尊이라 能히 미츠리 업스니로니 (我爲世尊이라 無能及者ㅣ로니) (법3:39)

ㄴ. 이 城은 實 아니라 내 지슬 쓰르미라 홈 곧ᄒᆞ니라 ((如)···此城은 非實이라 我化作耳니라) (법3:182)

ㄷ. 내 갑디 몯ᄒᆞ릴ᄊᆞ ··· 大衆에 너비 니롤 쓰르미로니 (而普告大衆耳로니) (원각 서:14)

ㄹ. 우리 未來世예 一切 尊敬홀 빼라 (我等이 未來世예 一切所尊敬이라) (법5:193)

ㅁ. 내 모매 닷가 내 ᄆᆞᅀᆞ매 證홀디니 (當躬修於身ᄒᆞ야 自證於心이니) (능1:93)

(14)는 '형식명사+이-'의 구성이 서술어로 쓰인 구문이다. 이런 구문에서는 1인칭주어가 쓰이더라도 (14ㄱ)의 '이'를 제외하고는 상위문의 '이-'에 '-오/우-'가 쓰이지 않는다. 이 점은 구결문도 마찬가지이다. 그런데 (14ㄷ)과 같이 '-오/우-'가 쓰이는 것은 구결문에 쓰인 '-오/우-'의 영향이라고 볼 수밖에 없다. 구결문에 쓰인 '-오/우-'가 언해문에 그대로 옮겨온 것으로 보아야 할 것이다. '-시-'는 형식명사의 속성에 따라 언해문에서 상위문의 '이-'에 '-시-'가 실현되기도 하지만 '-오/우-'는 그렇지 못하다.

(15) ㄱ. 내 이제 金銀珍寶를 만히 두어 倉庫애 넚디니 (我今多有金銀珍寶ᄒᆞ야 倉庫애 盈溢ᄒᆞ니) (법2:216)

ㄴ. 내 너와 곧 다ᄅᆞ디 아니케 ᄃᆞ외얫ᄂᆞ니 (今我與汝ㅣ 便爲不異ᄒᆞ니) (법2:218)

ㄷ. 내 오늘 이 衆이 ᄂᆞ외야 가지 니피 업고 純히 正혼 實이 잇다 (我今此衆이 無復枝葉ᄒᆞ고 純有正實ᄒᆞ다) (법1:173)

ㄹ. 내 ··· 나히 ᄌᆞ라매 니르런 血氣 ᄀᆞ득ᄒᆞ더니 (我ㅣ ··· 年至長成ᄒᆞ야 血氣充滿ᄒᆞ더니) (능2:5)

(15)의 예들은 3인칭 표현의 주어에 이끌려서 서술어에 '-오/우-'가 쓰이지 못한 것이라 설명되기도 한다.[69] 그런데 이러한 구문들은 구결문에 '-오/우-'가 쓰이지 않는다는 공통점이 있다. 이러한 예도 구결문의 영향을 받은 것일 가능성이 있다. (15ㄷ)을 보면 전체 구문이 구결 'ᄒ고'에 의해 연결되어 있다. 의미상으로는 선행구절의 '無'나 후행구절의 '有'는 모두 소유주 '我'와 관계된다. 그러나 현결 과정에서 '我'가 관계되는 범위를 'ᄒ고'까지로 잘못 인식하여 '-오/우-'를 현결하지 않은 것이 언해문에 반영된 것이 아닌가 생각할 수 있다. 구결문에서 문장의 단락은 판단상 자의적인 면이 있기 때문이다. 이는 (15ㄷ,ㄹ)과 같이 문장이 여럿 연결되어 주어와 술어의 거리가 멀어진 구문에 이런 예가 많이 보이는 것도 같은 이유가 아닌가 생각된다.

끝으로 (16)의 예를 보자.

> (16) ㄱ. 반ᄃ기 趙州ㅣ 엇던 面目인돌 <u>아로리라</u> (當識趙州是何面目<u>호리라</u>)
>   (몽산 13)
> ㄴ. 그 ᄯᅩᆼ올 取ᄒ야 旃檀애 和合ᄒ야 그 ᄯᅡ해 <u>볼로리라</u> (可取其糞ᄒ야 和合旃檀ᄒ야 以泥其地<u>호리라</u>) (능7:9)
> ㄷ. ᄆᆞᅀᆞᆯ히 드러 乞食홀쩨 ᄒᆞᆫ 比丘를 <u>드료리니</u> ᄒ다가 比丘ㅣ 업거든 一心으로 念佛홀띠니 (將一比丘<u>호리니</u> 若無比丘ㅣ어든 一心念佛<u>이니</u>) (법5:28)

(16)의 구결문의 '호리라'나 '호리니'는 1인칭주어와 호응하여 나타나는 것이 아니다. 이들은 'ᄒ-올+이-(이)라(니)'로 분석되어 'ᄒ-올+ᄃ-이라(니)'와 같은 당위표현으로 이해된다.[70] 이것은 (16ㄱ,ㄴ)과 같이 당위표현의 어사 '當, 可'가 쓰인 데서도 알 수 있다. 이 점은 (16ㄷ)의 당위표현 '홀띠니라'와 대등하게 쓰인 예를 통해서도 확인할 수 있다. 그런데 보통 언해문에서는 당위표현으로 '-ㄹ디니라'와 'ᄒᆞ야ᅀᅡ ᄒ-'를 주로 쓴다. 구결문에 '호리라'가 쓰이지 않으면서 언해문의 '-호리라'가 당위표현이 되는 예는 없다. 그리고 대개 (16ㄷ)과 같이 계사 '이라'만 현결되면 언해문은 '홀디니라'와 같

---

69) 허웅(1975:747) 참조.
70) 허웅(1975:777) 참조.

이 나타난다. 이 점은 '호리라'가 당시 우리말에서 당위표현으로 잘 사용되지 않았음을 말하는 것으로 이해된다. 즉 구결문에서의 '호리라'는 이전 시대의 언어를 반영한 擬古的 口訣의 하나일 것으로 생각된다.[71] 따라서 (16)의 예는 의고적 구결이 언해문에 반영된 것으로 이해하는 것이 올바를 것이다.

본고는 이상에서 구결문의 영향이라는 관점에서 중세국어의 선어말어미의 '-오/우-'가 보이는 일부 예외적인 쓰임을 검토해 보았다. 그 결과 일부 상관성을 갖는 현상이 있는 반면 대부분은 확언하기 어려운 것이 많았다. 이 것은 '-오/우-' 자체가 규칙성을 상실하고 있는 문법형태이기에 어쩔 수 없는 것이겠지만 차자표기 자료 등 자료를 더 충실히 검토하면 지금보다는 조금 더 명료한 모습이 보이리라 생각한다. 여기서는 가능성을 밝히는 데 그치고 뒷날의 과제로 삼는다.

---

71) 남풍현(1971:13-17)에서는 한문의 '能, 可, 得'(可能), '當, 應, 宜'(必然), '欲, 願, 敢, 肯'(意志) 등의 조동사가 쓰이면 서술어에 선어말어미로 '-리-'가 선택되는 경향이 있다고 하고 있다. 이런 호응관계도 '-리-'가 'ㄹ-이'와 같이 분석될 수 있는 것과 관련되는 것이 아닐까 생각된다.

4 통사구조와 구결문

4.1 명사구

　15세기국어의 명사구구성은 근본적으로는 현대국어와 크게 다르지 않은 것으로 보인다. 그런데 구결문에서 조사가 결합하는 구절은 의미적으로 문장이어도 명사구로 취급된다. 이런 구결문의 구절은 한문의 구조나 속성을 그대로 지니고 있기 때문에, 이런 구절을 바탕으로 형성된 언해문의 명사구는 국어체계에 있어 이질적인 요소일 것이다. 여기서는 15세기 자료의 명사구구성의 특징적인 면에 대해 검토하며 구결문과의 관계에 대해 검토해 본다.[72)]

　(1) ㄱ. <u>見과 修와 無學과 세 位</u>예 들에 ᄒᆞ시니라 (월석14:31)
　　　 ㄴ. <u>生老病死 四相이</u> ᄒᆞᆫ 受苦ㅅ 根源이라 (월석12:23)

---

72) 중세국어의 명사구에 대해서는 이현희(1990)과 이현희(1994)가 특히 참고된다. 본고의 논의도 많은 부분을 이에 기대고 있다. 본고에서 사용하는 용어는 이현희(1994)의 것을 註 없이 그대로 이용한다.

(1)은 접속명사구(나열명사구)와 아우름명사구의 연결에 의해 확장된 명사 구구성이다. 이때 접속명사구와 아우름명사구는 "等値"의 의미관계를 가진 다. 선행명사구는 (1ㄱ)과 같이 '-과'에 의해 연결되기도 한다. 이때 '-과' 대 신 '-이어나', '-이며' 등도 쓰일 수 있다. 또 (1ㄴ)과 같이 아무 표지 없이 명 사구가 나열되기도 한다. 선행명사구의 성격은 접속 표지의 유무에 관계없 이 동일한 것으로 보인다. 다만 구결문과 대비시켜 볼 때 구결문에서 구결에 의해 분리된 것은 그대로 유지되며, '若' 등이 쓰이면 접속표지로 '-이어나' 가 선택되는 경향이 있다.

한문에서 "等値"의 판단구문은 순서를 바꿈으로써 관형구성이 될 수 있 다.[73] (1)의 예들은 바로 이러한 관형구성을 반영한 것으로 보인다. 이들이

---

[73] 한문에서 관형화의 기제는 아래와 같이 정리될 수 있다. 홍인표(1984)에 따르면 한문 에서는 구문 유형별로 관형화의 방식이 다르다고 한다. 참고로 주요한 몇 가지만 간 단히 정리한다.
  a. 山高 → 高山
  b. 王承恩者 懷宗之近侍也 → 懷宗近侍王承恩
  c. 水流 → 流水
  d. 人望月 → 望月之人 → 望月者
  e. 人望月 → 人所望之月 → 人所望者 → 人所望
  f. 馬生於濟州道 → 馬所生之濟州道
  g. 我有書 → 我所有之書 → 我之書 → 我書
  h. 有白魚松花江 → 松花江有白魚 → 松花江之白魚
  (a)는 表態構文의 관형구성이다. 주어와 술어(설명어)의 순서를 바꾸면 된다. (b)는 동격관계를 나타내는 전기식 판단구문의 관형구성이다. 이 역시 주어와 술어의 순서 를 바꿈으로써 성립된다. 인명과 지명은 수식어(부가어)가 될 수 없다는 제약이 있 다. (c)는 자동사 서사구문의 예이다. 앞서와 마찬가지로 순서를 바꾸면 관형구성이 된다. (d)는 타동사 서사구문의 예로, 타동사의 주어를 표제명사로 했을 때의 관형화 이다. '술어+之+주어'의 구성이 된다. 이상은 어순이 바뀌는 관형화의 방법이다.
  (e)은 타동사 서사구문에서, 빈어를 표제명사로 하는 관형화이다. 이 때는 '所'를 사용한다. '주어 所・동사・之・빈어'의 구조로 바뀐다. 표제명사 '之月'은 '者'로 대치될 수 있고 이것마저 생략될 수 있다. '所V'를 언해문에서는 명사구보문구성으 로 언해하거나 동명사로 언해한다. 이 때 동명사로 언해되었더라도 그 의미는 '행위, 상태'가 아니다. 관형구성의 명사절이기 때문에 '-한 것, -한 사람'의 의미로 관계절 내지는 명사구보문적으로 이해해야 한다. 이 점에서 중세국어의 동명사구성은 현대 국어의 명사절과는 성격이 다르다. (f)는 보충어(부사어)를 표제명사로 하는 관형화이 다. 역시 '所'를 사용하며 '주어・所・동사・之・보충어'의 순서로 된다. (g)는 有無 構文이 '소유'의 의미를 가질 때 빈어를 표제명사로 하는 관형화이다. '주어+所・

관형구성임은 (2)와 같이 선행명사구가 속격이나 관형사형으로 실현되는 예로써 확인된다.

(2) ㄱ. 어울면 法과 法 아닌 두 相이오 열면 有와 無와 中괏 세 相이니(合卽
　　　法非法之二相이오 開卽有無中之三相이니)(금삼5:30)
　　ㄴ. 人과 法괏 二空은(人法二空은)(원각 상2-2:40)

따라서 (1)의 명사구는 [[NP] NP]np의 관형구성으로 이해할 수 있다. 의미적으로는 선행명사구와 후행명사구가 동일지시적이지만 통사적으로는 아우름명사구에 해당하는 후행명사구가 상위에 존재하는 구성이다.

(3) ㄱ. ᄒ다가 사ᄅᆞ미 이 두 菩薩 일훔 알리 이시면(若有人이 識是二菩薩
　　　名字者ㅣ 면) (법7:151)
　　ㄴ. 여러 가지 쓰며 ᄲᅳᆯ운 거시 舌根에 이셔 다 爲頭ᄒᆞᆫ 마시 變ᄒᆞ야 ᄃᆞ외
　　　야 ᄒᆞᄂᆞᆳ 甘露 ᄀᆞᄐᆞ야 美티 몯ᄒᆞ니 업스리라 (及諸苦涉物이 在其舌根
　　　ᄒᆞ야 皆變成上味ᄒᆞ야 如天甘露ᄒᆞ야 無不美者) (법6:51-2)
　　ㄷ. 그ᄢᅢ 四衆이 이 菩薩 샹녜 업시우더니 엇뎨 다ᄅᆞᆫ 사ᄅᆞ미리오(爾時四
　　　衆常輕是菩薩者ᄂᆞᆫ 豈異人乎ㅣ 리오) (법6:89)
　　ㄹ. 善男子善女人이 이 經 듣고 바다 디니ᄂᆞᆫ 사ᄅᆞᆷ과 諸佛 일훔 듣ᄌᆞᄫᆞᆫ
　　　사ᄅᆞᄆᆞᆫ (善男子善女人이 聞是經ᄒᆞ고 受持者와 及聞佛名者ᄂᆞᆫ) (아미
　　　25)
　　ㅁ. 뎌 모든 比丘比丘尼優婆塞優婆尼의 힁뎍 닷가 道 得ᄒᆞ릴 조처 보며
　　　(弁見彼諸比丘比丘尼優婆塞優婆尼諸修行得道者ᄒᆞ며) (법1:63)
　　ㅂ. 菩薩이 ᄒᆞ다가 衆生의 어루 濟度호미 잇ᄂᆞ니라 보면(菩薩이 若見有
　　　衆生이 可度者ㅣ 면) (금강106)

(3)은 관형절이 사용된 명사구인데, 표제명사로 쓰인 형식명사 '이'와 동일지시적인 명사가 관형절 안에 나타나 있는 구문이다. (3ㄱ)에서는 관형절

有+之+빈어'로 된다. 이때 '之'의 領屬性으로 인해 '所有'가 생략되고 다시 '之'마저 생략될 수 있다. (h)은 '存在'의 유무구문에서 존재 대상을 표제명사로 하는 관형화이다.

의 '사르미'와 '일홈 알리'의 '이'가 동일지시적이다. (3ㄷ)의 경우 '四衆이'
와 '업시우더닌'의 '이'가 동일지시 관계에 있다. (3ㄹ)은 형식명사 '이' 대신
'사롬'이 쓰인 예이다. 이 밖에 '것','디' 등이 표제명사로 쓰이기도 한다. 앞
으로 이러한 구문들을 '이'구문이라 부르기로 한다.

'이'구문은 특정 한문구성의 구조가 반영되어 형성된 것이다. 즉 (3ㄱ)은
유무구문 '有·宋人·憫其苗之長'이 관형화한 '有·宋人·憫其苗之長者'
과 관련되며, (3ㄴ)은 이 구문에서 '宋人'이 전치된 '宋人·有·憫其苗之長
者'과 관련되는 것이다. 또 (3ㄷ,ㄹ,ㅁ)은 서사구문 '宋人·憫其苗之長'의
관형구성 '憫其苗之長之宋人'이 판단구문화한 '宋人·憫其苗之長者'와 관
련되는 것이다.[74] 관형구성에 대응하므로 '이'구문은 [사르미 이 두 菩薩 일
홈 알-]s올 이]np의 구조를 갖는 관형구성이다.[75]

'이'구문은 구결문이 이와 같은 구조를 갖거나 이 구조와 관련되는 有無
構文일 때만 나타난다. 다른 한문구성을 바탕으로 한 '이'구문의 예는 보이
지 않는다. 반면 (3)의 구결문 구조나 유무구문은 다르게 언해되기도 한다.
(3ㅂ)이 그러한 예의 하나인데, 여기서는 형식명사 '이' 대신 동명사가 쓰이
고 있다. 일반적으로는 '濟度호미'가 '濟度호리'로 나타난다. 이런 일방향
적인 대응관계는 '이'구문이 한문의 구조가 언해문에 옮겨져 형성된 것임을
시사한다.

또 위 한문구성이 보이는 의미관계와 '이'구문이 보이는 의미관계도 일
치한다. 한문에서 (3ㄱ)은 '전체-부분'의 관계를, (3ㄷ)은 "限定"의 관계를 나
타내는데 '이'구문의 의미 관계도 이에 국한된다. 이런 일치는 '이'구문과
위 한문구성과의 상관관계를 말하는 것일 것이다.

---

74) 이 관련성은 이현희(1994:159)에서 이미 언급하고 있다. 필자는 이를 적극적으로 수
용하여 이러한 한문의 구조가 언해문의 형식을 결정한 원인으로 본다. 이현희(1994:
165)에서는 관형절이 생성되는 한 단계로 보고 있으나, 이런 변형은 한문의 변형
이 국어에 투영된 것일 뿐이다.

75) 「두시언해」에 많이 보이는 아래의 예들도 같은 성격의 것으로 이해된다. 원문의 모
습이 차이나는 것은 시가라는 특성으로 인해 '者' 등이 생략되었기 때문이다.
    시내 횟돈 딕 숤 바르미 기리 부느니(두시6:1)
    또 두 고기 됴호닐 머구니(두시7:33)
    지비 消息 무룰 딕 업도소니(두시7:39)

'이'구문에서 선행명사구 뒤에 주격조사 '이-'가 쓰이는 것도 이런 관련성에서 설명된다. 구결문의 주격어는 관형화되기 이전에도 주격어이다. 또 구성의 모습(어순)도 바뀌지 않는다. 이와 같은 구조상의 동질성이 주격 '-이'가 쓰이는 토대가 된 것으로 볼 수 있다. (3ㅁ)은 속격 '-의'가 쓰이고 있지만 주어적속격이므로 주격성분으로 인식하고 있음에는 변화가 없다. 주어적속격은 한문의 '之'와 유사한 기능을 수행한다. 당시 현결자들이 이 구문을 어떻게 인식했는지를 알 수 있다. 선행명사구는 항상 주격어만이 올 수 있는데, 그것은 구결문의 구조에 대한 '주어-술어'의 인식이 투영된 것으로 이해할 수 있다.76)

아래는 유무구성이 '이'구문으로 언해된 예들이다. 이들은 (3)과 약간 다르다.

(4) ㄱ. 이 사르미 스랑ᄒ야 혜아려 닐온 마리 다 佛法이라 <u>眞實</u> 아니ᄒ니 업스며 (是人의 有所思惟籌量言說이 皆其佛法이라 無不眞實ᄒ며) (법6:65)

ㄴ. <u>모돈 德 열운 사르미</u> 無量百千萬億劫 디나ᅀᅡ 시혹 <u>부텨 보리</u> 이시며 시혹 못 보ᄂᆞ니(諸薄德人이 過無量百千萬億劫ᄒ야ᅀᅡ 或<u>有見佛</u>ᄒ며 或<u>不見者</u>ᄂᆡ니)(법5:148)

ㄷ. ᄒ다가 사르미 … <u>부텻 기픈 ᄠᅳᆮ 得</u>ᄒ닌 諸佛이 모ᄅᆞ시리 업스시ᄂᆞ니(若有人이 … <u>得佛深意者</u>ᄂᆞ 諸佛이 無不知之ᄒ시ᄂᆞ니)(금강 37)

ㄹ. 八方ㅅ부톄 … <u>天下ㅅ 道ㅣ</u> 몯 두프니 업스샷다(八方佛이 … 則天下之道ㅣ 無不冒矣샷다)(법3:155)

ㅁ. 如來ㅣ … 믈읫 <u>一切未曾有法</u>을 이롤 브터 일우디 <u>아니</u> ᄒ샤니 업스시니(如來ㅣ … 凡<u>一切未曾有法</u>을 無不由此ᄒ야 成就ᄒ시니)(법1:

---

76) 한문의 '者'는 대용적 용법과 포괄적 용법을 갖고 있다고 한다. 그런데 언해문과 대응시켜 보면 대용적 용법의 '者'는 어김없이 '이'를 쓰는 데 비해 포괄적 용법이나 다른 기능의 '者'는 형식명사 '이'를 쓰기도 하지만 동명사로 언해되는 일이 더 많다. 이 점 단순히 '者'를 형식명사 '이'로 대응시켜 언해한 것은 아님을 알 수 있다. 물론 아래와 같이 한문에 '者'가 없어도 형식명사 '이'를 쓴 예도 존재한다. 그러나 구결문의 영향을 강하게 받은 문헌일수록 이 구분은 엄격한 경향이 있다.

　이 ᄀᆞᆮᄒ니 다(월석17:8)
　이 ᄀᆞᆮ호미 다(如是皆)(법5:134)

143)

ㅂ. ᄒ다가 이 介中엣 사ᄅ미 理를 다ᄋ디 아니ᄒ니 업스며 (若介中人ᄋ
無理不窮ᄒ며) (금삼3:48)

ㅅ. 이 마ᄉᆞᆯ 사ᄅ미 알리 업스니 (此味를 無人이 識ᄒ니) (금삼1:23)

ㅇ. 僧祐 道宣 두 律師ㅣ 譜 밍ᄀ로니 잇거늘 시러 보고 (得見祐宣律師
ㅣ 各有編譜호디) (월석 서 12)

(4)의 예들은 구결문의 구조가 (3)과는 다르다. 서사구문은 '有'를 앞세워
표현되기도 하는데, 이 구문을 바탕으로 '有 … NP+…+者'나 'NP+有+…
者'구문이 변형되어 나온다. 이 변형관계를 의식해서 언해한 것이 (4)의 예
이다. 15세기 자료에서 "存在"의 유무구문도 형식명사 '이'를 사용한 구문으
로 언해될 수 있다. 구조적 인식을 같이하기 때문이다.

그런데 (4)의 예들은 서사구문으로 관형화 변형을 거치지 않은 상태다.
따라서 (4)의 '이'구문은 관형구성이 아닌 명사절의 동명사로 파악되어야 할
것이다. '이'구문이 명사절적으로 해석되거나 중의성을 갖는 예는 (4)와 같은
구결문을 언해한 예에 집중적으로 나타난다.77)

(4ㄱ,ㄴ)은 '有·NP·VP'에서 NP가 전치된 'NP·有·VP' 구성에서
'有'의 빈어로 실현된 VP를 명사구로 본 'NP·有·NP'의 구성에 대응한다.
구조적 모습이 "所有"의 유무구문과 유사하지만 서사구문의 변형이다.78) 만

---

77) 아래의 예에서의 '者'는 포괄적 용법의 '者'이다. 포괄적 용법도 형식명사 '이'로 언
해되긴 하나, 여기서는 구결문의 '無 … 者'에 이끌려 언해된 것으로 보인다. 대응되
는 예는 동명사로 언해되어 있는데 이것이 일반적인 언해로 보인다.
如來ㅣ … ᄯᅩ 世間애 이숌과 滅道ᄒ리 업스며 (如來ㅣ … 亦無在世와 及滅度者ᄒ
며) (법5:143)
如來 … ᄯᅩ 世間애 이시며 滅道호미 업스며 (월석17:11)

78) 유무구성은 '有' 앞에 명사구가 있느냐 없느냐에 따라 구분된다. 명사구가 인물명사
이면 "소유"의 의미이고, 명사구가 '有' 뒤에 실현되면 "존재"의 의미로 해석된다.
그러나 후자의 구문에서 빈어의 구성성분 중 일부가 전치되는 수도 있다. 이 때는
"소유"의 구문과 구조적 모습이 같게 된다.
'有·宋人·憫其苗之長'의 구문은 빈어에 해당되는 서사구문을 조합식사결의 명
사구로 보아 행위나 사건이 존재하는 일종의 "존재"구문으로 파악한 것이다. 이런
'有·敍事構文(NP+VP)'에서 NP가 전치되면 구조적 모습이 "소유"의 구조와 일치
한다. '有' 뒤의 VP는 빈어 위치에 해당되므로 명사구처럼 인식될 수 있다.

일 동사구로서의 성격을 중시한다면 '호미'나 동사로 언해될 것이다. (4ㄴ)가 그런 사정을 보여 준다. (4ㄴ)에서는 '或有見佛ㅎ며 或不見者ㅎㄴ니'가 '시혹 보리 이시며 시혹 몯 보ㄴ니'로 언해되어 있다. '或不見者'은 '或有不見者'에서 '有'가 생략된 것이므로 구조는 '或有見佛'와 같은 것이지만 동사로 언해되어 있다. '有'가 없어 명사구로 보기 어려워진 것이 원인이다.

(4ㄷ, ㄹ)은 '有'의 빈어인 서사구문의 주어성분이 전치된 구문에서 다시 대격성분까지 전치된 구성을 언해한 것이다.[79] 대격성분이 전치되면 '-올'이 현결되지만 구조적 모습이 "所有"의 유무구문과 유사한 관계로 '-온'과 '-이'가 현결된 것이다. 언해문의 표면적 모습은 (3)과 같지만 그 속성은 다름에 주의해야 한다.

(4ㅁ~ㅇ)은 (4ㄷ, ㄹ)과 같은 구조에서 '-올'이 현결된 예이다. (4ㅇ)은 유무구문 전체가 다시 '見'의 빈어로 실현되기 때문에 더욱 명사적으로 이해되기 쉽다. (4ㅁ~ㅇ)은 관형절의 대격어와 동일지시적인 '이'가 표제명사로 쓰인 구문으로 설명되나,[80] 구결문을 보면 관형구성이 아니다. 그리고 그리고 대격성분으로 실현된 어사가 (4ㅁ~ㅅ)의 구결문에서는 전치되어 있다. '이'구문에서 형식명사 '이'가 관형절 속의 대격어와 동일지시 관계에 있는 예는 이런 구결문 구조를 가진 것밖에 없다.

(4)의 '이'구문은 "행위·상태"의 의미를 갖는 동명사 '홈'과 같은 명사절적인 것이다. 한문구성 사이의 상관성 때문에 '호미'가 '이'로 언해된 것일 뿐이다. (4ㅂ)의 언해문을 관형구성으로 옮기면 '다ᄋ지 아니ㅎ는 理 없스며'로 기묘한 의미가 된다. (4ㅂ)은 '理롤 다ᄋ지 아니호미 업스며'의 의미로 이해될 것이다. 따라서 '理'와 '아니호리'의 '이'는 동일지시적인 것이 아니다. 이 점은 이 구성이 관형구성이 아님을 말해 주는 것이다.

(5) ㄱ. <u>이 ᄀ티 諸國土롤 點커나 點 아니ㅎ니둘홀</u> 쏘 붓아 들글 밍ᄀ라(如

---

79) 이는 전치 변형이 아니라 상위문의 성분과 동일지시명사구가 생략된 것으로 설명될 수도 있다. 본고에서는 한문구성의 모습을 명료히 보이기 위해 전치되었다고 기술한다.

80) 이현희(1994:166-170) 참조.

　　是諸國土룰 點與不點을 復盡抹爲塵ㅎ야 (법3:89)

　　ㄴ. 슈향 다솟 무적 대초ㅅ마만 ᄒᆞ닐 ᄀᆞᆫᆲ에 ᄀᆞ로니와롤 (乳香五塊如棗子
　　　　大亦細) (구간3:42-3)

　　ㄷ. 會中에 ᄒᆞᆫ 菩薩摩訶薩이 일후미 定自在王이 부텻긔 술ᄫᆞ샤ᄃᆡ (월석
　　　　21:49)

　　ㄷ′. ᄒᆞᆫ 王이 일후미 波塞奇라 호리 나라ᄒᆞᆯ 가져 잇더니 (석보24:10)

　　(5)의 예는 (3ㄷ)의 구성과 밀접히 관련된다. (5ㄱ, ㄴ)은 관형절의 대격어
와 형식명사 '이'가 동일지시되는 예이다. (5ㄱ, ㄴ)은 (3ㄷ)과 같은 한문구성
에 대응하는 '이'구문이 빈어로 사용되는, 즉 내포문이 되는 구문에서 선행
명사구가 전치됨으로써 발생한 이중대격구문이다. 이런 언해문은 반드시 일
부 성분이 전치된 한문구성과 대응한다. 전체가 타동사구성인 구문에서 전
치되는 빈어의 성분은 원칙적으로 대격이 현결되므로 그에 따라 대격이 현
결된 것이다.

　　(5ㄷ)은 (3ㄷ)의 구문과 같은 것이다. 중세국어에서 '名', '稱'은 '일후미~
이라 ᄒᆞ-'나 '일후믈~이라 ᄒᆞ-'로 잘 언해된다.[81] 이 구성은 동사적 용법의
'名'을 명사로 언해함으로써 발생한 것인데, (5ㄷ′)은 이런 관계를 보여 준다.

　　(3)의 '이'구문이 한문구성에 의존하고 있음을 말해 주는 또 하나의 방증
으로 '이'구문이 (6)에서와 같이 「석보상절」이나 「월인석보」에서는 일반적
인 관형절로 많이 나타나는 것을 들 수 있다.

　　(6) ㄱ. 極樂國土애 衆生 나니ᄂᆞᆫ 다 阿鞞拔致니 (極樂國土애 衆生生者ᄂᆞᆫ 皆
　　　　　阿鞞拔致니) (아미15)

　　　ㄱ′. 極樂國土애 난 衆生ᄋᆞᆫ 다 阿鞞拔致니 (월석7:71)

　　　ㄴ. 七寶ㅣ 三千大天世界예 ᄀᆞ득ᄒᆞ니로 (以七寶이 滿三千大天世界로)
　　　　　(법6:162)

　　　ㄴ′. 三千大天世界예 ᄀᆞ득ᄒᆞᆫ 보ᄇᆡ로 (석20:21)

---

81) 아래의 예가 이에 해당된다.
　　a. 우 업슨 히믈 得게 ᄒᆞ실ᄊᆡ 일후미 大勢至라 ᄒᆞ시니 (得無上力ᄒᆞ실시 名이 大勢
　　　　至라 ᄒᆞ시니) (능5:87)
　　b. ᄒᆞᆫᄢᅴ 보ᄆᆞ로 일후믈 날 보미라 ᄒᆞᆯ딘댄 (若同見者로 名爲見吾ㅣ댄) (능2:36)

ㄷ. 그쁴 四衆이 이 菩薩 샹녜 업시우더닌 엇뎨 다른 사르미리오 (爾時四
　　衆常輕是菩薩者는 豈異人乎ㅣ리오) (법6:89)

ㄷ′. 그쁫 이 菩薩 므더니 너기던 四衆은 다른 사르미리어 (석보19:35)

(6)에서 보듯 의역문헌일수록 관형절로 나타나는 경향이 강하다. 이것은
'이'구문이 특정 구결문 형식에 이끌려 나타난 것이기에 구결문의 영향관계
에서 자유로운 경우에는 나타나지 않을 수 있음을 말해 주는 것일 것이다.

(7) ㄱ. 아바님 주려 ᄒᆞ시던 玩好엣 것 馬車 鹿車 牛車를　願ᄒᆞ돈 이제 주쇼
　　　셔 (월석12:29)

　　ㄴ. 샹녜 갓갓 奇妙ᄒᆞᆫ 雜色鳥ㅣ 白鶴과 孔雀과 鸚鵡와 舍利와 迦陵頻伽
　　　와 共鳴鳥ㅣ 이런 여러 새돌히 밤낫 여슷 ᄢᅳ로 和雅ᄒᆞᆫ 소리를 내ᄂ
　　　니 (월석7:66)

(8) ㄱ. 韋提希의 아들 阿闍世王이 若干 百千 眷屬 드려 와 (월석11:32)

　　ㄴ. 내 이 衆이 ᄂᆞ외야 가지와 닙괘 업고 (월석11:109)

　　ㄷ. 우리 ᄀᆞᆮᄒᆞ니 百千萬億이 (如我等比ㅣ 百千萬億이) (법1:169)

　　ㄷ′. 우리 ᄒᆞᆫ가짓 百千萬億 사르미 (석보13:45)

(7)은 '아우름명사구-접속(나열)명사구'의 예이다. (8)은 후행명사구가 고
유명사이거나 선행명사구가 인칭대명사로 실현되는 예이다. 이현희(1994)에
서는 이들을 'NP이 NP'의 기형적명사문으로 이해하고 있는데, 명사문으로
보기 어렵다. (11)의 기형적명사문은 전체가 명사절로 행위나 상태를 나타낸
다. 반면 (7)과 (8)은 그런 의미가 없다.

(7)과 (8)은 의미상 동격관계에 있는 명사구가 연결된 명사구일 뿐이다.
한문에서는 NP1>NP2나 NP1=NP2의 관계를 가지는 명사구가 연결되어
확장명사구를 만들 수 있다. (7)에서 아우름명사구는 '玩好엣 것'은 후행명
사구에 비해 어휘적 의미는 포괄적이지만, 이와 같이 연결되면 외연이 같아
진다. 그러므로 동격관계에 해당될 수 있다. 한문에서 서술어가 인명이나 지
명인 구성은 '呂公女乃呂后也 → 呂公女呂后(여공녀인 여후), 梁父卽楚將項
燕 → 梁父楚將項燕(양부인 초나라 장수 항연)'과 같이 어순을 바꾸지 않은 채

관형구성을 형성할 수 있다고 한다.[82] (8ㄱ)은 이런 한문의 변형이 반영된 것이다. 인칭대명사가 쓰인 (8ㄴ, ㄹ)도 동격관계에 해당된다.

본고는 (7)과 (8)을 (3ㄷ)의 '이'구문과 같은 구성으로 생각한다. (3ㄷ)의 '이'구문이 서사구문이 어순을 바꾸지 않으면서 명사구화한 한문구성에 대응하는 것이라면 (7)과 (8)은 "指定"의 판단구문이 어순을 바꾸지 않으면서 명사구화한 한문구성에 대응하는 것이다. (7)과 (8)에 형식명사 '이'가 쓰이지 않은 것은 후행성분이 명사구이기 때문에 명사화할 필요가 없었기 때문이다. (3ㄷ)과 (7)(8)의 의미관계가 일치하는 것도 이런 구조적 동질성에서 기인하는 것이다.

'그 나랏 中間 어드운 짜히 日月威光의 能히 비취디 몯홀떠 다 ᄀ장 붉거늘(期國中間幽明之處ㅣ 日月威光의 所不能照ㅣ 而皆大明커늘)(법3:103)'의 예도 이를 뒷받침한다. 이 예는 후행명사구가 所구성의 명사구로 '명사구-명사구'의 연결이 확장명사구를 형성한 예이다.[83]

이 구문에서 선행명사구에 주격 '-이'가 쓰이는 것도 '이'구문에서와 같은 이유로 설명된다. '이'구문의 한문구성도 서사구문이 '者'에 의해서 판단구문화한 것이 하나의 명사구로 전환된 것으로 볼 수 있다. (3ㄷ)와 (7)(8) 모

---

82) 홍인표(1984:154) 참조.
83) 현대국어에서도 이와 같은 유형의 구문은 다수 보인다.
   a. 벙어리 샴룡이가 다시 우리마을에 나타났다.
   b. 학생 철수와 영희가 나를 찾아 왔다.
   c. 나 이승만이 실수할 리가 없다.
   d. 방 하나가 비어 있다.
   e. 방이 하나가 비어 있다.
   임홍빈(1987ㄱ:108~425)에 의하면 이들은 모두 관형구성으로 (a), (b), (c)는 동격 관계, (d)는 수량표현의 관계를 바탕으로 형성된 것이라 한다. 관형구성인가 아닌가 하는 통사적 분석은 논외로 치고, 여기서 중요한 것은 이들이 하나의 명사구라는 지적이다.
   또 현대국어에서는 수량 관계를 제외하면 명사구 사이에 (e)와 같이 주격의 '-이'가 통합되는 일이 없다. '학생은 철수와 영희가 나를 찾아 왔다'와 같이 쓰는 일이 있는데, 이는 명사구의 구성이 주제화한 것으로 보인다. '학생은 철수와 영희가'를 문장적인 것이라고 할 수는 없는 것이다. 그런데 중세국어에서는 이들 명사구 사이에 주격의 '-이'가 쓰이기도 한다. 본고는 이 현상을 구결문의 구조가 원인이라고 생각하는 것이다.

두 어순을 바꾸지 않고 있기 때문에 판단구문적으로 인식되어 현결 과정에서 주격 '-이'가 현결되고, 그것이 언해문에 반영된 것이라 볼 수 있다. (7)(8)은 주격의 '-이'가 통합되지 않은 예도 많이 보인다. 구결문에 '-이'가 없으면 언해문도 '-이'가 쓰이지 않는다. 판단구문적으로 인식해 현결하면 구결문에 '-이'가 쓰이고 명사구의 연결로 인식하면 '-이'가 쓰이지 않는 것이라 할 수 있다. (3ㄷ)의 '이'구문도 구결문에 '-이'가 쓰인 예는 많지 않다. 다만 후행명사구에 동사성분이 포함되어 있기 때문에 언해문에는 빠짐없이 나타나는 것일 뿐이다.

요약하면 (7)(8)은 명사구가 연결된 확장명사구의 하나이며, 주격 '-이'는 한문구조의 인식과 관련된 구결문의 영향으로 나타난 것에 불과하다는 것이다.

(9) ㄱ. <u>劫名離衰</u>는 世道ㅣ 서르 니로몰 니ᄅ시고(劫名離衰ᄂ 謂世道ㅣ 交興ᄒ시고) (법화6:74)

ㄴ. 여러 <u>變化ㅣ</u> 볼고ᄆᆞᆫ 日輪에 도라ᄀᆞᄂᆞ니(諸變化ㅣ 明온 還日輪ᄒᄂ니) (능2:28)

ㄷ. 몸 자보ᄆᆞᆫ 犯호미 업게 홀씨오(執身온 使無犯也ㅣ오) (능8:7)

ㄹ. <u>믈읫 어루 돌아 보낼 거ᄉ</u> 自然히 네 이니이니와(諸可還者ᄂ 自然非汝ㅣ 어니와) (능2:30)

ㅁ. <u>ᄆᆞᅀᆷ 아니며 火 아니ᄂ</u> 七大五陰 아닌들 니ᄅ시니(非心非火ᄂ 謂非七大五陰也ㅣ 니) (능4:47)

ㅂ. 남기 臺예셔 버으로미 一箭道ᄂ ᄀᆞᄂᆞᆯ 너부믈 니ᄅ시니라(樹ㅣ 去臺호미 一箭道ᄂ 言其蔭廣也ㅣ라) (법6:135)

ㅅ. <u>크며 져그며 안과 밧과ᄂ</u> 흔 界오 흔 집 類오(大小內外ᄂ 則一界一室之類오) (능2:41)

ㅇ. 닐온 <u>佛子로 住持</u>ㅣ라(所謂佛子로 住持ㅣ라) (능1:25)

ㅈ. 닐오디 <u>宮殿과 具</u>ㅣ라 ᄒ시니라(云與宮殿俱ㅣ라 ᄒ시니라) (법3:107)

ㅈ'. 닐오디 <u>宮殿과</u> 흔디라 ᄒ시니라 (월석14:20)

(9)는 인용에 의해 메타언어적 용법으로 쓰인 명사구의 예이다. (9ㄱ)은 본문의 '劫名離衰'라는 구절을 해설하는 구문이다. 주석문의 구결문은 대문

이나 선행문맥의 구결문에서 해설하고자 하는 구절을 가져와 '-온'으로 현결하는 구조를 갖는다. 이 때 하나 이상의 구절을 가져올 때는 (9ㄴ)과 같이 그 사이의 구결까지 같이 가져오고 마지막의 구결만 생략한다. 이때 인용되는 구절은 국어의 통사단위로는 단어에서 문장까지 대응할 수 있다.

이렇게 인용된 구절은 (9ㄱ)과 같이 한문 그대로인 경우는 드물고, 대개 (9ㄴ)과 같이 언해한다. (9ㄴ,ㄷ)은 동명사로 언해된 것인데 이런 식의 언해가 가장 일반적이다. (9ㄹ)은 형식명사 '것'을 쓰고 있는데, 주제제시 기능의 '者'에 이끌린 것으로 보인다. 이런 형식은 많지 않다. (9ㅁ)과 (9ㅂ)은 기형적명사문이다. 메타언어적 용법의 명사구가 쓰이는 환경에서는 이런 유형이 많이 보인다. (9ㅇ)도 같은 예이다. (9ㅇ,ㅈ)은 선행 문맥의 구절을 인용하는 형식 중의 하나로 메타언어적인 명사구가 사용될 수 있는 환경이므로 명사구의 성격은 '-온'이 쓰인 예와 같다. (9ㅅ)은 '大小內外'라는 명사구를 인용한 구결문에서 '大小'만을 동사로 언해하고 '內外'를 명사로 언해한 것이다.

이런 구문에서는 언해된 명사구도 성격은 (9ㄱ)과 같이 한문의 구절을 그대로 이용한 것과 다를 바 없다. 언해되었다는 것만 다를 뿐 명사구의 성격은 같다. 한문의 구절을 메타언어적인 명사구로 본 인식이 구결문의 구조를 통해 언해문에 반영된 것이다. 따라서 (9ㄴ,ㄷ)의 동명사는 일반 동명사와는 성격이 다른 것으로 보아야 한다. 'NP논'은 '닐오디 空익 性온 體 업스나(謂空性은 無體ᄒ나)(능3:117)'와 같이 인용동사가 쓰이기도 한다. 이로 보아 'NP논'은 'NP이라 닐오문'이나 '닐오디 NP이라 호문'에서 변형되어 나온 것으로 이해할 수 있다. 그러나 이때 '닐오문' 등은 발화행위에 대한 명사화가 아니다. 현대국어라면 '-이라고 하는 말온' 정도로 이해되어야 한다. 구성 전체의 명사성은 메타언어적인 용법에 의해 부여받은 것이다.

(10) ㄱ. 四衆이 보며 듣ᄌᆞᆸ고 信伏隨從온 닐온 妙行이 다 나ᄃᆞ샤 億衆이 제 化호미오(四衆見聞ᄒᆞᆸ고 信伏隨從온 所謂妙行이 遍彰ᄒᆞ샤 億衆이 自化也ㅣ오)(법6:84)

　　ㄴ. 一心ᄋᆞ로 修行온 곧 圓持ᄒᆞᄂᆞᆫ 이리니(一心修行온 卽圓持之事ㅣ니)(법6:15)

(10)의 예들은 선행하는 구결문의 구절을 그대로 인용한 것이 아니라 선행 단락이나 대문의 내용을 요약하여 제시하는 명사구이다. 내용이 문제되므로 언어형식만을 문제삼는 (9)와는 다른 성격이지만 전체가 주제문의 구조를 갖기 때문에 (9)와 비슷한 양상을 보이기도 한다. (10)의 예들은 구결문의 구조가 투영되어 기형적명사문이 된 것인데, (10ㄱ)과 같이 기형적명사문의 후행명사구가 구 단위 이상인 구문은 '-온'과 통합되는 환경에 집중되어 나타난다. 메타언어적인 용법이므로 마지막 부분을 (9ㄱ)과 같이 언해하지 않음으로써 나타난 것이다.

중세국어의 기형적명사문은 메타언어적인 용법에 의해 구결문의 구절이 언해문에 그대로 옮겨지면서 발생하기도 하지만, (11)(12)와 같이 언해 과정에서 불가피하게 발생한 것도 있다.

(11) ㄱ. 내 닐온 여러 經이 經ㅅ中에 法華ㅣ 뭇 第一이니라(我所說諸經而語此經中에 法華ㅣ 最第一이니라)(법4:84)

　　ㄴ. ᄒᄂᆯ 뷔오 ᄒᆡᆫ ᄃᆞ래 사ᄅᆞᆷ 도라간 後에 몃마 吹毛 자바 不平올 긋거뇨(天空白月人歸後에 幾握吹毛ᄒᆞ야 斷不平커뇨)(남명 하 70)

　　ㄷ. 시혹 時예 ᄯᅡ해 버으롤 ᄒᆞᆫ 자 두 자 ᄒᆞ야(或時離地홀 一尺二尺ᄒᆞ야)(법2:198)

　　ㄹ. 巴城에 눉믈 더으ᄂᆞᆫ 누네 오ᄂᆞᆳ 나조히 믈ᄀᆞᆫ 비치로다(巴城添澤眼 今夕復淸光)(두시10:37)

　　ㅁ. 空이 本來 곳 업스며 하ᄂᆞᆯ해 오직 ᄒᆞᆫᄃᆞ리 ᄀᆞᆮᄒᆞ리니(如空無華ᄒᆞ며 天唯一月ᄒᆞ리니)(원각 상1-2:145)

(12) ㄱ. 이런ᄃᆞ로 世와 出世왓 法이 아니예 니르니라(故로 乃至非世와 出世也ㅣ 라)(능4:47)

　　ㄴ. 이제 劫 일후미 有寶이오 나랏 일후미 寶生이 그 ᄠᅳ디라(월석13:66)

　　ㄷ. 먼 邊塞이 烏蠻 北에 외로윈 城이 白帝ㅅ ᄀᆞᅀᆡ로다(絶壁烏蠻北 孤城白帝邊)(두시20:1)

　　ㄹ. 大迦葉이 爲上首弟子ㅣ로ᄃᆡ 領悟ㅣ 身子애셔 後ᄂᆞᆫ 이 經은 二智를 노겨 어울우ᄂᆞ니라(大迦葉이 爲上首弟子ㅣ로ᄃᆡ 而領悟ㅣ 後 於身子者ᄂᆞᆫ 此經은 融會二智라)(법2:175)

　　ㅁ. 그 지비 ᄀᆞ장 가ᅀᆞ며러 천량과 한 보ᄇᆡᄂᆞᆫ (其家ㅣ 大富ᄒᆞ야 財寶諸

珍은) (법2:187)

ㅂ. <u>모딘 사ᄅᆞ미 不善ᄒᆞᆫ ᄆᆞᅀᆞᄆᆞ로 一劫中에 現히 佛典에</u> 샹녜 부텨를 허러 구지저도(若有惡人이 以不善心으로 於一劫中에 現於佛前애 常毁罵佛ᄒᆞ야도) (법4:77)

ㅅ. <u>阿難이 ᄂᆞᆾ 바ᄅᆞ 부텻 알ᄑᆡ</u> 제 授記와 國土莊嚴 듣ᄌᆞᆸ고(阿難이 面 於佛前애 自聞授記와 及國土莊嚴ᄒᆞᅀᆞᆸ고) (법화4:58)

ㅇ. <u>이 三乘法이 聖人ㅅ 일ᄏᆞ라 讚嘆ᄒᆞ샤ᄆᆞᆫ 諸佛이 모다 尊히 너기실 씨라(此三乘法이 聖所稱者ᄂᆞᆫ 諸佛共尊也ㅣ 실씨라) (법2:91)

ㅈ. <u>다 잇ᄂᆞᆫ 宮殿에 光明이 싁싀기 비취요미 녜 잇디 아니호ᄆᆞᆯ</u> 제 보고 (自見 … 光明威耀ㅣ 昔所未有ᄒᆞ고) (법3:122)

(11)과 (12)는 계사구문이 명사화하면서 나타난 기형적명사문의 예이다. (11)은 무주어문의 계사구문이 변형된 것이고, (12)는 'NP이 NP이-'의 계사 구문이 변형된 것이다.

(12ㄴ)은 표면적 모습이 (8)과 같지만 의미가 다르다. 현대어라면 '나라 이름이 寶生임'으로 나타날 것이다. 이는 '나랏 일후미 寶生이'의 앞 구절이 '劫과 일후미 有寶ㅣ오'의 계사구문임에서 확인할 수 있다.

(11ㄱ)은 '所'에 의한 관형구성에, (11ㄷ,ㄹ)은 '관형절+NP'에 조사가 통 합된 예이다. 이들은 "行爲·狀態"의 의미로 (11ㄱ)은 '내 여러 經 닐오매' 나 '내 여러 經 닐오니', (11ㄷ)은 'ᄯᅡ해 ᄒᆞᆫ 자 두 자 버으러', (11ㄹ)은 '巴城 에 누네 눉믈 더오매' 정도로 옮겨 볼 수 있다. 이 구문들은 한문을 어순에 따라 언해함으로써 나타난 것이다. 한문구성은 동사문이므로 전체를 명사구 로 보긴 어렵다. '이-'가 통합되어 계사구문이 된 연후에야 한문의 동사문과 대응관계를 가질 수 있다. 따라서 이들 예도 원구조는 계사구문으로 보는 것 이 좋다.

(12ㅂ,ㅅ)도 동사문으로 해석될 것들이다. 한문의 '現'과 '面'을 각각 '現 히', 'ᄂᆞᆾ 바ᄅᆞ'의 부사어로 언해함으로써 형성된 구문이다. '모딘 사ᄅᆞ미 … 現히 佛典에', '阿難이 ᄂᆞᆾ 바ᄅᆞ 부텻 알ᄑᆡ'만으로는 동사적으로 해석되기 어 렵다. 전체가 동사문이므로 계사구문의 '부사어+NP이-'와 대응시켜 설명하 는 게 바람직하다.

(12ㅇ)에서 주격어 '이 三乘法이'는 의미상 '讚嘆ᄒ-'의 대격어에 해당한다. 그럼에도 불구하고 주격이 배당된 것은 이 구문이 '이 三乘法이 聖人ㅅ 일ᄏ라 讚嘆ᄒ샴이-'의 계사구문에서 변형된 것이기 때문이다. (12ㅈ)도 마찬가지이다. 구결문을 보면 이 구문은 '다 잇논 宮殿에 光明이 ᄉᆨᄉᆨ기 비취요미 녜 잇디 아니홈-이롬(올)'의 의미를 가진다는 것을 알 수 있다. '녜 잇디 아니홈'은 '녜 잇디 아니ᄒ-'의 동사문이 조사 앞에서 명사화한 것이 아니라 명사구 '所未有'를 언해한 것으로 원래부터 동명사로 되어야 하는 것이다. 이것이 주어 '다 잇논 … 비취요미'의 명사술어가 된다. 그런데 계사 '이-'가 나타나지 못해, 마치 동사문이 명사화한 것처럼 보이는 것이다. 결국 이들 구문은 원구조가 계사구문이 아니었다면 성립되기 어려운 것이다.

계사구문이 동명사화하지 않는 명사화에는 '이-'가 실현되는 (13)의 예도 (11)(12)의 기형적명사문이 계사구문의 명사화와 관련된 것임을 증명한다.

(13) ㄱ. ᄒ다가 眞如ㅣ 相 업서 오직 혼 ᄆᆞᅀᆞ민ᄃᆞᆯ 알면 (若悟眞如ㅣ 無相ᄒ야 但是一心이면) (원각 상1-2:145)
ㄴ. 그딋 ᄌᆡ조는 이 내흘 건내는 功인디 아노라 (知君才是濟川功) (두시 16:62)
ㄷ. 노라ᄉᆞᆷ 업수미 貴로 네 眞性인ᄂᆞᆯ 結ᄒ야 뵈시니 (結示無還호미 實 汝의 眞性ᄒ시니) (능2:30)

이상에서 (11)(12)의 구성은 계사구문이 명사화되는 변형 과정에서 형성된 것을 알 수 있었다. 이 변형 과정에서 계사의 동명사 '이롬'은 필수적으로 생략된다. 따라서 계사구문의 명사절은 기형적명사문으로밖에 실현되지 않는다. 예를 들어 "존재"의 의미로 해석되는 (11ㅁ)은 '하ᄂᆞᆯ해 오직 혼 ᄃᆞᆯ-이-옴-이'가 '하ᄂᆞᆯ해 오직 혼 ᄃᆞ리로미'가 되고, 여기서 명사와 조사 사이의 환경에서 '이롬'이 생략되어 '하ᄂᆞᆯ해 오직 혼ᄃᆞ리'의 형식이 된 것이다. 그런데 이런 변형은 언해 과정에서 발생하는 것이므로 구결문이 직접적으로 작용한 것은 아니다.

그렇지만 구결문에 '이-'의 동명사 '이롬'이 쓰이지 않는 사실이 이런 기형적명사문의 형성과 전혀 무관하지는 않을 것이다.[84] 구결문에서는 명사구

구절에는 조사만이 현결된다. 조사가 현결되면 명사구임이 명확하므로 '이-'
는 잉여적이다. 굳이 동사의 서술성을 강조하고 싶으면 '호미', '호몰'과 같
은 구결이 현결된다. 이런 '호미', '호몰'은 반드시 동명사로 언해된다. 이런
명사구와 조사만이 통합되는 구결문의 구조가 '이롬'이 나타나기 어렵게 했
을 수 있다. 그러나 이는 간접적인 원인이다. 조사가 현결이 안된 구결문에
서도 기형적명사문이 나타나기 때문이다. 따라서 (11)(12)의 기형적명사문은
위에서 언급한 언해 과정에서의 변형이 직접적 원인이다.

(14) ㄱ. 外道ㅣ 하늘히 常住를 혜여 (外道ㅣ 計天常住ᄒ야) (능10:24)

　　ㄴ. 慈悲의 至極을 니ᄅ시고 (言慈悲之至也ㅣ시고) (법3:63)

　　ㄷ. 모ᄆ로 供養 ᄀ디 몯도다 (不如以身ᄋ로 供養이라 코) (법6:141)

　　ㄷ'. 모ᄆ로 供養ᄒᅀᆞᆷ만 몯다 ᄒ고 (석보20:10)

　　ㄹ. 여러가짓 生死煩惱惡道의 險難長遠에 감직ᄒ며 건넘직호몰 아노니
　　　 (知生死煩惱惡道의 險難長遠에 應去應度ᄒ노니) (법2:171)

　　ㄹ'. 生死煩惱惡道이 險難長遠ᄒ 디 감직ᄒ며 度ᄒ얌직ᄒ니ᄅᆯ 아노니
　　　 (월석14:78)

　　ㅁ. 세혼 바다 디뇨몰 對答이시니 (三은 答奉持니) (원각 하3-2:78)

　　ㅂ. 云何念等은 시혹 正ᄒ며 邪ᄒ며 有爲ᄒ며 無爲ᄅᆯ 니ᄅ샤미오 (云何
　　　 念等은 爲或正ᄒ며 或邪하며 有爲ᄒ며 無爲也ㅣ오) (법3:28)

---

84) 구결문에 '이-'의 동명사형 '이롬'이 쓰이지 않는 것은 선행구절이 명사이기 때문에
　　굳이 명사화할 필요를 느끼지 못하는 것이 이유일 것으로 생각된다. 15세기자료에서
　　언해문에도 '이롬'의 예는 찾기 어렵다.
　　a. 세히 業이 ᄒᆞᆫ가지로몰 因홀ᄊᆡ(능엄4:25)
　　b. 둜 그림제 眞實ㅅ둘 아니로미 ᄀᆮᄒ니라(월석2:55)
　　c. 同業ᄋᆫ 妄올 感호미 ᄒᆞᆫ가죠몰 니ᄅ시니(능엄2:79)
　　d. 몸 아뇨미 잇다 닐오미 몯ᄒ리니(능엄2:83)
　　e. 能히 色이로미 거우루의 볼곰 ᄀᆮ홀시라(能色호미 如鏡之明홀시라)(원각 상
　　　 1-1:59)
　　위와 같이 繫辭의 동명사는 (a)(b)와 같이 'ᄒᆞᆫ가지라'나 '아니라'의 예가 대부분이다.
　　이들은 중세국어에서도 재구조화하여 용언으로 굳어져 쓰였던 것으로 보인다. (c)(d)
　　는 바로 그런 점을 보인다. 여기서는 계사로서의 활용을 보여주지 않는다. 따라서 이
　　런 예를 제외한 일반적인 계사구문의 명사절이 '이롬'으로 나타나는 일은 거의 없었
　　던 것으로 보인다. (e)의 '色이로미'는 구결문의 '호미'에 이끌려 나타난 것으로 극히
　　예외적인 예다. 만일 조사 '이'만이 현결되었다면 '色이'로 언해되었을 것이다.

(14)는 동사문 'NP이 VP'가 명사화하는 과정에 나타난 기형적명사문의 예이다. 이 유형에서 언해문에서 조사와 통합된 명사들은 명사성과 서술성을 동시에 지니고 있는 것들이다. 이 점은 명사가 동사와 같이 나열되는 (14ㅂ)의 예에서 확인할 수 있다. 또 이들 명사들은 모두 'ᄒᆞ-'의 어근이 될 수 있다는 공통점을 갖고 있는데 (14ㄷ′, ㄹ′)과 같이 동명사나 관형구성으로 교체되어 나타나기도 한다. 이 구문은 'NP이 VP'에서 VP가 '어근＋ᄒᆞ-'구성일 때 어근에 해당하는 명사의 서술성으로 인해 '홈'이 나타나지 않음으로써 발생한 기형적명사문이다. 따라서 전체는 명사절로 행위나 상태의 의미를 나타낸다. 이 때 주어 'NP이'는 (14ㄴ)과 같이 속격으로 실현되기도 하는데 이것은 주어적속격이다. 중세국어 언해문에 간혹 보이는 '한자어＋이＋한자어' 구성의 속격 '-이'는 이와 같은 기형적명사문에서의 주어적속격으로 이해될 수 있는 것이 많다.

계사구문의 기형적명사문과 다른 점은 '이롬'의 생략은 필수적인 데 비해 '홈'의 생략은 수의적이라는 점이다. 이 점을 제외하면 발생과정이나 원인은 동궤의 것이다. 즉, (11)(12)와 (14)유형의 기형적명사문은 구결문의 모습이 언해문에 직접 관여하여 나타나는 것이 아니다. (14)는 명사성과 서술성을 함께 갖는 한자어의 특성으로 발생한 것이며, (11)(12)는 계사의 동명사 '이롬'을 쓰지 않는 언해습관이 원인이다.

이상에서 본고는 기형적명사문을 포함하여 명사구의 구조와 그 생성 과정에 대해 논의하였다. 기형적명사문은 대응하는 구결문의 구조가 상이하고 발생 원인과 과정이 각각 다르기 때문에 성격이 단일하지 않다. 관형구성의 기형적명사문은 유무구문과 같은 특정 한문구성에 대응하여 형성된 것이며, 명사절의 기형적명사문은 언해습관에 의해 나타난 것이다. 결과적으로 기형적명사문을 국어의 구조가 아닌 구결문의 구조와 언해습관으로 발생한 특수한 존재로 볼 수 있는 것이다. 다만 이는 발생적 측면의 기술일 뿐이다. 기형적명사문이 15세기 자료에 엄연히 존재하는바 공시적 측면에서는 정밀히 기술되어야 할 대상인 것이다.

4.2 계사구문

중세국어의 계사구문은 현대국어와는 약간 다른 양상을 보인다. 본고는
이중 "존재"와 "행위·상태"의 의미 갖는 계사구문에 대해 검토하고자 한
다. 이러한 특징적 계사구문은 특정 한문구성이 반영되어 나타난 것이 아닌
가 생각된다. 이에 대상 계사구문의 구조와 그것이 각각 어떤 한문구성과 상
관되는가를 검토한다.[85]

"存在"의 의미를 갖는 계사구문은 한문의 유무구문과 관련되는 것으로
보인다. 먼저 한문의 유무구문에 대해 간략히 살핀 후 이를 바탕으로 언해문
의 예를 검토하기로 한다.[86]

> (1) ㄱ. 存在 : 有·大風災·(於)今年 (有＋賓語＋補充語)
> 　　　　　　　今年·有·大風災 (補充語＋有＋賓語)
> 　　ㄴ. 所有 : 吾·有·薄田數畝
> 　　ㄷ. 有·人·牽牛而過堂下 ＞ 人·有·牽牛而過堂下者 (분모식)
> 　　　　　　　　　　　　　有·人·牽牛而過堂下者
> 　　ㄹ. 有·金三東者 (羅人 素精技擊)

(1ㄱ)은 "존재" 유무구문이다. '有＋NP1＋NP2'의 구성을 기본으로 한
다. NP1은 존재대상이고 NP2는 장소나 시간을 나타내는 보충어에 해당한
다. 이 구문은 처소나 시간보충어인 NP2가 전치되어 'NP2＋有＋NP1'의 구
성이 될 수 있다. 이들이 관형화하면 'NP2(보충어)之NP1'이 된다.

---

85) 중세국어의 계사구문은 한문의 판단구문과 밀접한 관련이 있다. 그런데 한문의 판단
구문은 다양한 속성을 가지고 있다. 특히 아래와 같이 서사구문이나 표태구문이 판
단구문화된 구성은 언해문의 분열문구성과 관련된다.
　　a. 沛公 必奪項王天下 → 沛公 必奪項王天下者也 / 必奪項王天下者 沛公也
　　b. 我 欲魚 → 魚者 我所欲 / 我所欲者 魚
　　　市 聚京師 → 京師 市之所聚 / 市之所聚者 京師
　　　君子 爲四靈不至 而致慨 → 四靈不至 君子所爲致慨 / 君子所爲致慨 爲四靈不
86) 홍인표(1984:151~165) 참조.

(1ㄴ)은 "소유"의 유무구문이다. 'NP1＋有＋NP2'의 구성을 보인다. NP1
은 소유주이고, NP2은 소유대상으로 '有'의 빈어에 해당한다. 따라서 NP1
으로는 인물명사가 오는 것이 원칙이다.

(1ㄷ)은 서사구문의 앞에 '有'를 써서 繁句를 單句化하는 표현이다. (1
ㄹ)은 어떤 사물을 화제로 드러낼 때 사용하는 용법이다. '有'의 빈어로 판
단구문이 사용되었다고 보면 (1ㄷ)과 유사한 용법인 셈이다.

그런데 유무구성에서 '有'는 잘 생략된다. '有'가 생략된 문장은 명사구
만 남게 되어, '이-'가 현결될 수밖에 없으며, 계사구문으로 언해될 수밖에
없다. "존재"의 의미를 나타내는 계사구문은 이러한 한문구성과 깊은 상관
관계를 가진다.

(2) ㄱ. 훈 남기 훈 臺이어든 (一樹에 一臺어든) (법6:135)
　　ㄴ. 新羅앤 附子이오 全州엔 漆이니라 (新羅附子ㅣ오 全州漆이니라) (남
　　　　명 하:43)
　　ㄷ. 險호 모딘 길헤 사ᄅ미 힘닙논 배니라 (險惡途中에 人所賴니라) (남
　　　　명 하:3)
　　ㄹ. 晴明호 空올 볼쪄건 오직 호 晴明호 虛空이라 (觀晴明空홀져건 唯一
　　　　晴虛이라) (능2:108)
　　ㅁ. 희 긴 저긔 오직 새 ᄲᅮ니오 (日長唯鳥雀) (두시10:5)
　　ㅂ. 잇센 길헨 ᄀᆞᄅ몰 디렛논 대오 새집 기슬겐 ᄯᅡ훌 두펫논 고지로다 (苔
　　　　徑臨江竹 茅簷覆地花) (두시10:3)
　　ㅅ. 巴城에 눖믈 더으는 누네 오ᄂᆞ 나조회 몰ᄀᆞ 비치로다 (巴城添澤眼 夕
　　　　今復淸光) (두시10:37)

(2)는 'NP애 NP이-'의 계사구문이 "존재"의 의미로 쓰인 것이다. 'NP애'
로는 (2ㄱ~ㄷ)에서는 처소의 표현이, (2ㄹ,ㅁ)에서는 시간의 표현이 쓰이고
있다. 이때 (2ㄷ,ㅂ)과 같이 'NP이-'로 '관형절＋NP'[87]나 동명사가 쓰이면

---

87) 이 구성은 전치된 한문구성을 언해한 것이 많다. 따라서 이 문장은 동작의 서사구문
　　의 변화를 반영한 것으로 엄격한 의미에서 유무구성의 변형은 아니지만 후행성분이
　　일단 관형구성의 명사구가 된 연후에는 전체구조가 유무구성의 모습이 되기 때문에
　　유무구성과 관련된 것으로 본 것이다.

"행위・상태"의 의미로 이해되기도 한다. 이들 구문은 (2ㄴ, ㄹ, ㅂ)에서와 같이 '-애' 대신 '-앤'이 통합되기도 하는데, '-앤'은 대구를 이루는 구문을 언해할 때 주로 나타난다.

이 구문은 유무구성에서 처소나 시간의 보충어가 전치된 'NP2+有+NP1'구성과 관계가 있다. 'NP2+有+NP1'구성이 현결되면 NP2에는 처격의 '-애'가 현결된다.88) 이는 NP2가 변형되기 전의 구성에서 처격성분이었기 때문이다. 여기서 '有'가 생략된다면 (2)의 구결문의 한문구성과 일치된다. 이를 언해한 것이 (2)의 언해문이다.

(2)의 구문이 유무구문에서 '有'의 생략과 관계있음은 아래 (3)의 예로서 알 수 있다.

(3) ㄱ. 오직 地와 水왜오 火界 업스면 (若唯地水ㅣ오 無火界者ㅣ면) (원각상 2-2:27)

ㄴ. 後엔 韋諷이 잇고 알핀 支遁이로다 (後有韋諷前支遁) (두시16:39)

ㄷ. 다른 짜해 처섬 고온 菊花ㅣ로소니 녯 무술히도 쏘 노푼 머귀 잇ᄂᆞ니라 (異方初艶菊 故里亦高桐) (두시14:26)

ㄹ. 殿堂애 잇거나 山谷曠野이어니 (若在殿堂커나 山谷曠野ㅣ어나) (법6:110)

ㅁ. 如來ᄂᆞᆫ 五眼이 겨시고 張三ᄋᆞᆫ 오직 ᄒᆞᆫ 雙이언마론 (如來ᄂᆞᆫ 有五眼ᄒᆞ시고 張三ᄋᆞᆫ 只一雙이언마론) (금삼4:21)

(3)은 계사구문과 '잇-'의 구문이 접속된 예이다. (3ㄱ)은 처격어가 생략되어 있으나 구조는 (2)와 같다. 구결문에서 후행구절에는 '無'가 있으나 선행구절에는 이런 어사가 없다. 두 구절은 성격이 같은 것이므로 '오직 地와 水왜오(若有地水이오)'도 원래 있었던 '有'가 생략된 것으로 볼 수 있다. 한문구성에서 '唯, 只, 但' 등이 쓰이면 '有'가 잘 생략되는 경향이 있는데 이도 그 중 하나로 보인다. (3ㄴ)도 마찬가지이다. 두 구가 대구되는 형식인데, '有'의 존재여부에 따라 존재구문과 계사구문으로 각각 달리 번역되어 있다.

---

88) 본고에서는 기술의 편의를 위해, "존재"의 의미를 지니는 계사구문에서 존재대상은 NP1, 처격성분은 NP2로 구분하여 기술한다.

이때의 '有'는 시가 형식에 맞추기 위해 생략된 것으로 보인다. (3ㄷ)은 선행, 후행구절 모두 '有'가 없음에도 불구하고 언해는 각기 달리하고 있다. 당시 편찬자들이 (2)유형의 구문을 유무구성과 관련되는 것으로 인식하였음을 말해 준다 할 것이다. (3ㄹ)에서도 '在'의 존재여부에 따라 구문이 달라지고 있다. 한문구성에서 '在'는 원래 뒷부분까지 포괄하는 것이었지만 구결에 의해 '殿堂'에만 걸리는 것으로 분석되었기 때문에 후행구절에는 술어가 없이 명사만 나타나게 되고 이것이 계사구문으로 언해된 것이다. (3ㅁ)은 계사구문이 소유의 의미로 사용된 것으로 위의 예와 다르지만 구결문의 '有'에 따라 언해가 달라져 있어 유무구문과 계사구문의 관계를 보여준다. 계사구문이 "소유"의 의미를 가질 때는 무주어문의 형식은 나타나지 않는다. 그것은 "소유"의 유무구문이 반드시 두 개의 명사구를 요구하기 때문이다. 따라서 '有'가 생략되어도 명사구가 두 개 이상 나타나야만 한다.

이와 같이 생략의 원인은 각각 다르지만 일단 한문구성에서 '有' 등의 술어가 생략되면 명사구만 남게 되고 이에는 '이-'밖에 현결될 수 없다. 이렇게 현결된 구결문을 바탕으로 나타난 언해문이 (2)와 같은 계사구문이다.[89]

현대국어에도 '지붕에 도둑이다.', '하늘엔 영광, 땅 위엔 평화'와 같은 구문이 존재하기는 하나 생산적이지 않다. 격언, 속담의 고정 표현이거나 문맥의존적인 상황에서나 사용될 수 있을 뿐이다.[90] 이는 구결문의 영향으로 형성된 구문이 문체적으로 굳어진 문어적 표현으로 보아야 할 것이다

(4) ㄱ. <u>새 니욘 庵子ㅣ</u> 녜룰 브터 <u>白雲ㅅ 소비로다</u> (茅庵이 依舊白雲裏로다)
(남명 상:72)
ㄴ. <u>故鄕ㅅ 門巷온</u> 가시나모 미티오 中原ㅅ 君臣온 豹虎ㅅ ㄱ쉬 잇도다
(故鄕門巷荊棘底 中原君臣豹虎邊) (두시11:53)

---

89) 한문구성에서 동사의 생략은 '有'에 국한된 것은 아니다. '爲' 등의 연결사가 잘 생략되기도 한다. 또 원인도 구문적인 것, 문맥적인 것, 텍스트적인 것 등 다양하다.
90) 현대국어의 무주어문의 논의는 임홍빈(1985), 박양규(1980) 참조. 이들은 모두 순수한 무주어문의 구문을 인정하지 않고 있다. 임홍빈(1985)은 상황요소를 주어적 요소로 이해하고 있다.

ㄷ. 方丈山은 三韓ㅅ 밧기오 崑崙山은 萬國ㅅ 西녀긔 잇ᄂ니라 (方丈山
   三韓外 崑崙山萬國西) (두시19:13-4)

ㄹ. 새돌흔 거츤 ᄆ술 나조히오 (鳥雀荒村暮) (두시14:35)

ㅁ. 자최ᄂᆫ 이 다매 그림 그린 後ㅣ로다 (迹是雕墻後) (두시6:30)

　　(4)는 'NP1이 NP2이-'의 계사구문이 "존재"의 의미로 해석되는 예이다.
(4ㄱ,ㄴ,ㄷ)는 처소 표현, (4ㄹ,ㅁ)은 시간 표현이 사용되었다. 이들은 한문의
'有＋NP1＋NP2' 구성에 대응한다. 이 구성에서 NP1은 주어이기 때문에 주
격의 구결이 배당된다. 특히 (4ㄴ,ㄷ)은 후행구절이 '잇-'의 존재구문으로 되
어 있어 이 계사구문들이 유무구성과 관련되어 있음을 말해준다. 또 이들이
(2)와 관련을 맺는 것도 유무구성의 변형과정과 일치한다. 이 점 역시 "존재"
의 계사구문이 유무구성과의 상관관계를 갖고 있는 것임을 보여 주는 것이다.
　　그런데 아래 (5)의 경우는 성격이 다르다.

　　(5) ㄱ. 大闕 안히 고론 金비치러이다 (석보24:19)
　　　　ㄴ. 四面이 다 七寶ㅣ오 (석보6:31)
　　　　ㄷ. 그 세 바롨 안히 큰 地獄이니 (월석21:26)
　　　　ㄹ 萬里 山河이 다 갠 나리로다 (萬里 山河이 共晴日이로다) (남명 상:6)

　　(5)는 (4)와 표면적 모습은 같지만, 'NP2이 NP1이-'로 순서가 다르다. 처
소표현이 선행한 구성이다. 이 구문은 유무구문과 관계가 없다. 어떤 대상의
속성을 설명하는 "限定"의 계사구문의 하나일 뿐이다. 따라서 그 의미도
"존재"와는 상관이 없다. (5ㄱ)에서 '금빛'이나 (5ㄴ)의 '七寶', (5ㄷ)의 '地
獄', (5ㄹ)의 '다 갠 날'은 존재대상이 아니라 주격어 명사의 속성을 나타낼
뿐이다. 우연히 주격어 위치에 처소적인 명사가 왔을 뿐이지 "존재"의 의미
로 보긴 어렵다. 여기서 계사구문이 존재표현이 되는 것은 한문의 유무구성
과 상관된 것임을 다시 한 번 확인할 수 있다. 유무구성에서 허용되지 않는
구조는 "존재"의 의미로 이해되지 못하기 때문이다.91)

────────────

91) (5)의 예는 현대국어의 '집이 온통 먼지다.'와 유사하다 '집이 온통 먼지다'가 성립하
　　는 것은 '온통' 때문이다. '온통'을 제외한 '집이 먼지다'는 성립되기 어렵기 때문이

같은 'NP애 NP이-' 구성이지만 아래 (6)의 예는 (2)와는 달리 파악되어
야 할 것이다.

(6) ㄱ. 이어 뻐러듀매 關山앳 쁘디로소니 (搖落關山思) (두시14:27)
   ㄴ. ᄀ술히 오매 나그내 드외옛논 쁘디로다 (秋來爲客情) (두시10:36)
   ㄷ. 籍을 通ᄒ요맨 龍이 서린 印이오 엇게롤 等差ᄒ야 돈뇨맨 鳳이 버렛
      ᄂ 술위러라 (通籍蟠螭印 差肩列鳳輿) (두시20:42)
   ㄹ. 늘근 病에 오직 도트랏 平牀이로다 (衰弱只藜牀) (두시11:3)

(7) ㄱ. ᄌ 나샤 도라보샤매 조차 더위 자봄 그추미 엇뎨 ᄀᄒ리오 (纏生四顧
      애 絶追攀이리오) (남명 하:37)
   ㄴ. 몰ᄀᆫ 거우루 보매 제 붓그리니라 (淸鏡觀來에 自慘恥ᄒ니라) (남명
      하:14)

(6)은 'NP애 NP이-'의 구문이며 (7)은 같은 성격의 구결문이 'NP애 VP'
와 같이 동사문으로 언해된 예이다.

(6)에서 'NP애'는 NP가 유무구성의 처격성분이기 때문에 '-애'가 현결된
것이 아니다. 한문의 複句에서 선행구절과 후행구절이 막연한 사건의 배경
이나 가벼운 이유, 조건 등의 의미관계를 가질 때는 두 구절을 시간관계의
하나로 인식하기도 한다.[92] (6)은 이러한 의미관계를 갖는 구절과 구절의 연
결을 시간관계로 인식하여 '-애'를 현결된 것이 언해문에 반영된 것일 뿐이
다. 특히 (6ㄴ)에서의 '來'뒤의 '-애'는 시간관계를 나타내는 데 주로 쓰이는
것이다.[93] 그런데 두시와 같은 시가문에서는 시구 내의 동사가 생략되어 명

다. 부사 '온통'으로 인해 '집이 먼지투성이다'와 같이 속성을 나타내는 의미관계를
가질 수 있게 된 것이 성립의 원인으로 보인다.
92) 홍인표(1984:128-134) 참조. 여기서의 시간관계란 선행구절의 행위가 후행하는 행위
의 배경적 요소가 되는 관계를 말하나, 이 의미관계는 행위의 선후 관계에 의해 발현
되는 것이므로 넓은 의미의 시간 관계의 범주에 포함된다.
93) 구결문에서 '來' 뒤에는 아래와 같이 '-애'를 현결하는 것이 보통이었다. 이 습관은
'中'과 마찬가지로 예외가 많지 않을 만큼 잘 지켜진다.
   내 오란 劫브터 오매 ᄆᆞᅀᆞ미 ᄀᆞ룜 업수믈 得ᄒ야(我ㅣ 曠劫來예 心得無礙ᄒ야)
   (능5:50)
   우리 녜브터 오매 (我等이 從昔來예)(법2:48)

사구만 남거나 동사가 전치되어 전체가 명사구가 되는 일이 많다. (6)의 구문들은 바로 이런 예에 해당되는 것으로 보인다.

(6)의 구문에서 처격 '-애'에는 주로 동명사가 통합된다. 기형적명사문이나 (6ㄹ)과 같이 '관형절+NP'의 구성이 쓰이기도 한다. 이때의 처격 '-애'는 "상황", "전제"의 의미관계를 나타낸다. 계사와 통합하는 명사구로는 '관형절+NP'의 구성이 많이 보인다.

이 구문과 후행구절이 동사로 언해된 (7)의 구결문은 그 구조적 성격이 같은 것으로 보인다. 다만 차이가 나는 것은 (7)은 후행구절에 동사성분이 그대로 남아 있다는 점일 뿐이다. (6)의 후행구절은 동사성분이 생략되거나 전치되어 명사만 남았기 때문에 'X애 NP이-'와 같이 현결될 수밖에 없고 이 것이 그대로 언해문에 이어져 계사구문이 된 것이다. 이들은 때로는 (7ㄱ)과 같이 생략되어 있는 동사('ᄀᆞ흐리오')를 복원하여 언해하기도 한다. 이는 이 구문이 구결문에서의 동사의 생략과 관련되어 형성된 것임을 말해주는 것이기도 하다.

(6)은 한문의 술어 생략이나 전치구성과 관련되어 나타난 것이므로, 'NP이-'는 동사적으로 해석될 수도 있다. (6ㄱ, ㄴ)의 생략된 술어는 추측하기 어렵다. 전체 시가의 문맥 속에서 추출할 수밖에 없다. (6ㄷ)은 전치된 구성으로 본다면 '궁궐문을 출입할 때는 印에 龍이 서려 있고, 어깨를 나란히 하여 다닐 때는 수레가 봉황이 펼쳐져 있다' 정도의 의미로 해석될 수 있다. 혹은 '要' 정도의 어사가 생략된 것으로 이해할 수도 있다. (6ㄹ)은 '只'로 미루어 '有'가 생략된 것일 가능성이 있다. (6)의 구문이 "존재"의 의미 외에 다양한 의미를 가질 수 있는 것은 구성 전체가 유무구문을 바탕으로 한 것이 아니라 동사술어가 생략되거나 전치된 한문구성을 축자역함으로써 나타난 구문으로 동사문적 성격을 지니고 있기 때문이다.[94]

---

94) 이종묵(1998)에서는 두시를 비롯한 당시에 술어를 생략하는 것이 많은데, 이런 구절은 정적인 경물의 모습을 회화적으로 보여주는 데 효과가 있기 때문에, 굳이 술어를 보충하지 않고 계사만을 써서 계사구문으로 언해하는 것이라고 하고 있다. 또 전치된 문장도 전치해서 번역하면 술어가 있는데 굳이 축자역하여 술어의 존재를 인정하지 않고 계사구문으로 언해한 것도 같은 표현 효과를 얻기 위한 것이라고 하고 있다.

(6)의 예가 "존재"의 의미를 갖는 것처럼 보이는 것은 명사 하나만이 계사와 통합되는 본래적 무주어문이 "상황 제시"의 용법을 갖고 있기 때문이다.[95] 상황이나 사물을 화제로 제시하는 용법은 대상의 존재를 밝히는 것이기기에 "存在"와 유사한 면이 있다. 그러나 원래부터 존재구문인 것은 아니다.

본고에서 (6)을 유무구문과 관련된 존재표현으로 보지 않는 것은 'NP2＋有＋NP1'에서 처소표현에 해당하는 'NP2'로 행위나 상태를 나타내는 구절이 쓰이는 유무구문이 없고, 언해문에서도 선행명사구와 후행명사구가 순서를 바꾼 '關山앳 쁘디 이어 뻐러듀미라'와 같은 구문이 나타나지 않는 등 "존재"의 계사구문과는 다른 양상을 보이기 때문이다. 또 (8)과 같은 구문도 관련되게 설명할 수 있는 이점이 있다.

(8) ㄱ. 네로브터 오매 巫峽엣 므리오 本來로 제 楚ㅅ 사ᄅ미 지비로다 (由來 巫峽水 本自楚人家) (두시15:14)

ㄴ. 외로왼 ᄇᆡ 호 번 ᄆᆡ야 이쇼니 故園에 가고져 ᄒᆞ논 ᄆᆞᄉᆞ미로다 (孤舟 一繫故園心) (두시10:33)

ㄷ. 누늘 드러 보니 오직 다봇ᄲᅮ니로다 (擧目唯蓬萊) (두시10:19)

ㄹ. 眞空은 얼굴 업거늘 쇽절업시 參辰이니라 (眞空은 無相커늘 謾參辰 이니라) (남명 하:32)

(8ㄱ)에서 '네로브터 오매'와 '本來로'가 대구되고 있는데 모두 시간관계의 표현이다. 더구나 (8ㄱ)에서 후행구절 '巫峽水'는 그 자체만으로도 소재의 표현인바,[96] 앞의 '네로브터 오매'가 처격보충어가 아님을 알 수 있다. (8ㄴ,ㄷ)에서와 같이 '-애'가 쓰이지 않을 때는 '-니'에 의해 이어지는 경우가

---

95) 현대국어의 '불이다', '도둑이야', '그 때였다'와 같은 무주어문에서 볼 수 있는 용법이다. 또 신문 기사의 제목과 같이 주의를 환기하기 위한 문장에도 이런 용법이 보인다. 임홍빈(1985)에서는 이 무주어문을 상황주어와 관계된 것으로 설명하고 있다. 필자도 이 설명을 받아들여 중세국어의 'NP이-' 중에는 본래적 무주어문으로서 상황이나 화제 제시의 용법을 갖고 있다고 본다.

96) 한시의 '巫峽水'는 '巫峽有水'의 변형으로 이해될 수 있다. 「杜詩諺解」에서는 이런 구성이 시구 전체에 걸치지 않고 후행구절에 나타나면 '巫峽엣 믈'과 같이 속격 구성으로 언해되는 경향이 있다.

많다. 이것은 (6)과 같은 구성에서 선행구절을 "理由" 혹은 "前提" 정도의, 좀더 명확한 의미관계로 파악한 것이다. 배경적 시간 관계로 인식하면 '-애'를 쓰고, 위와 같이 이해하면 '-니'를 쓴 것이 처격과 '-니'가 교체되는 것처럼 나온 것이다. (8ㄹ)도 마찬가지이다. '-니' 대신 "前提"의 의미가 더 명확한 '-거늘'이 쓰인 것이 다를 뿐이다. 결국 (6)와 (8)의 차이는 같은 한문구성의 의미관계에 대한 인식의 차이가 반영된 것일 뿐, 전체 구조는 같은 것으로 후행하는 무주어문의 성격도 같이 설명될 수 있다. (8ㄱ)와 (8ㄴ)은 시가문의 화제 제시 용법에 의해 나타난 본래적 무주어문으로, (8ㄷ,ㄹ)은 동사술어의 생략으로 생성된 동사문적 무주어문으로 설명된다.[97]

> (9) ㄱ. 도라오니 <u>忽然히 봄</u>비치로다 (歸到忽春華) (두시10:3)
> ㄴ. 머리 와 이쇼니 ᄒᆞ올로 <u>紫荊ᄲᅮ</u>니로다 (日長唯鳥雀 春遠獨紫荊) (두시 10:5)
> ㄷ. <u>오직 地와 水왜오</u> 火界 업스면 (若唯地水ㅣ오 無火界者ㅣ 면) (원각 상2-2:27)
> ㄹ. 常不輕이 업시움 업스실씨 <u>四衆에 長常</u> 졀이러시니 (월석17:76, 기 313)

> (10) ㄱ. <u>西ㅅ녁 ᄀᆞ롮 萬里옛</u> 비로다 (西江萬里船) (두시15:49)
> ㄴ. 두듥엣 즘게 믈어디고져 호미며 <u>져근 므렛</u> 고기어늘 (岸樹ㅣ 欲崩이며 小水魚어늘) (남명 하:30)
> ㄷ. <u>天地롯 몬졔</u>라 그 비르소미 업스며 <u>天地롯 後ㅣ</u>라 그 ᄆᆞ초미 업스니라 (先天地而無其始며 後天地而無其終이라) (금삼 서:4)

(9)는 '부사＋NP'가 계사와 통합된 무주어문의 예이다. (10)은 '속격＋NP'에 계사가 통합된 무주어문이다. (9)와 (10)은 "소유"나 "행위·상태"의 의미로 해석될 수 있는데, 이들도 동사술어가 생략된 한문구성에 대응하거

---

97) (8ㄹ)의 주석문에는 "參辰과이 ᄒᆞᄢᅴ 돋디 아니홈 ᄀᆞᆮᄒᆞ니"(남명 하:32)와 같은 설명이 있다. 이로 보아 (8ㄹ)은 'ᄀᆞᆮᄒᆞ-(如,若)정도의 동사가 생략되어 형성된 것일 수 있다. 또 '護'이 동사성분이었는데 전치됨으로써 '쇽절업시'와 같은 부사어로 언해된 것일 수도 있다.

나, 동사적 어사를 부사로 언해함으로써 형성된 예이다.

(9ㄱ)에서 '홀연히'는 '忽'과 관련된다. 동사로 언해될 만한 것이지만 부사로 언해해서 무주어문의 계사구문이 되고 말았다. (9ㄴ)의 '호올로'도 마찬가지이다. 「두시언해」는 한문어사를 가능한 한 고정적으로 언해하는 경향이 있는데, (9ㄱ,ㄴ)은 이런 언해습관에 의해 발생한 "행위·상태"의 계사구문이다. (9ㄷ)는 '오직'에 '地와 水왜오'가 "존재"의 의미로 해석되는 예이다. 한문에서 '唯'가 쓰이면 '有'가 잘 나타나지 않는 경향이 있으므로, 이 예는 '有' 정도가 생략되어 형성된 구문으로 이해할 수 있다. (9ㄹ)은 '長常'과 여겨 '四衆에'에 의해 '절'에 서술성이 부가되고, 이로 인해 전체가 동작의 의미로 해석된 것이다. 이와 같이 부사에 의해 명사구에 서술성이 부여된 명사에 계사가 통합된 무주어문은 "행위·상태"의 의미로 해석되는데, 이는 동사적 어사를 부사로 언해하는 언해습관에 그 원인이 있다.

(10)에서 속격이 통합된 명사구는 처소표현인 경우가 많다. 이런 예는 'NP2애 NP1이-'로도 나타날 수 있다. 이런 형식의 무주어문은 하나의 시 구절의 앞부분이 (10ㄷ,ㄹ)과 같이 연결어미로 언해된 뒷부분의 언해로 꽤 많이 보인다. 이는 이 구문이 환경적 요인에 영향받아 나타나는 것임을 말해주는데, 이런 환경에서는 '이-'밖에 현결되지 못하기 때문에 전체를 하나의 명사구로 보아 '속격＋NP'의 구성으로 언해하게 된 듯하다. 속격어가 처소표현이면 "존재"의 의미로, (10ㄷ)과 같이 여타 표현일 경우는 "행위·상태"의 의미로 이해되는 것이 보통이지만, 동사성분의 생략과 관계되기 때문에 의미를 단정적으로 판단하기는 곤란하다.

후대의 자료이지만 (11)과 같은 예는 이러한 무주어문이 발생하게 된 이유를 잘 보여준다.

> (11) ㄱ. 쏘 天의 物生호요미 호여곰 一本이어늘(且天地物生也ㅣ 使之一本
>   이어늘) (맹자5:35)
>   ㄴ. 사롬의 허믈이 各各 그 류에니(人之過也ㅣ 各於其黨이니) (논어1:33)
>   ㄷ. 그 數로 뻰 則 過호고 그 時로뻐 考호 則 可호니라(以其數則過矣
>   오 以其時考之則可矣니라) (맹자4:34)

(11ㄱ)은 '使'를 '호여곰'와, (11ㄴ)은 '於'를 '-에'와, (11ㄷ)은 '以'를 '뻐'와 대응시켜 언해하고 있다. 이들은 후대의 경서구결에서 강한 대응관계를 보이는 것이다. 또 이들의 구결문에는 동사성분이 보이지 않는다. 결국 (11)의 예는 동사성분이 생략된 구결문이라는 특성과 고정된 언해습관이 복합되어 발생한 무주어문으로, 15세기 자료에서 무주어문이 발생하는 이유를 시사하고 있다.

(12) ㄱ. 모숨 나미 곧 이 法 나는 뻬니(心生이 卽是法生時니)(남명 하:52)

　　ㄴ. 모다 나미 實로 잉어긔로다(宗生實於此)(두시16:66)

　　ㄷ. 이에뻐 蘋을 키옴이 南澗ㅅ 궁새 호놋다(于以采蘋ㅣ 南澗之濱이로다)(시경1:16)

　　ㄷ'. 德을 자보문 崔瑗의 銘으로 호놋다(秉德崔瑗銘)(두시6:19)

　　ㄹ. 우리브터오문 五百萬億國이니(我等所從來는 五百萬億國이니)(법3:109)

　　ㅁ. 眞實로 보아 울워ᅀᆞ옴도 호갓 이 모ᅀᆞ몰 어데니(允所瞻仰도 徒獲此心이니)(능2:21)

　　ㅂ. 後ㅅ 行境 뵈샤문 解 모차 行애 가과뎨시니(後示行境온 欲其解終趣行이시니)(법6:118)

　　ㅂ'. 아비 命호야 아들 조초문 實로 親코져 커늘(父ㅣ 命追子는 實欲親之어늘)(법2:201)

(12)는 분열문의 예이다. 구결문에서 구결에 의해 분절된 구절은 언해할 때 그 순서를 바꾸지 못한다. 분열문은 바로 이러한 언해습관으로 인해 발생한 것이다. 이 구성은 서사구문을 판단구문화하여 語氣를 강하게 하는 한문구성과 관계된다. 판단구문이므로 '이-가 현결되고 계사구문으로 언해되는 것이다.[98] 이 점은 (12ㄱ)의 구결문의 '是'로 알 수 있다. 겉모습은 (4)의 예들과 같지만 분열문이기 때문에 동작적 의미로 해석된다. (12ㄷ,ㄷ')은 같은 한문구성에서 후행구절을 동사구로 언해한 예이다. 근대국어 자료에 많이

---

98) 이 구성은 '호물 + 부사어(용언어간-히, 명사-ᄋᆞ로) + 호-'와 같이 언해되기도 한다.
　　疎拙훈 몸 養호물 다시 어느 鄕애 가 호리오(養拙更何鄕)(두시6:28)

보이는 언해방식인데, (12ㄱ,ㄴ)의 예가 동사적 성격을 갖고 있음을 말해 준
다. 이들이 순서를 달리하여 나타날 때 (12ㄱ)이 '이 法나는 쪄 무슴 나미라'
로는 되지 않는다. 항상 '이 法나는 쪄 무슴 나니라'와 같이 동명사 부분이
동사구로 바뀐다. 이것은 변형되기 이전이 동작적인 서사구문이기 때문에
당연한 것이다.

(12ㄹ)은 '所'에 의해서 판단구문화한 문장으로 처소표현이 강조되고 있
다. 이 역시 소재표현이 아니고 '五百萬億國올 브터 오니' 정도의 동사문이
변형된 것이다. 구결문은 서술부를 주어로 하는 판단구문화가 일어난 것이
다. (12ㅁ)과 (12ㅂ)은 동사구를 전치함으로써 "이유"와 "의도"를 강조한 표
현이다. 구결문이 판단구문이라는 점은 위와 다르지 않다. 이들은 주로 '어
미-이-'의 형식으로 언해되는데, 때로는 (9ㅂ')와 같이 동사적 표현으로 언해
되기도 한다. 이들이 소재표현이 될 수 없는 것은 당연하다. 마찬가지로 구
문의 성격이 같은 (12ㄱ~ㄹ)도 소재표현이 될 수 없는 것이다.[99]

(12)의 구문에서 계사 '이-' 앞에 조사가 나타나지 않는다는 점이 중세국
어의 한 특성인데, 그것은 이들 구문이 'NP이/온 NP이-'의 구결문을 바탕으
로 생성된 것이기 때문이다. 후행명사구는 '이-'가 현결되는 위치여서 다른
조사가 현결될 수 없다. 또 전체가 판단구문이기에 굳이 언해 과정에서 조사
를 보충할 이유도 없는 것이다.

아래 (13)의 예들도 (12)의 구문과 관련된 것으로 보인다.

(13) ㄱ. <u>北斗 비취엿는 三更ㅅ 돗기오 西ㅅ녁 ᄀ룺 萬理옛 비로다</u>(北斗三
更席 西江萬理船) (두시15:49)

ㄴ. <u>牢落ᄒᆞᆫ 西ㅅ녁 ᄀ룺 밧기오 參差ᄒᆞᆫ 北녁 門戶ㅅ ᄉᆞ이로다</u>(牢落西
江外 參差北戶間) (두시7:17)

ㄷ. 눉므를 스주니 옷기제 젓는 피오 머리를 비스니 <u>ᄂᆞᆾ치 가득ᄒᆞᆫ 시리로
다</u>(拭淚霑襟血 疏頭滿面絲) (두시8:28)

ㄹ. 檀林이 히롤 가리오니 <u>ᄇᆞᄅᆞ매 입는 니피오</u> 籠竹이 너롤 섯거시니 <u>의
스리 뜯듣는 가지로다</u>(檀林礙日吟風葉 籠竹和烟滴露梢) (두시7:1)

---

99) 이 외에 분열문의 후행 요소로는 "이유"의 '-ㄹ씨', '의도'의 '-오려, -고져, 과뎌' 등
의 어미가 통합된 어사가 올 수 있다. 이현희(1994:80-82) 참조.

ㅁ. 잢간이나 디닐 싸르미면 (若暫持者 ㅣ 면) (법화4:147)

ㅂ. 거츤 ᄆᆞᇕ 建子ㅅ ᄃᆞ래 호 나모 션 늘근 노ᄆᆡ 지비로다 (荒村建子月
　獨樹老夫家) (두시7:6)

한문구성에서 동사구의 전치는 관형화와도 관련된다. 따라서 전치된 한
문구성은 관형절로 이해될 수도 있다. (13)이 그런 식으로 언해된 예이다. 특
히 (13ㄷ, ㄹ, ㅂ)과 같이 한 시구의 뒷부분에 실현되는 구절은 관형구성으로
언해되는 경향이 강하다. (13)의 관형절은 모두 관계절로 나타난다. "행위·
상태"의 의미가 초점을 받는 동사문적 속성이 두드러진다. 현대국어에서 '여
러 소년을 유괴한 그 범인이다'와 같은 무주어문과 비교된다.

(13)의 '관형절+NP'의 무주어문은 동사술어가 전치된 구문에 대응되어
나타난 것이다. 이런 예가 「두시언해」에 많이 보이는 것은, 시가라는 환경적
특수성으로 인해 전치된 한문구성이 많기 때문이다. 따라서 이 역시 언해습
관에 의해 나타난 기형적인 무주어문이다. 만일 한문구성이 전치되지 않았다
면 (13ㄱ)의 경우 '三更ㅅ 돗긔 北斗 비취엿고'나 정도로 언해되었을 것이다.
그러나 비슷한 형식이지만 아래의 예는 성격이 다르다.

(14) ㄱ. <u>南樓에 누늘 ᄀᆞ장 보논</u> 처ᅀᅥ미로다 (南樓縱目初) (두시14:5)

ㄴ. <u>神光이 바ᄆᆡ 비취엿논</u> 히로다 (神光照夜年) (두시15:34)

ㄷ. <u>바ᄅᆞᆯ 하눐해 ᄇᆞᆯ근 ᄃᆞ리 처엄 난 고디여</u>, 바횟 즘게예 우는 나비 正
히 歇홀 ᄢᅦ로다 (海天에 明月初生處 ㅣ 여 岩樹啼猿의 正歇時로다)
(남명 하:64)

ㄹ. <u>ᄀᆞ술히 오매 나그내 ᄃᆞ외옛논</u> ᄠᅳ디로다 (秋來爲客情) (두시10:36)

ㅁ. 외ᄅᆞ왼 비를 호 번 ᄆᆡ야 이쇼니 <u>故園에 가고져 ᄒᆞ논</u> ᄆᆞᅀᆞ미로다 (孤
舟一繫故園心) (두시15:14)

(14)의 명사구보문구성에 계사가 통합된 예이다. 한문구성은 전치구문이
아니라 관형구성이다. (14ㄱ~ㄷ)에서 후행명사구 '처엄'이나 '히', 'ᄢᅦ'는 처
격어로 쓰인 것이 아니며 어순을 바꿔 나타날 수도 없다. (13)과는 다른 것
이다. '두ᅀᅥ 줄기 긴 대와 一堂ㅅ ᄇᆞ르미로다(數竿修作一堂風)(남명 상:40)'과

같이, 'NP이-'의 구조이다. 이런 구문은 시가의 첫머리에 감동법어미와 함께
잘 나타난다. "존재"의 의미로 이해되기도 하는 것은 본래적 무주어문이 갖
는 화제 제시의 기능과 관련되어 간취되는 것이다. 어떤 대상이나 상황을 화
제로 내세우는 용법은 "존재"의 의미로 이해되기 쉽다.

이 구문은 명사구보문이 나타내는 상황이나 상태가 현재 존재한다는 의
미를 나타내므로 전체적으로는 "행위·상태"의 의미에 가깝다. 만일 (14)와
같은 구문 앞에 주격이나 주제 명사구가 통합되면, 그 명사구의 상태나 상황
을 설명하는 구문이 된다. 문법화의 문제가 얽혀 있어 단순하지 않지만 '뿐
니라, 쭌르미라, 젼치라, 배라'와 같이 형식명사와 계사가 통합된 구문도 기
본적으로는 이와 같은 구조로 이해되어야 할 것이다.

아래도 동작적 의미를 갖는 무주어문의 예이다. 그러나 발생 과정이 위
와는 다르다.

(15) ㄱ. 두듫엣 즘게 믈어디고져 호미며 져근 므렛 고기어늘 (岸樹ㅣ 欲崩이
며 魚小水어늘) (남명 하:30)
ㄴ. 믌 가온디 돌 자보미어니 엇뎨 자바 得ᄒ리오 (水中에 捉月이어니
爭拈得이리오) (남명 상:27)
ㄷ. 나 잇다 ᄒ린댄 바ᄅ 쏘 아디 몯ᄒ니오 ᄒ나가 닐오디 나 업다 ᄒ야
도 어리미혹ᄒ리라 (有我ᄂ댄 直應還未達이오 若言無我ᄒ야도 更
愚癡ᄒ리라) (남명 상:45)

(15)는 동사구에 계사 '이-'가 현결된 구결문을 '호미-'의 동명사 표현으
로 언해한 계사구문이다. 이들이 동사문으로도 나타날 수 있음은 (15ㄴ,ㄷ)
의 '엇뎨 자바 得ᄒ리오 닐오디', '나 업다 ᄒ야도 어리미혹ᄒ리라'의 동사
문을 통해 쉽게 알 수 있다. 주지하다시피 구결문에서는 선행구절이 동사구
이더라도 '이-'가 현결될 수 있으며, 그것은 '호미-'나 동사로 언해될 수 있
다. 어느 것을 선택할 것인가는 자의적이지만, 환경에 따라 일정한 경향이
있다. 대개 주석문과 같이 전체 구조가 'NP은 X이-'로 실현되는 상황에서는
"丈夫ㅣ라 닐오몬 大乘種性을 ᄀᄅ치샤 警戒ᄒ야 나소샤미니(言丈夫者는 指
大乘種性ᄒ야 而警進之也ㅣ시니)(법4:41)"와 같이 '호미-'로 되는 경향이 강하다.

이 예에서는 동사성분인 '指'를 '나쇼샤미니'로 언해하고 있는데, '이-'의 명사성이 강조되는 환경이기 때문이다. (15)는 환경이 이와 다르지만 모두 접속어미가 통합되어 있다는 공통성을 가지고 있다. 특히 (15ㄱ)이나 (15ㄷ)과 같은 나열의 어미가 쓰이면 이런 식의 언해문이 많이 보인다. 중세국어에서도 '이며', '이어니'와 같이 나열의 어미가 통합된 계사는 보조사로서의 성격이 강하다.100) 이런 보조사적인 특성이 '동사구-이-'의 구결문 구절을 동명사 표현으로 언해하게 만든 것일 것이다. (15ㄷ)은 선행 연결어미 '-린댄' 뒤라는 환경이다. 이런 연결어미 뒤에서도 '호미'로 실현되는 예가 많다.101) 결국 (15)의 예들도 구결문에 '이-'가 현결된 것이 원인이 되어 출현한 것이다. '이-'의 현결이 수의적이긴 하지만 일단 현결되면 계사구문으로 실현시키려는 힘이 강하다. 특히 (15)와 같이 조사성이 강조되는 환경에서는 더욱 그러하다.

(16) ㄱ. 엇뎨 일후미 諸佛世尊이 오직 一大事因緣 젼ᄎ로 世間에 나 現ᄒᆞ샴고(云何名諸佛世尊이 唯以一大事因緣故로 出現於世오) (법1:178)

　　ㄴ. 엇뎨 見과 所見이리오 (云何見과 所見이리오) (능5:9)

　　ㄷ. ᄆᆞ리 몰가 現호미어니 ᄯᅩ 엇뎨 가며 오미리오 (水澄月現ㅣ어니 亦何去來리오) (법5:158-9)

　　ㄷ′. ᄆᆞ리 몰ᄀᆞ면 ᄃᆞ리 現ᄒᆞᄂᆞ니 ᄯᅩ 엇뎨 가며 오료 (월석17:21)

　　ㄹ. 엇뎨 ᄯᅩ 三分의 關과 八百의 劣이리오 (何復三分之關과 八百之劣耶ㅣ리오) (법6:26)

　　ㄹ′. 어듸쩐 三分이 몯 ᄀᆞ자 八百 사오나ᄫᆞᆫ 이리 이시리오 (석보19:10)

　　ㄹ″. 엇뎨 ᄯᅩ 三分에 闕ᄒᆞ며 八百이 사오나ᄫᆞ리오 (월석18:57)

---

100) 이현희(1994:) 참조.

101) 아래와 같이 '-니'로 끝나는 문장 뒤에도 '호미'로 실현되는 예가 많다. 이 때는 중간에 계사적 용법의 주어명사 '이'(是)가 실현되거나 한다. '이'가 없는 예도 이와 같은 구문인식이 반영된 것으로 보는 것이 무난할 것이다. 특히 주석문에서 '-니'가 이끄는 구절은 보통 해석어에 해당되고, 계사가 통합된 구절이 피해석어가 된다. 주석문에서 피해석어에는 고정 구결이 현결되므로 아래의 예와 같이 동명사로 나타나게 된다.
　　a. 시름 아니ᄒᆞᄂᆞ니 實로 迷惑ᄒᆞᆫ 어드우미 ᄀᆞ료미라 (법2:85)
　　b. 第一이라 미르시니 더 나쇼샨 勝 나토샤미라 (법6:169)

(16)도 (15)와 같은 성격의 것으로 전체가 의문문이라는 점이 다를 뿐이다.102) (16ㄱ)은 보조사 '-오'가 쓰이고 있는데 명사에 통합되는 것이기 때문에 계사 '이-'와 마찬가지로 선행구절을 명사구로 언해할 것을 요구하는 힘이 강하다. (16ㄱ)은 이러한 영향으로 나타난 것이다. (16ㄴ, ㄷ)도 모두 같은 원인으로 발생한 것이다. 이들이 만일 구결문의 형식에 이끌리지 않고 정상적으로 언해되었다면 동사문으로 되었을 것이다. 이는 (16ㄷ, ㄹ)의 의역문헌의 예인 (16ㄷ')과 (16ㄹ', ㄹ")와 비교해 보면 쉽게 알 수 있다. 의역문헌일수록 동사문으로 실현되는 경향이 강한데, 그것은 의역문헌이 구결문에 대해 덜 종속적이기 때문일 것이다. 이는 (16)의 무주어문이 구결문의 영향에 의한 것임을 말해 주는 것이기도 하다.

(17) ㄱ. 내 全身 供養코져 ᄒᆞ리어든(欲供養我全身者ㅣ어든)(법4:114)
　　 ㄱ'. 내 全身을 供養코져 커든(월석17:16)
　　 ㄴ. 諸佛弟子衆이 … 一切 漏ㅣ ᄒᆞ마 다아 이 ᄆᆞᆺ 後ㅅ 모매 住ᄒᆞᆫ 이 ᄀᆞᆮ
　　　 ᄒᆞᆫ 모든 사ᄅᆞᆷᄃᆞᆯ히 그 히믜 이긔디 몯홀띠라(諸佛子衆이 … 一切漏
　　　 ㅣ 已盡ᄒᆞ야 住是最後身ᄒᆞᆫ 如是諸人等이 其力所不堪이라)(법1:152)
　　 ㄴ'. 부텻 弟子ᄃᆞᆯ히 一切 漏ㅣ 다아 最後身에 住ᄒᆞ야도 그 히미 이긔디
　　　 몯ᄒᆞ리리(석보13.41)
　　 ㄷ. 비록 ᄒᆞᆫ ᄯᅡ해 난 거시며 ᄒᆞᆫ 비 저쥬미나(雖一地所生이며 一雨所潤
　　　 이나)(법3:13)
　　 ㄷ'. ᄒᆞᆫ ᄯᅡ해 나며 ᄒᆞᆫ 비 저져도(월석14:47)
　　 ㄹ. 그럴씨 四諦法中에 果를 몬져 코 因을 後에 호미라(所以四諦法中
　　　 에 先果後因也ㅣ라)(법2:210)

(17)은 '者', '所'에 의해 명사화된 한문구성을 언해한 예이다. (17ㄱ)은 '者', (17ㄴ, ㄷ)은 '所', (17ㄹ)은 '所以' 구성을 언해한 것이다. 이들 구문은 (17ㄱ, ㄴ)과 같이 형식명사를 사용하거나 (17ㄷ, ㄹ)과 같이 동명사로 언해되는데 직역문헌이라면 예외 없이 이렇게 언해된다.

---

102) 의문문의 경우 이런 구문이 꽤 많다. 의문문이라는 환경이 이런 언해가 쉽게 일어
　　 나는 어떤 속성을 갖고 있는 것으로 생각된다.

(17)은 전체 구조에 상관없이 특정 한문구성을 고정적으로 언해함으로써 나타난 유형이라 할 수 있다. 이들이 동사문으로 언해될 수도 있음은 대응되는 의역문헌의 예로 확인할 수 있다. 이들도 (15), (16)과 같이 '이-'가 현결된 구결문 구조를 고정적으로 언해하는 데서 발생한 것인데 '이-'의 현결이 필연적인 것이라는 것이 다를 뿐이다.

> (18) ㄱ. 이 ᄀᄌᄼ샨 젼ᄎ로 <u>能히 妙行 일우샤 妙法 流通</u>ᄒ샤미라 (由具此故
> 로 能成妙行ᄒ샤 流通妙法이시니라) (법7:9)
> ㄴ. 즉재 菩提를 得ᄒ릴ᄊ <u>大利라</u> (即得菩提故로 爲大利라) (법4:84)
> ㄷ. <u>비록 魔ㅣ 이셔도 다 佛法 護持</u>호미라 (雖有魔ᄒ야도 皆護佛法이니
> 라) (법3:61)

주석문에는 대문이나 선행 문맥의 구절이나 내용에 대해 해설하는 구문 형식이 있다. 이들은 대개 '-ㄹ시 ~이라 ᄒ-(이-)'의 형식으로 현결된다. 이때 '~'의 부분은 피해석어에 해당한다. (18)은 이런 구조의 '~'의 위치에서 발생한 무주어문이다. 부연 설명의 구결문에서 인용동사가 있을 때는 구결로 '-이라 ᄒ-'나 융합형 '이-'가 쓰이고 그렇지 않은 경우는 행위적인 인과관계로 인식하여 'ᄒ-'가 현결된다. 그러나 때로는 (18)과 같이 인용동사가 없는 경우에도 계사 '이-'가 현결되기도 한다. 이는 이 위치의 구절이 피해석어에 해당된다는 의식이 작용한 것이다. (16)의 언해문은 이 계사 '이-'에 이끌려 (15)에서와 같이 선행구절을 동명사로 언해함으로써 '호미라'나 'NP이라'의 무주어문이 된 것이다. (18ㄴ)은 명사만 쓰이고 있는데 아래의 (18)과 같이 '大利'의 서술성으로 인해 기형적명사문의 형식이 된 것이다. '大利홈'으로 고쳐질 수 있고, 정상적이라면 '大利ᄒ니라'로 될 것이다. 마찬가지로 (18ㄱ, ㄹ)도 '流通이라, 護持라'와 같이 나타날 수 있다.

아래는 계사구문이 "상태·행위"의 의미를 나타내는 예이다. 그러나 이들도 발생 측면에서는 (18)과 같다. 즉 계사의 조사성이 강조됨으로써 동명사로 언해되어야 할 환경에서 명사구의 서술성으로 인해 '홈'이 생략된 것이다.

> (19) ㄱ. 세혼 바다 <u>디뇨몰 對答</u>이시니 (三은 答奉持니) (원각 하3-2:78)

ㄴ. 나ᄆᆞᆫ 일ᄏᆞᆺ샨 金剛觀察로 覺明을 分析이시니 (餘ᄂᆞᆫ 稱金剛觀察
故로 覺明을 分析이시니) (능1:9)

ㄷ. 阿彌陁ㅅ 일훔을 稱念을 至極이면 (월석7:60)

ㄹ. 나디라 혼 거슨 人命에 根本이니 (穀者命之本) (두시7:34-5)

ㅁ. 平公은 이젯 글 ᄒᆞ기예 爲頭ㅣ니 (平公今詩伯) (두시16:54)

(19)는 기형적명사문의 계사구문에 해당된다. (19ㄱ, ㄴ)을 보면 구결문이 '이-'로 현결되어 있다. (19ㄱ)은 '피해석어-해석어'의 주제문 구조에 의해 '이-'가 현결된 것이고 (19ㄴ)는 피해석어 위치에 의해 '이-'가 현결된 것이다. 이들은 모두 구결문의 '이-'에 이끌려 명사문으로 언해된 것인데, 선행명사의 서술성으로 인해 동명사로 되지 않고 명사만 실현되어 기형적명사문이 된 것이다. 정상적인 구문이라면 동사문으로 실현될 예들이므로 전체는 동작적 의미를 가진다.

이상에서는 구결문과의 대비를 통해 15세기국어의 일부 계사구문의 성격과 발생 원인에 대해 검토하였다. 그 결과 15세기국어의 계사구문에는 구결문의 구조가 그대로 옮겨짐으로써 형성된 것이 있음을 볼 수 있었다. 특히 계사 '이-'가 현결된 구결문이 언해문의 계사구문의 발생과 깊이 관여하고 있음을 알 수 있었다. 구결문에서의 '이-'의 현결은 필연적인 것과 수의적인 것으로 나눌 수 있는데, 시가자료에서 많이 보이는 동사술어의 생략이나 전치에 의한 '이-'의 현결은 필연적인 것이라 할 수 있다. 그러나 필연성에 관계없이 일단 구결문에 '이-'가 현결되면 그것은 축자역에 의해 언해문에 영향을 미치고, 그것이 15세기국어의 특징적인 계사구문을 발생시킨다.

물론 구결문과 강한 상관관계가 있다 하여, 이들 모두를 국어체계 내에서 비문법적인 구문이라고 할 수 없지만, 그 개연성은 높다고 할 수 있으며, 적어도 문어체 표현이라고는 할 수 있을 것이다. 당시의 구어를 많이 반영하고 있다고 보여지는 「석보상절」에는 위에서 논의한 구문이 별로 나타나지 않는 점도 이와 관련될 것이다. 또 「두시언해」나 「남명집언해」와 같은 시가문 자료에 집중적으로 나타나는 현상도 이들 구문이 문어체적 성격을 가질 가능성을 높여준다. 시가문의 형식적 제약이라는 문헌 특성이[103) 이러한 계사구문이 나타날 환경을 제공하였을 가능성이 많기 때문이다.

그런데 기원적으로 우리말이 명사문이었다는 지적을 감안한다면 구결문의 이러한 구조는 우리말의 기원적인 모습을 간직한 것인지 모른다. 그러나 그렇다 하여도 15세기에서도 우리말의 문장이 명사문적인 것이었다고 할 수는 없다. 다만 구결문을 매개로 하여 언해문에 명사문적 특성이 많이 반영되었을 가능성은 배제할 수 없을 것이다.

4.3 이중대격구문

이중주어문과 더불어 이중대격구문은 우리말의 특질 중 하나이다. 그런데 중세국어에는 현대국어의 이중대격구문과는 다른 다양한 유형의 이중대격구문이 보인다.[104] 중세국어의 특이한 유형을 정리하며 구결문과의 상관성에 대해 검토한다.

    (1) ㄱ. <u>됴훈 소리롤</u> 다뭇 <u>머리 펴듀믈</u> 期望ᄒ노니 (佳聲期共遠) (두시23:28)

        ㄴ. <u>執友롤</u> <u>주구믈</u> 놀라노니 (執友驚淪沒) (두시24:55)

        ㄷ. 부톄 道場애 안ᄌ샤 得ᄒ샨 <u>妙法을 이롤</u> 니르고져 ᄒ시ᄂ니잇가 (所得妙法을 爲欲說此ㅣ시니잇가) (법화1:88)

---

103) 이종묵(1998:37)에서는 식자층이 언해문이 달린 杜詩를 읽을 때 얻을 수 있는 학습의 효과는 句法의 측면이 강조되므로 강한 축자역의 경향을 갖게 된다고 하고 있는데, 이런 면도 문헌 특성의 하나일 것이다.

104) 현대국어의 이중대격구문은 아래와 같이 정리할 수 있다. 이광호(1988) 참조.

      ㄱ. 철수가 영희를 손을 잡았다. (전체-부분 관계)

      ㄴ. 철수가 사과를 열개를 먹었다 (명사-수량사 구성)

      ㄷ. 철수는 영희를 사랑을 한다. (어근 분리)

      ㄹ. 철수가 영희를 책을 주었다. (여격어의 대격주제화)

      ㅁ. 철수가 흙을 벽돌을 만들었다. (조격어의 대격주제화)

    본고에서는 이들의 구조에 대해 논의하고자 하는 의도는 없다. 중세국어의 이중대격구문과의 비교를 위해 현대국어에서 생산적인 이중대격구문과 그 구문이 갖는 제약조건에 대해 관심을 가질 뿐이다.

(1ㄱ)은 내포문의 주어가 대격화한 것이고, (1ㄴ)은 대격주제화로 해석되는 예이다.[105] (1ㄷ)은 대격어 '妙法을'을 가리키는 '이룰'이 다시 사용된 예이다. 그런데 이들이 과연 당시 국어체계에 있어 규칙적인 문장일까에 대해서는 회의적이다. 이광호(1976:23)에서도 이중대격구문은 「두시언해」에 많이 보이며 「두시언해」의 독특한 문체로 다룰 가능성이 있음을 말하고 있다. 이러한 문체 특성이 개인적인 차이에서 비롯한 것이 아니고 문헌의 성격에서 비롯된 것이라면 이 구문은 다른 각도에서 검토할 필요가 있다. 또 (1)의 한문을 보면 이들은 모두 대격성분이 전치된 구성임을 알 수 있다. (1ㄷ)에서는 '-올'이 현결되어 있어 대격성분이 전치되어 있음을 보여 준다. 본고에서는 (1)의 언해문은 한문의 전치구성이 반영된 것이라고 생각하고 이를 논의하고자 한다.

구결문에서 조사의 현결은 한문의 구조에 대한 통사적 분석과 인식을 보여주는 것이다. 조사는 한문을 우리말의 문장구조로 바꾸기 위한 수단이기보다 한문의 통사적 구조를 밝히는 역할이 중요시되는 것으로, 구성성분의 통사적 관계를 밝히고 한문구성 사이의 상관성을 보이는 역할을 한다. 구결문에서 조사는 한문의 허사와 비슷한 역할을 수행한다. 본고에서는 현결 과정에서의 이러한 조사에 대한 태도가 이중대격구문의 형성에 관여되는 것으로 본다.

구결문에서 대격조사의 현결은 한문의 전치구성과 관련된다. 이에 먼저 한문구성의 전치 현상에 대해 간단히 정리한다.[106]

(2) ㄱ. 俎頭之事, 則嘗聞之矣 (嘗聞俎頭之事矣)

ㄴ. 是役也, 草木爲之含悲 (草木爲是役含悲)

ㄷ. 三軍, 可奪其帥也 (可奪三軍帥也)

ㄹ. 鳥, 吾知可能飛 (吾知鳥可能飛)

牛, 可使之耕田 (可使牛耕田)

ㅁ. 靑, 取之於藍 而靑於藍 (取靑於藍 而靑靑於藍)

105) 이광호(1976:38) 참조.
106) 홍인표(1984:183) 참조.

ㅂ. 必奪項王天下者 沛公也 (沛公必奪項王天下也)

(2ㄱ)은 대격어, (2ㄴ)은 보충어(처격어와 여격어), (2ㄷ)은 부가어가 전치된
것이다. (2ㄹ)은 繁句(복합문) 안에서 司結(내포문)의 주어가 전치된 것이다. 이
때 옮겨간 자리에는 '之'나 대용적 표현의 '其'가 나타나기도 한다. (2ㅁ)은
두 개 이상의 문장으로부터 공통된 성분을 전치한 것이다. (2ㅂ)은 서술부
전체가 전치되어 판단구문화한 것이다.

아래 (3)과 (4)는 구결문에서 대격성분이 전치되었을 때의 현결 예이다.

(3) ㄱ. 百千大海롤 棄之ᄒ고 (百千大海롤 ᄇ리고) (능2:18)

ㄴ. 大慈大悲롤 常無倦怠ᄒ야 (大慈大悲롤 샹녜 게을움 업서) (법2:81)

ㄷ. 色等五欲을 俗은 以爲軟美어늘 (色等五欲을 俗ᄋᆫ 보ᄃ롭고 고온 것
삼거늘) (법2:89)

ㄹ. 正中大洲롤 東西括量컨댄 (正히 가온딧 大洲롤 東과 西와롤 모도아
혜건댄) (능2:84)

(4) ㄱ. 了義之敎ᄂᆫ 無佛이 不譚ᄒ시ᄂᆞ니 (了義ㅅ 敎ᄂᆫ 부톄 니ᄅ디 아니ᄒ
시리 업스시니) (원각 하 3-2:71)

ㄱ'. 道場所得法을 無能發問者ᄒ며 (道場애 得ᄒ샨 法을 能히 묻ᄌᆞ옴 내
리 업스며) (법1:162)

ㄴ. 我財物庫藏이 今有所付로다 (내 財物庫藏이 이제 맛듈떠 잇도다) (법
2:193)

ㄴ'. 내 쳔량 庫藏ᄋᆞᆯ 이제 맛듏디 잇거다 (월석13:15)

ㄷ. 此事ㅣ 難信이로소이다 (이 이리 信호미 어렵도소이다) (법5:115)

ㄹ. 亦乃信施롤 難消ㅣ니 (信施롤 사교미 어려우니) (영가상:23)

ㅁ. 如此之事ᄂᆫ 世所難信이로소이다 (이 ᄀᆞ튼 이론 世間애셔 信호미 어
렵도소이다) (법5:114)

ㅂ. 令其雜亂호ᄆᆞᆫ 終不得成ᄒ리니 (그 섯게 호ᄆᆞᆫ ᄆᆞᄎᆞ매 일우디 몯ᄒ리
라) (능5:20)

ㅅ. 如是誦持衆生ᄋᆞᆫ 火不能燒 … 所不能解리니 (이 ᄀᆞ티 讀誦ᄒᄂᆫ 衆生
ᄋᆞᆫ 브리 能히 ᄉᆞ디 몯ᄒ며 … 큰 毒과 져근 毒이 能히 害티 몯ᄒᆲ 고
디니) (능7:47)

(3)은 전치된 대격성분에 대해 대격조사 '-올'이 현결된 예이다. (3ㄱ)에서는 '棄' 뒤에 대명사 '之'가 있어 '百千大海'가 전치되었음을 확인할 수 있다. (3ㄴ)은 '之'가 없지만 의미로 보아 '大慈大悲'가 '倦怠'의 대격성분임을 알 수 있다. 언해문에는 타동사가 없지만 '게을움'을 '게을이 홈' 정도로 이해해야 할 것이다. (3ㄷ)은 대격어 뒤에 '-온'이 통합된 어사가 쓰이고 있다. 이와 같이 대격성분이 주제어보다 선행할 경우에도 '-올'이 현결된다. (3ㄹ)의 한문구성에서는 '東西'도 전치되어 있다. 이와 같이 전치된 성분이 두 개인 경우에도 '-올'은 한번만 현결된다. 같은 층위의 '-올'이 연속되어 현결되는 예는 없다.107) (3)에서 보듯 대격성분이 전치되는 구문은 대부분 '-올'로 현결되면 이 구결문은 꽤 강한 구속력을 갖고 있다.

(4)는 전치된 대격성분에 대해 '-올'이 아닌 다른 조사가 현결된 예이다. (4ㄱ)은 전체가 유무구성이다. 유무구성은 'NP이(ᄂ) NP호-'와 같이 현결되는 것이 보통이다. (4ㄱ)은 대격어가 전치된 것이지만 전체가 유무구성인 관계로 그 구조에 이끌려 '-온'이 현결된 것이다. 이때도 (4ㄱ′)와 같이 대격이 현결될 수 있다. (4ㄴ)도 같은 유무구성이다. 대응하는「월인석보」의 언해문은 대격으로 나타나 있다. 유무구문에서는 전체 구조의 영향을 받아 전치된 대격성분에 대한 현결이 '-올'로 고정되지 못한다.

(4ㄷ,ㄹ)의 예는 '難'이 쓰인 한문구성에서 일어나는 현상이다. '難'은 형용사, 타동사, 부사의 용법을 동시에 지니고 있는데 중세국어는 이에 따른 언해문을 모두 보여준다. '難＋V'를 'V-호미 어렵-'으로 언해한 것은 '難'을 형용사로 파악한 것이고, 'V-호물 難히 ᄒᆞ-'는 타동사로, '難히 V-'는 부사로 파악한 것이다. 한문에서 이런 성격을 갖는 어사는 모두 이와 같은 언해를 보여준다.108) 이런 어사가 쓰인 구문은 그 구조가 다양하게 파악될 수 있다.

---

107) 이 구문은 '正中大洲ㅣ 東西ᄅᆞᆯ 括量컨댄' 정도로 현결될 수도 있을 듯하다. 이렇게 현결하면 '正中大洲ㅣ 東西'는 연결 확장명사구의 'NP이 NP' 형식으로 언해된다.
108) 아래의 '專'을 언해한 구문은 성격이 약간 다르다.
　　a. 比丘ㅣ 經典 닐거 외오물 專主ᄒᆞ야 아니ᄒᆞ고 (석보19:29-30)
　　b. 比丘ㅣ 오로 經典을 讀誦아니코 … 머리셔 四衆을 보매 니르러도 쏘 부러 가 (專讀誦經典ᄒᆞ고 … 乃至 遠見四衆ᄒᆞ야도) (법6:79)
　　c. 讀誦호매 오로 ᄒᆞ샤몰 아디 몯ᄒᆞ시며 四衆의게 恭敬호몰 아디 몯ᄒᆞ시며 (其於

(4ㄷ)은 형용사구문으로 인식한 현결이며, (4ㄹ)은 타동사구문으로 인식한 현결이다.[109] 그런데 '難+V' 구성에서 V의 대격성분은 전치되더라고 상위의 '難'의 영향으로 대격이 현결되지 못할 수 있다. 상위의 '難'구문 전체를 형용사구문으로 인식하면 그것이 더 우선되는 것이기 때문이다. 이 점은 앞서 유무구문도 마찬가지다. 유무구문이 상위의 구조이기 때문에 대격이 현결되지 못하는 것과 같다. (4ㄷ)의 예는 이런 이유에서 주격의 '-ㅣ'가 현결된 것이다.

(4ㅁ, ㅂ)은 전체가 주제문 구성이기 때문에 '-ㄴ'이 현결된 것이다. (4ㅁ)은 '所'에 의해 전체가 명사화되어 이루어진 주제문이며, (4ㅂ)은 선행 문맥에서 거론된 것이 피해석어로 인용된 주제문이다. 이런 환경의 언해문은 상위의 주제어와 동일지시적인 대격성분이 동일명사구삭제에 의해 탈락되었다고 설명할 수도 있다. (4ㅇ)도 주제문 구성이다. 특히 (4ㅇ)에서 '-ㄴ'이 통합된 어사 '衆生ㄴ'은 두 개 이상의 구절과 관계되는데 선행구절에서는 '燒'의 목적어이고, 후행구절에서는 '所不能解' 전체의 주격어이다. 이와 같이 전치된 것이 두 개 이상의 성분과 관련될 때도 대격으로 현결되지 못한다.

이상 (4)의 예들은 전치된 대격성분이 하위문의 것이어서, 상위문의 구조에 제한되어 대격이 현결되지 못한 것이다. 이런 환경을 제외하면 전치된 대격성분에 '-ㄹ'이 현결되지 않는 예는 없는 것으로 보인다. 현결된 '-ㄹ'은 언해 과정에서 다른 조사로 대치되는 일이 없다. 주제적 의미를 갖고 있는 '-ㄹ'이라도도 대격의 주제 보조사 '-란'으로 대치되는 일이 없을 만큼 이 대응관계는 철저히 지켜진다.

讀誦에 不知所專ᄒᆞ시며 其於四衆에 不知所敬ᄒᆞ시며) (법6:71)

d. 讀誦애 專히 호ᄆᆞᆯ 아디 몯ᄒᆞ시며 四衆의게 恭敬호ᄆᆞᆯ 아디 몯ᄒᆞ며 (월석17:75)

위 예에서 (a)와 (b)는 '專+V'구성이 언해방식에 따라 달라진 것이다. 중세국어에서 'V+V'의 한문구성은 '대격어+동사'로도 '부사어+동사'로 언해될 수 있다. (c)와 (d)는 漢文 '專'을 '오로 ᄒᆞ-'와 '專히 ᄒᆞ-'로 대응시키고 있는데 漢文에서 타동사인 어사에 대해 우리말에 적당한 어휘가 없을 때는 이와 같은 방식으로 언해된다. '難' 등의 어사를 '難히 ᄒᆞ-'로 언해하는 것은 구문적인 것이기보다 어휘적 대응의 차원이다. 따라서 구문적인 '부사어+ᄒᆞ-'와 이것은 구분할 필요가 있다.

109) 그런데 언해는 형용사구문으로 되어 있다. 이는 예외적인 것으로 그리 많이 나타나는 예가 아니다.

빈어가 문장일 경우(두 개 이상의 구절로 구성되어 있을 때, 즉 (2ㄹ)의 구조를 갖는 한문구성), 빈어의 주어성분이 전치되어도 대격이 현결되고 대격어로 언해된다. 하위문에서는 주어이지만 전체적으로는 빈어의 일부분이고 동사 바로 뒤에 위치하기 때문이다.110) 이런 현상이 일어난 것이 (5)의 언해문이다.

(5) ㄱ. 사르미 이룰 다봇 옮둧호물 슬노니(人事傷蓬轉)(두시7:16)
　　ㄴ. 寸陰을 샬라 머믈옴 어려오물 기리 恨호라(寸陰을 長恨急難留)(남명 하:42)
　　ㄷ. 모롤 치위예 길 일후믈 마그라(馬寒防失道)(두시23:15)
　　ㄹ. 조가굴 그윽ᄒ며 現然을 아디 몯ᄒ며(機를 不識隱顯ᄒ며)(몽산 47)

(5ㄱ~ㄷ)의 예에서는 후행하는 대격어가 동명사로 언해되어 있어 빈어가 문장이었음을 알 수 있다. 빈어에 해당하는 하위문은 모두 한문의 서사구문이나 표태구문에 해당한다. (5ㄱ)은 자동사, (5ㄴ)은 형용사, (5ㄷ)은 타동사 구문이다. 여기서 빈어의 주어가 전치되면 (5ㄴ)과 같이 '-을'이 현결되고 남은 서술부는 동명사로 언해된다. (5ㄹ)은 '現然'의 서술성으로 인해 '現然호물'과 같이 동명사로 실현되지 않은 것일 뿐 구성은 위와 같다.

그런데 빈어에서 주어성분만이 전치되는 것은 아니다. 서술부인 동시구가 전치될 수도 있고 보충어(부사어)나 부가어(관형어)가 전치될 수도 있다.

(6) ㄱ. 悠悠히 이쇼믈 너희 무롤 보노라(悠悠見汝曹)(두시13:25)
　　ㄴ. 豪華호모란 녜 디나간 사르미 이롤 보고(豪華看古往)(두시14:21)
　　ㄷ. 몰곤디란 비치 ᄇ슷초믈 보노라(淸見光熌碎)(두시13:17)
　　ㄹ. 그 프른 거스란 峯巒이 디나가믈 앗기고(靑惜峯巒過)(두시15:29)
　　ㅁ. 빗기 자본 뎌흘 부루믈 마디 아니 ᄒ노다(橫笛未休吹)(두시15:52)
　　ㅂ. 無始옛 거즛 아로믈 믄득 외다 ᄒ샤믈 듣ᄌ온 젼ᄎ로(無始妄認을 乍

---

110) (1)의 이중대격구문은 지각동사, 인식경험동사에 많이 나타나고 사유동사에도 나타난다. 이들은 빈어 전체를 대격으로 인식할 수 있는 동사들이다. 이런 구문에서는 전치되는 성분이 주어가 아니더라도 전치되면 대격이 현결될 수 있다. 그런데 완형보문을 요구하는 인용동사 등은 '호물 S 니르-'와 같이 동명사를 대격으로 취하는 구문은 있어도 이중대격구문은 나타나지 않는다.

聞非斥故로) (능1:86)

ㅅ. 듣글 업다 ᄒᆞᆯ 衣鉢 傳호ᄆᆯ 許티 몯ᄒᆞ리온 (無塵을 未許傳衣鉢) (남
명 하:29)

(6ㄱ, ㄴ)은 서술부인 동사구가 전치된 것으로 보인다. 이때 남은 것은 내
포문의 주어에 해당하는 명사구뿐이기 때문에 (1ㄴ)과 같이 'NP을'의 형식
으로 실현되게 된다. (6ㄷ, ㄹ)은 한문의 부가어(관형어)가 전치된 것으로 보인
다. 각각 '見淸光熌碎', '惜靑峯巒過'의 구성에서 변형된 것으로 볼 수 있지
만 시가이기 때문에 정확한 구조를 추정하긴 곤란하다. '淸'과 '靑'을 (6ㄱ)(6
ㄴ)과 같이 서술부에 해당하는 것으로 볼 수도 있다.111) (6ㅁ)은 대격어가 전
치된 것이다. 원래 구성에서 대격어였으므로 대격이 현결되고 대격으로 언
해되는 것은 당연하다. (6ㅂ)은 대격주제화에 의해 인용문의 주어성분이 대
격어로 실현된 것이고, (6ㅅ)은 여격어가 전치된 것으로 보인다. 이 구성은
'未許傳無塵衣鉢'에서 '未許無塵傳衣鉢'로 전치된 것이 다시 한 번 더 전
치된 것으로 보인다. 처음의 전치로 동사의 바로 뒤에 위치하게 됨으로써 전
체적으로 대격을 배당받게 된 것으로 이해할 수 있다. 이상에서 보듯 통사적
으로 주어성분만이 전치되는 것은 아니지만, 구성상으로는 동사의 바로 뒤
에 오는 성분이 전치되어 대격어로 실현된다.

그런데 빈어에 해당하는 구절이 반드시 문장이어야 하는 것도 아니고, 문
장이더라도 서사구문이나 표태구문만이 가능한 것도 아니다. 관형구성이 빈
어가 될 수 있고, 판단구문이 빈어가 될 수도 있다. 또 동사성분이 생략되어
명사로만 이루어진 구성일 수도 있다. 이들은 모두 계사구문으로 언해된다.

(7) ㄱ. 文物을 녜롤 스승ᄒᆞ샤미 하시니 (文物多師古) (두시6:24)
ㄴ. 正히 가온뒷 大洲롤 東과 西와롤 모도아 혜언댄 (正中大洲롤 東西括
量컨댄) (능2:84)

---

111) 후술하겠지만 (6ㄱ~ㄹ)은 판단구문화에 의해 서술부가 주어가 되는 분열문 구성을
거쳐 전치된 것으로 이해된다. (6ㄷ)과 (6ㄹ)은 '몰ᄀᆡᆫ티는 비치 ᄇᆞᆺ초미라(ᄇᆞᆺᄎᆞ니
라)', '프른 거슨 峯巒이 디나가미라'의 분열문 구성에서 전치된 것이다. 서술부가
원래 동명사이기 때문에 전치된 후에도 동명사 '호ᄆᆯ'로 실현된다.

ㄷ. 이젯 모댓는 이 世界며 다른 世界옛 諸佛 … 鬼神을 네 數룰 알리로
소니여 (석보11:4)

(8) ㄱ. 陽翟을 호갓 싸흘 아노니 (陽翟空知處) (두시8:42)
ㄴ. 얼굴 잇고 實 업수믈 衆生의 妄흔 모물 가줄비시니라 (有形코 無實
호믈 譬衆生이 妄身也ᄒ시니라) (능2:120)
ㄷ. 기동에 굽스럿ᄂ니룰 周史룰 듣노니 (伏柱聞周史) (두시20:27)
ㄹ. 프른 비츨 소나모 수프를 보리로다 (碧色見松林) (두시14:20)
ㅁ. 믌겨레 수멋ᄂ니란 큰 고기룰 스치노라 (潛波想巨魚) (두시11:47)
ㅂ. 프르니란 ᄀ룸 밧깃 프를 알오 (碧知湖外草) (두시12:36)
ㅅ. 주으료믈 充實케 호ᄆ란 楚ㅅ 말와믈 ᄉ랑ᄒ노라 (充饑憶楚萍) (두시
3:41-2)

(9) ㄱ. 사오나온 風俗을 사르믹 ᄂ출 막ᄌᄅ고 (卑俗防人面) (두시15:17)
ㄴ. ᄆ슴 便安호믈 구틔여 華와 野와룰 論티 마롤디어다 (安心을 不必論
華野ㅣ어다) (남명 하:54)
ㄷ. 나그내 ᄃ뇨믈 乾坤을 믿노라 (作客信乾坤) (두시7:39)
ㄹ. 그릐 양즈롤 우리 무를 ᄉ랑ᄒ노라 (詩態憶吾曹) (두시21:18)
ㅁ. 行 닷고믈 三祇 디내요믈 기드리디 아니ᄒ니라 (修行을 不待三祇니
라) (남명 하:41)
ㅂ. 鞍馬란 ᄆ근 ᄀ술힉 오믈 믿노라 (鞍馬信淸秋) (두시8:40)

(7)은 앞에서 4.1에서 언급한 명사구 연결에 의한 확장명사구가 빈어로
쓰인 예이다. 첫째명사구와 둘째명사구가 '전체-부분'의 관계(7ㄱ,ㄴ)를 갖거
나 '전체-수량'의 수량사 구성(7ㄷ)을 이루고 있다. 이들은 판단구문과 같이
인식되어 'NP이 NP'로 언해되기도 하므로, '-올'에 의해 분절되어 나타날
수 있다. 현대국어에도 이와 같은 구성은 매우 생산적인데, 이 유형은 당시
에도 자연스러운 이중대격문이었던 것으로 판단된다.[112]

112) 이와 같은 이중대격구문이 우리말에 존재하기 때문에 (8)(9)와 같은 언해가 가능했
을 것이다. 아무리 한문의 영향을 받더라도 표면적 모습이 전혀 우리말의 구조로
용납할 수 없는 것은 나타나기 어려웠을 것이기 때문이다. 의미관계나 내부적인 통
사 제약이 다르지만 표면적 모습이(성분들의 배열 순서가) 자연스러운 구문과 같다
는 점이 이러한 이중대격구문이 성립할 수 있게 하였을 것이기 때문이다. 그러나

(8)은 계사구문이 빈어로 쓰인 예로 보인다. 앞에서 언급했듯이 'NP1이 NP2이-'의 계사구문이 명사절이 되면 계사의 동명사 '이롬'이 표면에 나타나지 못함으로써 'NP1이 NP2'의 기형적명사문의 모습이 된다. 따라서 (8)에서도 NP1이 전치되고 남은 서술부 NP2는 'NP이로몰'이 되지 못하고 'NP2 롤'이 되어 'NP1롤 NP2롤'과 같이 명사가 나열되는 구성으로 나타날 수밖에 없다. 앞서 대격주제화로 이해되던 (1ㄴ)의 유형은 대부분이 이 구성에 해당한다. (8ㄱ)은 '空知陽翟處'에서 이동변형에 의해 형성된 '陽翟空知處'가 '陽翟올 空知處ᄒ-' 정도로 현결되고 이것을 언해한 것으로 이해되는데, 빈어였던 '陽翟處'가 판단구문이기 때문에 '處이로몰'이 되지 못하고 '處롤'로 언해된 것이다. (8ㄴ)도 '譬[有形코 無實호미 衆生이 妄身也ᄒ시니라]'에서 '有形코 無實홈'이 전치됨으로써 이루어진 것이다. 이는 '얼굴 잇고 實 업수미 衆生이 妄ᄒᆫ 모민둘 가줄비시니라'와 같이 나타날 수도 있다.

(8ㄷ,ㄹ)도 이와 같은 과정을 거친 것으로 보인다. 이때 'NP1을'은 '-에 대하여' 정도의 의미를 가지는 대격주제로 해석할 수 있다. 그러나 (5)와 (6)의 구문들과의 상관성을 고려한다면 한문구성의 전치에 의해 형성된 구문으로 보는 것이 더 설명적이다. 모두 같은 방식에 의해 형성된 것으로 이해할 수 있기 때문이다. 또 이를 대격주제로 이해하기 위해서는 왜 이들이 '-ᄋ'으로는 교체되지 못하는가, '-ᄋ'과는 어떤 기능상의 차이를 가지고 있는지 밝혀야 할 것인데, 그것은 한문의 구조를 배제해서는 설명하기 곤란할 것으로 보인다.

(8ㅁ~ㅅ)은 서술부인 동사구가 전치된 것이다. 이를 서술부가 바로 상위의 동사 앞으로 전치된 것으로 볼 수는 없다. 한문에서 서술부가 전치되는 변형은 판단구문화가 일어날 때뿐이기 때문이다. 따라서 이들은 서사구문이 순서를 바꾸어 판단구문이 된 연후 주어에 해당하는 부분이 전치된 것으로 보아야 한다. 판단구문화에 쓰이는 '者'와 대응되는 형식명사 '이'가 쓰이고 있는 (8ㅁ,ㅂ)의 예는 이 설명을 지지해 준다. 그런데 주목되는 것은 이런 예

이것은 형식상의 문제일 뿐 내용적인 것까지 그렇다는 것은 아니다. 형식적인 배열 순서가 맞더라도 비문법적인 문장은 얼마든지 존재할 수 있기 때문이다.

들은 '-란'으로 나타나는 경향이 높다는 점이다. 분열문 구성에서 선행명사구에 '-ᄋᆞᆫ'이 통합되는 예가 많다는 것을 생각할 때 분열문 구성인 하위문에서의 '-ᄋᆞᆫ'의 기능이 유지되어 '-란'이 수의적으로 선택되는 것이 아닌가 추측된다.

그런데 계사구문의 성격은 단일하지 않다. "指定"의 의미뿐만 아니라 "존재"나 "소유"의 의미를 갖는 것도 있다. 또 동사가 생략된 한문구성이 계사구문으로 언해되어 동작적인 구문으로 이해되어야 할 것도 있고, 분열문 구성의 계사구문도 있다. 특히 「두시언해」와 같은 시가문은 술어의 생략과 전치가 빈번하기 때문에 이런 계사구문이 많이 나타난다. (9ㄱ)은 '有'의 생략으로 이루어진 "존재"의 계사구문이 빈어로 쓰인 예이다. (9ㄴ,ㄷ)은 빈어로 분열문이 쓰인 예이다. 각각 하위문으로 'ᄆᆞᅀᆞᆷ 便安ᄒᆞᄆᆞᆫ 華와 野이라(華와 野애 ᄆᆞᅀᆞᆷ 便安ᄒᆞ다)', '나그내 ᄃᆞᆫ뇨ᄆᆞᆫ 乾坤이라(乾坤 (ᄉᆞᅀᅵ)예 나그내 ᄃᆞᆫ뇨라)' 정도를 가정해 볼 수 있다. (9ㄹ)은 시가문인 관계로 정확한 의미를 간취하기 어렵지만 "너희 무리를 만나서(통해서) 글의 모습을 생각한다." 정도의 의미를 갖는 것으로 이해된다. 이렇게 보면 이 역시 '그릐 양ᄌᆞᄂᆞᆫ 우리 물로ᄢᅦ니라' 정도의 분열문에서 형성된 것으로 이해할 수 있다. 이들은 모두 빈어로 계사구문이 쓰였기 때문에 (8)과 같은 절차를 거쳐 형성된 것이다.

(9ㅁ,9ㅂ)은 한문은 위의 예와 같지만 언해는 달리 되어 있다. 각각 '디내요ᄆᆞᆯ', '오ᄆᆞᆯ'의 동사가 보충되어 언해되어 (5)와 같은 모습을 보이고 있다. 이는 (9)의 구문과 (5)의 구문이 관련을 갖고 있음을 말해 주는 동시에 (9)의 한문이 동사의 생략과 관련되어 형성된 것임을 말해 준다. 빈어의 동사성분이 생략된 구성을 계사구문으로 인식하고 언해하면 (9ㄱ~ㄹ)의 구문이 되고 의미에 충실하게 언해하면 (9ㅁ,ㅂ)의 구문이 되는 것이다.

아래 (10)은 (8)(9)의 구문과 (5)구문의 관계를 보이는 예이다.

(10) ㄱ. 魴魚ㅣ ᄉᆞᆯ지고 됴호ᄆᆞᆯ 第一인디 아노니(魴魚肥美知第一)(두시16:62)
ㄴ. 거믄 ᄃᆡ란 믌미틘 돌 알오(黑知灣環底)(두시13:17)
ㄷ. 주메 드니ᄅᆞᆯ 本來 崑山앳 玉이론 고ᄃᆞᆯ 미더(월석18:32)
ㄹ. 得ᄒᆞᆫ 功德을 부텻 智慧로 多少ᄅᆞᆯ 혜아려도(월석18:52)

ㄹ'. 得혼 功德을 부텻 智慧로 하며 져곰 혜아려도(所得功德을 以佛智
慧로 籌量多少ᄒ야도)(법6:171)

본고에서 (8)과 (9)를 계사구문에서의 변형으로 설명한 것은 (10ㄱ~ㄷ)과
같이 동명사가 아닌 명사구보문구성이 쓰일 때는 계사 '이-'가 나타나기 때
문이다. (10)의 한문구성은 (8)이나 (9)와 다를 바 없다. 그럼에도 '이-'가 쓰
인다. 이것은 (8)과 (9)가 동명사 '이로물'이 쓰이지 않는 것이 원인이 되어
나타난 구문임을 말해 준다. (10ㄹ)의 예도 'NP1올 NP2올 V'의 구성이
'NP1올 호물 V'와 같은 속성을 지니고 있음을 말해 준다.

(1ㄷ)의 유형을 보이는 (11)의 예는 이제까지의 논의한 것과는 성격이 다
르다. (11)의 예는 전치된 대격성분을 다시 받는 대용법적 어사가 중복되어
나타나는 한문구성을 언해한 것이다.

(11) ㄱ. 이 ᄀᆞᆮᄒ 큰 果報와 種種性相ㅅ 쁘들 나와 十方佛이ᅀᅡ 能히 이 이를
아ᄂᆞ니라(如是大果報와 種種性相義를 我及十方佛이ᅀᅡ 乃能知是
事ᄒᆞᄂᆞ니라)(법1:152)

ㄴ. 三千大千界內外諸音聲을 … 다 그 音聲을 드로디(三千大千界內外
諸音聲을 … 皆聞其音聲호디)(법6:39)

ㄷ. 부텨 니르시논 解脫義를 우리도 ᄯᅩ 이 法을 得ᄒ야 涅槃애 다ᄃᆞ로
니(佛說一解脫義를 我等도 亦得此法ᄒ야 到於涅槃호니)(법1:160)

ㄷ'. 부텨 니르시논 解脫을 우리도 得ᄒ야 涅槃애 다ᄃᆞ론가 ᄒ다소니
(석보13:43)

ㄹ. 이 寶華巾을 네 이 巾이 本來 다믄 ᄒ 오리어늘 … 일후미 여슷 미
요미 잇ᄂᆞᆫ들 아ᄂᆞ니(此寶華巾을 汝知此巾이 元止一條ㅣ어늘 …
名有六結인들 ᄒᆞᄂᆞ니)(능5:20)

(11ㄱ)은 전치된 '如是大果報와 種種性相義'를 지시하는 '是事'이 언해
됨으로써 발생한 것이며, (11ㄴ)은 '三千大千界內外諸音聲'에 해당하는 '其
音聲'이라는 표현이 언해됨으로써 이중대격구문이 된 것이다. (11ㄷ)도 구결
문의 '解脫義'를 다시 받는 '此法' 때문에 이중대격구문으로 언해된 것인데,
의역문헌인 「석보상절」에서는 이것을 무시하고 있다. (11ㄱ~ㄷ)은 구결문의

어사를 빠짐없이 다 언해하려는 태도에서 발생한 현상이므로, 언해문이 구결문의 구조에 종속된다는 점에서는 앞서의 예들과 같은 것이다. (11ㄹ)에서는 전치된 '寶華巾'에 대응하는 대명사 표현 '此巾'이 주어로 표현되어 있다. 이는 이중대격구문이 내포문의 주어성분이 전치됨으로써 나타난 것임을 시사한다 할 것이다.

아래 (12)는 전치된 성분에 '-올'을 현결한 구결문에 이끌려 비문법적인 언해문이 발생한 예이다.

(12) ㄱ. 滅올 現ᄒᆞ샤ᄃᆡ 滅티 아니ᄒᆞ샤몰 聖人 ᄠᅳ데 아ᄅᆞ시논 이리샤ᄃᆡ (現滅ᄒᆞ샤ᄃᆡ 不滅ᄒᆞ샤몰 聖意예 所知샤ᄃᆡ) (법6:154)
ㄱ'. 滅 아니ᄒᆞ신ᄃᆞᆯ 聖人 ᄠᅳ데 알어신마론 (월석18:39)
ㄴ. 後ㅅ 사ᄅᆞ미 道 得호몰 엇뎨 數ㅣ 다ᄋᆞ리오 (後人이 得道롤 何窮數ㅣ리오) (남명 하:25)

(12ㄱ) 전체는 所구성을 명사절로 갖는 계사구문에서 대격성분이 전치된 구성이다. 그런데 구결문은 '所知'의 '知'의 빈어에 해당하는 '現滅ᄒᆞ샤ᄃᆡ 不滅ᄒᆞ샴'에 대격을 현결하고 있다. 이것은 전치된 '現滅ᄒᆞ샤ᄃᆡ 不滅ᄒᆞ샴'이 원 구성에서는 대격성분임을 보이기 위한 것인데, 이 구조가 그대로 언해문에 반영됨으로써 예와 같이 '아ᄅᆞ시논 이리샤ᄃᆡ'의 주어가 대격으로 실현된 듯한 기이한 구문이 되고 말았다. 所구성을 명사구보문구성으로 언해하는 습관이 작용한 것이다. 대응하는 (12ㄱ')의 예는 한문의 구조를 정확히 파악하고 있다.

(12ㄴ)도 비슷한 예이다. 구결문의 '窮'의 빈어였던 '後人이 得道'에 대격조사가 현결된 구결문에서 '-올'은 그대로 받아들이면서 후행구절을 자동사문으로 언해해 문법적으로 이상한 구문이 발생한 것이다. (12ㄴ)은 '窮'을 '다ᄋᆞ-'로 대응시켜 언해하는 습관에서 발생한 것인데, '數롤 다ᄋᆞ리오'로 나타날 만한 예이다. 이 때의 '-올'을 문장주제어 표지 기능의 '-올'로 보기는 어렵다.

이상 본고에서는 중세국어 특유의 이중대격구문인 (1)의 유형들은 한문의 전치구성을 바탕으로 형성된 것으로 한문의 이동 변형에 의해 구결문의 구조가 결정되고 그 구조가 언해문에 반영됨으로써 형성된 것임을 검토하였다. 언해문의 이중대격구문은 전치된 구절에 '-올'을 현결하는 현결방식과 구결문의 구조를 존중하여 언해하는 태도가 복합적으로 작용해 이루어진 것이다.

본고에서 이중대격구문을 한문의 전치구성에 영향받은 것으로 보는 이유는 (13)과 같이 전치되지 않은 한문구성에서는 '-올' 대격화가 일어나지 않기 때문이기도 하다. 대격주제화가 중세국어의 보편적인 현상이었다면 전치되지 않은 한문구성에 대응하는 언해문에도 대격주제화의 구문이 나타나야 하는데, 인용문의 대격주제화를 제외하면 전치되지 않은 한문구성과 대응하는 이중대격구문은 발견되지 않는다.[113] 또 대격주제를 인정한다면 단일 문장에서도 그 예가 확인되어야 한다. 그런데 단일 문장에서 주격어미가 대격어미로 교체되는 일은 없다고 한다.[114] 이는 이중대격구문의 '-올'이 빈어를 갖는 한문구성의 이동변형에 의해 나타나는 현상임을 다시 확인해 주는 것이라고 생각된다.

(13) ㄱ. 그듸는 무수미 甚히 健壯호몰 듣노니 (聞子心甚壯) (두시19:31)
     ㄴ. 그삇 짓조는 이 내홀 건내는 功인디 아노라 (知君才是濟川功) (두시
        16:62)

끝으로 이상의 논의를 바탕으로 「두시언해」와 같은 시가문에서 '-올'과 '-온', '-앤'이 유사한 의미를 가지고 교체되는 현상을 잠깐 살펴보고자 한다.

(14) ㄱ. 우름 자친 누른 니픠 거즛거신들 알리라 (止啼黃葉이 知虛妄이리라)
        (남명 상:44)
     ㄴ. 老人의 다른 나래 스랑호문 正히 믯믯ᄒᆞ야 수레 흘로몰 스치노라
        (老人他日愛 正想滑流匙) (두시7:39)

---

113) 인용문의 대격주제화는 현결방식이 다르다.
114) 이광호(1976:29) 참조. 그런데 중세국어에 현대국어에서와 같은 주제 표지의 '-올'이
    없었다는 것은 아니다. 구결문에서는 보조사의 쓰임이 아주 제한되어 있으며 현결
    되지 않은 보조사가 언해문에 나타나는 일은 거의 없다. 이러한 구결문의 한계로 주
    제적 '-올'이 오히려 나타나지 못한 것일 뿐, 존재하지 않았다고는 생각되지 않는다.

　　ㄷ. <u>禮數앤</u> 늘근 히메 나아가물 둘히 너기노니 (禮甘衰力就) (두시19:8)

　　ㄹ. <u>그올히셔</u> 글 지서오맨 아롬다온 소니로라 너기다라 (鄕賦念嘉賓)
　　　　(두시19:12)

　　ㅁ. <u>봄</u> ㅂ루매 내 빗대 뮈유믈 믿노니 (春風自信牙檣動) (두시15:33)

　　(14)의 예들은 모두 대격으로도 나타남직한 예들이다. 그럼에도 불구하고 (14ㄱ)은 '-이', (14ㄴ)은 '-온', (14ㄷ, ㄹ)은 '-앤', (14ㅁ)은 '-애'가 쓰이고 있다. 이들 구문은 유사한 의미를 나타내지만 원래 같은 의미를 가지고 있기 때문은 아니다. (14)의 예에서는 이런 교체가 일어나는 환경이 일정함을 볼 수 있다. 한 시구에서 구절과 구절이 나뉘는 부분으로 한정되어 있는데 시가문에서 이 환경은 (14ㄱ)에서와 같이 구결이 현결되는 곳이다. 시가문의 'X_1 +X_2'의 구에서 X_1과 X_2는 다양한 통사 의미관계를 가질 수 있고 그 관계에 따라 X_1에 다양한 조사가 현결될 수 있다. X_1이 주제어이면 '-온'이 현결되고, 시간적 배경관계 등으로 인식되면 '-애'나 '-앤'이 그리고 전치된 대격성분으로 인식되면 '-올'이 현결된다. (14)에서 조사의 교체는 이러한 한문구조에 대한 인식의 차이를 반영한 것이다. 그런데 구조적으로 유사한 한문구성에 대해 구문 인식이 달라지는 것은 시가라는 특성 때문이다. 시가는 동사성분 능 어사가 생략되는 일이 많고 산문에 비해 문맥이 명료하지 않아 통사적 관계에 대한 판단이 모호할 때가 많다. 결국 언해문에 반영된 조사는 현결 과정에서의 구문 인식의 차이를 반영한 것으로 구결문에서는 기능상의 차이를 갖고 있던 것이다. 그런데 구문 성격이 유사하기 때문에 의미는 유사하다. 따라서 언해문만을 고려하면 이들 형태가 유사한 의미를 나타내는 것처럼 보이게 된다. 따라서 이런 환경에서 조사가 갖는 특이한 기능을 중세국어의 문법체계로 받아들이는 데는 주의할 필요가 있다.

4.4 인용문

1 주석문의 인용문

여기서는 중세국어 주석문에 나타나는 인용문의 한 유형에 대해 검토하고자 한다. 이에 먼저 중세국어의 인용문[115]의 구결문과 언해문의 관계를 먼저 살펴본다.

(1) ㄱ-1 言호디 … 所應取與를 汝悉知之호라(닐오디 … 그 中에 하며 져곰과 가지며 줄 꺼슬 네 다 알라)(법2:216)

　　-2 而白佛言호디 … 悟知我心이 實居身外콰이다(부텻긔 술오디 … 내 무슨미 實로 몸 밧긔 이쇼몰 알와이다)(능1:52)

　ㄴ-1 言常在此호시며 又在餘處호시니(샹녜 예 잇노라 니르시며 쏘 녀나믄 고대 잇노라 호시니)(법5:133)

　　-2 可不謂之大遇乎아(어루 크게 맛나다 아니 닐어리여)(금삼3:5)

　　-3 淸淨은 言衆塵이 不隔호시니(淸淨은 한 듣그리 ᄀ리디 몯호몰 니르시니)(법6:40)

　　-4 起滅卽處를 謂之寂호ᄂ니(起호며 滅호미 곧 그츤 고돌 닐오디 寂이라 호ᄂ니)(몽산70)

　ㄷ-1 如來ㅣ 說爲眞可憐愍이니라(如來ㅣ 닐오디 眞實로 어엿브도다 호ᄂ니라)(능3:65)

　　-2 曰心이 精호야 遺聞이시니(니르샤디 무슨미 精호야 드로몰 ᄇ리다 호시니)(능6:37)

　　-3 故로 曰殊方이라(이런ᄃ로 다ᄅᆫ 方이라 니르시니라)(능6:37)

　　-4 根塵이 本眞故로 曰同源이오(根과 塵괘 本來 眞인 젼ᄎ로 니르샤

---

[115] 이현희(1994)에 따르면, 중세국어의 '니ᄅ-'구문은 화법구문과 의미해석구문으로 나뉜다. 엄격히 말하면 인용문은 화법구문만을 지칭하는 것이겠으나, 의미해석구문도 화법구문의 구조를 원용하고 있기 때문에 여기서는 이를 구분하지 않고 모두 인용문이라고 부른다. 인용 형식의 구문에 나타나는 구결문의 영향관계를 밝히는 것이 본고의 목적이기 때문이다. 또 구조적 모습이 동일한 '너기-'에 의한 사유구문도 이에 포함시킨다.

더 根源이 호가지오) (능5:7)

-5 是謂流出無量如來라 (이 니르샨 無量如來 흘러 내요미라) (능5:73)

ㄹ-1 九地知識이 自說ᄒᆞ샤ᄃᆡ 爲佛乳母ᄒᆞᅀᆞ와 … 諦觀ᄒᆞᅀᆞ오ᄃᆡ 不見頂 ᄒᆞᅀᆞ오라 ᄒᆞ니 (九地知識이 ᄌᆞ개 니르샤ᄃᆡ 부텻 졋어미 ᄃᆞ외ᅀᆞ와 … 子細히 보ᅀᆞ오ᄃᆡ 뎡바기롤 보디 몯ᄒᆞᅀᆞ오라 ᄒᆞ니) (능7:4)

-2 如來常說我等爲子ㅣ라 ᄒᆞ시ᄂᆞ니이다 (如來 샹녜 우릴 니르샤ᄃᆡ 아ᄃᆞ리라 ᄒᆞ시ᄂᆞ니이다) (법2:227)

-3 故로 此애 言如幻三昧라 ᄒᆞ시고 (이런ᄃᆞ로 이에 幻 ᄀᆞᆮᄒᆞᆫ 三昧라 니르시고) (능6:7)

-4 云ᄒᆞ샤ᄃᆡ 雖非妙心이나 如第二月이라 ᄒᆞ시니 (니르샤ᄃᆡ 비록 微妙ᄒᆞᆫ ᄆᆞᅀᆞ미 아니나 둘찻 ᄃᆞ리 ᄀᆞᆮᄒᆞ니라 ᄒᆞ시니) (능2:27)

(1ㄱ)은 피인용절인 하위문의 동사와 관련되는 구결만 현결된 예이다. 이 현결 방식은 대문의 대화 부분에 많이 보이므로 '대화체구결'이라 부를 수 있다. (1ㄱ)의 구결문은 대문에서의 부처의 설법 등 비교적 긴 인용 속에 많이 나타나며, '謂오ᄃᆡ X'의 형식이 보통이다. X에 통합되는 구결에는 아래의 세 유형에 비해 다양한 문법형태가 통합되며, 언해문으로 옮겨질 때 수정되거나 문법형태가 추가되는 일이 없다. 대화체구결은 인용절의 어미이기 때문이다. 인용문이라는 의식없이 발화된 그대로를 기술하는 형식이다. 이런 구조의 구결문은 구결문의 모습에 따라 '닐오ᄃᆡ S'로 언해되며, S는 직접인용문이 된다. 중세국어에서 '닐오ᄃᆡ S (ᄒᆞ-)'에서 S가 직접인용문일 때 'ᄒᆞ-'가 잘 나타나지 않는 것은 이런 사정을 반영하는 것이다.

(1ㄴ)은 상위문의 인용동사와 관련된 구결만 현결하는 것으로 간접현결의 예이다. 연첨형구결에서 제2구결만 실현된 셈이다. 구결로는 일반적으로 'ᄒᆞ-'가 쓰이는 것이 보통이나 '이-'가 쓰일 수도 있다. 사실 (1ㄷ)의 융합형 구결과 간접현결의 구결은 구분하기 어렵다. 특히 '이-'로 실현되었을 때는 더욱 그러하다. 언해문과의 대응관계로 판단할 수밖에 없다. 언해문은 'S 니르-'(1ㄴ-1,2)나 'NP/호믈 니르-'(1ㄴ-3)의 형식이 우세하다. 간혹 '닐오ᄃᆡ S ᄒᆞ-'(1ㄴ-4)로 언해되기도 하나 주된 방식은 아니다. S로는 직접인용문과 간접인용문이 모두 올 수 있다. 주석문보다는 대문에 많이 나타난다.

(1ㄷ)은 연첨형구결이 융합된 융합형구결이 현결된 예이다. 이 구결은 '닐오디 S ᄒᆞ-'(1ㄷ-1,2)나 '닐오디 NP/홈-이-'(1ㄷ-4), '닐온 NP/홈-이-'(1ㄷ-5)와 같이 언해되는 경향이 강하고, (1ㄷ-3)식의 'S 니ᄅᆞ-'는 별로 보이지 않는다.

(1ㄹ)은 연첨형구결이 사용된 예이다. 이들은 '닐오디 S ᄒᆞ-'로 언해되는 경향이 강하나, 때로는 (1ㄹ-3)과 같이 'S 니ᄅᆞ-'식으로도 언해된다. 그러나 예가 아주 드물다. S로는 직접인용문이나 간접인용문이 모두 올 수 있다.[116] 그런데 직접인용문으로 언해될 때는 (1ㄹ-1)과 같이 피인용절, 즉 원래 발화된 문장에 있었던 문법형태가 모두 통합된 구결이 달리는 일이 많다. 물론 '이라 ᄒᆞ-'가 현결되었을 때도 언해 과정에서 여러 선어말어미가 추가되기도 한다. 그러나 공손법 선어말어미는 좀처럼 추가되는 일이 없다.

(1ㄹ-4)에서 보듯 'X-이라 ᄒᆞ-'에서 X가 동사구이면 'X-이라'를 동사로 언해한다. 보통 구결문의 'X-이-'는 'NP이-, 호미-, 동사'로 다양하게 언해될 수 있는데, 연첨형구결이 달린 예는 '호미 ᄒᆞ-'처럼 인용절 부분이 동명사로 표현되는 예는 아주 드물다. 이것은 '이-' 뒤에 'ᄒᆞ-'가 후행함으로써 '이-'가 서술어의 일부분임을 표시하는 기능이 강화되었기 때문이라고 생각한다.

이상 간략히 인용문의 구결문과 언해문 사이의 대응관계를 살펴보았다. 각 유형별로 다양한 형식이 쓰이고 있으나 어느 정도 상관성이 있음을 알 수 있다. 즉 대화체구결이 쓰인 구결문은 '닐오디 S'의 형식으로, 간접현결의 구결문은 'S 니ᄅᆞ-'로, 융합형구결의 구결문은 '닐온/닐오디 NP(홈)-이-', 연첨형구결의 구결문은 '닐오디 S ᄒᆞ-'의 연첨형적 구문[117]으로 언해되는 경

---

116) 중세국어에서 간접인용과 직접인용의 구분은 간단하지 않다. 이현희(1986)에서는 "중세국어에서는 간접인용구문이 예외로 보일만큼 많이 찾아지지 않는다. 겉으로는 직접인용구문과 간접인용구문의 명백한 차이가 있었는지조차 대단히 의심스러울 정도다."라고 하고 간접인용구문의 특성으로 '대격주제화, 재귀화, 인칭 전이, 공손법의 중화'를 들고 있다. 강인선(1977)도 용어나 구체적인 설명이 조금 다를 뿐 큰 차이가 없다. 이 중 대격주제화나 재귀화는 구조적 변화로 실현되지만 이런 구조적 변화가 없는 문장에서는 공손법의 중화가 변별 기준으로서 유용하다. 그런데 連添形口訣이 쓰이면 이 공손법이 나타나기 어려운 환경이 되고 만다. 연첨형구결의 영향으로 공손법이 중화된 것이라면 이를 간접인용이라고 하긴 어렵다. 더구나 연첨형구결이 고정된 형식일 경우는 더욱 그러할 개연성이 크다.

117) 인용문의 문말이 연첨형구결과 같은 모습을 보이는 구문을 가리킨다. 'S 니ᄅᆞ-', '닐오디 S ᄒᆞ-' 등의 형식이 이에 해당한다.

향이 강하다. 이런 상관성은 언해 과정에서 가능한 한 구결문의 구조적 모습
을 유지하려고 했기 때문인 것으로 보인다.

　15세기 자료의 주석문 중 인용문적인 구조를 갖는 것은 한문의 '謂BA'
구성과 관계된다. '謂BA' 구성에서 A는 피해석어, B는 해석어에 해당된다.
이 구성에서 A가 앞으로 전치되면 'A, 謂B'로 되는데, 이것이 주석문의 대
표적 형식으로 많이 쓰인다. 이들의 현결과 언해는 (2)과 같다.

> (2) ㄱ. 佛佛은 謂佛之佛性ㅣ라 (佛佛은 부텻 佛性을 <u>니르시니라</u>) (능6:71)
> 　ㄴ. 衆生者는 不定執一之謂也이라 (衆生은 一定히 ᄒᆞ나ᄒᆞᆯ 잡디 아니ᄒᆞ
> 　　몰 <u>니르샤미라</u>) (원각 하3-1:70)
> 　ㄷ. 口則閉塞은 言無由發惡ᄒᆞ시고 (이비 마고몬 브터 惡發홈 업수믈 <u>니</u>
> 　　<u>르시고</u>) (법5:71)
> 　ㄹ. 云今日者는 … 謂多生을 樂小ᄒᆞ야 而今猶濡濡也ㅣ라 (오ᄂᆞ리라 닐오
> 　　ᄆᆞᆫ 한 生ᄋᆞᆯ 져근 法 즐겨 오늘 ᄉᆞᆫ지 <u>걸씨라</u>) (법2:229)
> 　ㅁ. 名爲何等은 謂色이 … 不得明色矣리라 (일후믈 므스기라 ᄒᆞ료 ᄒᆞ샤
> 　　ᄆᆞᆫ 비ᄎᆞ라 비치 … 비치라 일훔 <u>몯ᄒᆞ리라</u>) (능2:81)
> 　ㅂ. 識自爲味는 謂識이 卽味也ㅣ라 (識이 제 맛 ᄃᆞ외다 ᄒᆞ샤ᄆᆞᆫ 識이 곧
> 　　마시라 <u>니르시니라</u>) (능3:50)

　(2)에서 보듯 '피해석어＋해석어'의 구문은 'A는 謂B이-'의 주제문 구성
으로 현결되는 것이 보통이다. (2ㄷ)과 같이 '謂'의 동사성에 이끌려 'A는 謂
B ᄒᆞ-'로 현결되기도 한다. 그러나 연첨형구결이 현결되는 예는 보이지 않는
다. A가 전치되고 난 후의 B는 원구조에서 대격성분이었다는 인식이 연첨형
구결이 쓰이지 않게 된 원인일 것이다.

　이 구문의 언해문으로는 (2ㄱ)의 'NP를 니르-' 형식이 가장 일반적이다.
'NP를' 대신 (2ㄷ)과 같이 '호몰'이나 명사구보문구성이 쓰일 수도 있으나
명사구라는 점에서는 공통된다. (2ㄴ)에서는 '니르-'가 동명사로 실현되어 있
다. 구결 '이-'의 조사성에 견인되어 나타난 현상으로, 예는 그리 많지 않다.
(2ㄹ)은 '謂'를 언해하지 않고 있다. 이것은 형식명사 'ㅅ'가 해석어 표시의
기능을 가지고 있기 때문에 생략될 수 있었던 것으로 보인다. 예외적인 언해

로 역시 예가 많지 않다.

(2ㅁ)은 '닐오디 S'의 형식이다. 대화체구결이 현결된 구결문의 언해와 유사한 구조를 보이고 있다. 문말의 구결 '(이)라라'를 하위문의 구결로 인식함으로써 발생한 예외적인 방식이다. (2ㅂ)은 'S 니르-'의 형식이다. 'A, 謂B'의 한문에 대응하는 언해문으로는 예외적인 형식이다. 이런 예는 「두시언해」나 「남명집언해」에 주로 나타나며,118) 「능엄경언해」나 「법화경언해」에는 별로 보이지 않는다.

그런데 (2ㅁ)과 (2ㅂ)은 해석어 부분이 문장에 해당된다는 공통점이 있다. 구결문도 문장의 현결방식을 보이고 있다. 후술하겠지만 해석어 부분이 길어, 문장적이거나 해석어의 구성요소가 구결에 의해 분절되는 경우에는 피해석어를 동사문으로 언해하는 경향이 있다. (2ㅁ)과 (2ㅂ)도 이런 특성으로 인해 문장으로 언해된 것으로 이해될 수 있으므로, 원칙적인 언해 방식은 아니다.

이상을 정리하면 'A, 謂B' 구조의 주석문은 'A눈 謂B이-'로 현결되고, 그것은 'A눈 B롤 니르-'로 언해되는 것이 원칙이라고 할 수 있다. 이 때 'B이-'의 구결 '이-'는 인용동사와 관계되는 간접구결로, 주제어 'A눈'에 이끌려 '이-'로 실현된 것이다. 그러나 'A눈'과의 호응으로 상당부분 조사성이 강조된 성격을 갖고 있다. 이것이 (2ㄴ)에서와 같은 '니르샤미라'를 낳은 것이다.

'謂BA'에서 B가 전치된 구문 'B, 謂(之)A'나 'B, (之謂A' 등은 현결방식이 (2)와 다르다. 이들은 (3)과 같이 현결된다.

(3) ㄱ. <u>法을 稱爲內塵</u>이라 ᄒ시니 (<u>法을</u> 안햇 드트리라 <u>니르느니라</u>)(능3:15)
ㄴ. <u>念起念滅</u>을 <u>謂之生死</u>ㅣ니 (念이 닐며 念이 <u>滅호몰 生死</u>ㅣ라 니르느니)(몽산69)
ㄷ. <u>空宗</u>은 有란 謂依와 計왜오 空ᄋ란 <u>謂圓成</u>이라 커든(空宗은 有란 依와 計왜라 니르고 空ᄋ란 圓成이라 니르거든)(원각 상1-1:60)
ㄹ. <u>起滅卽處롤 謂之寂</u>ᄒ느니 (起ᄒ며 滅호미 곧 그츤 <u>고돌 닐오디</u> 寂이

라 ᄒᆞᄂᆞ니) (몽산70)

ㅁ. 能持正法ᄒᆞ야 <u>足以師人</u>을 <u>謂之法師</u>ㅣ라(能히 正法 디녀 足히 ᄂᆞᄆᆡ
게 <u>스승 ᄃᆞ외릴</u> 닐온 法師ㅣ라 (법4:68)

ㅂ. <u>水皐</u>를 <u>曰洲</u>이오 <u>沙汀</u>을 <u>曰潭</u>이라(므렛 두들글 닐오디 洲ㅣ오 몰애
<u>ᄆᆞᆰᄀᆞ술</u> 닐오디 潭이라) (능4:20)

ㅅ. <u>破惡怖魔</u>를 <u>曰大比丘</u>ㅣ라 ᄒᆞ니라(모딘 거슬 헐며 魔를 <u>저히ᄂᆞ니</u>를
<u>닐오디</u> 큰 比丘ㅣ라 ᄒᆞ니라) (능1:23)

ㅇ. <u>將導者</u>ᄂᆞᆫ <u>後曰將</u>이오 <u>前曰導</u>ㅣ니(將導者ᄂᆞᆫ <u>後</u>를 <u>니ᄅᆞ샨</u> 將이오 알
ᄑᆞᆯ 니ᄅᆞ샨 導ㅣ니) (법6:93)

이 구성은 'B를 謂A이라 ᄒᆞ-'나 'B를 謂A이-'로 현결된다. 후자의 '이-'
는 융합형구결이다. (3ㄱ)은 연첩형구결, (3ㄴ)은 융합형구결이 통합된 예이
고, (3ㄷ)은 그 둘이 서로 자유로이 교체될 수 있음을 보이는 예이다. 이 때
해석어 B에는 대격의 '를'이 현결되거나, (3ㅇ)과 같이 생략되거나 하며, 'B
ᄂᆞᆫ'과 같이 실현되는 일은 거의 없다. 또 (3ㄹ)과 같이 문말에 'ᄒᆞ-'가 현결되
는 예도 이 구성에서는 극히 드물게 나타난다. 이와 같은 현결방식을 보이는
것은 '謂' 뒤에 남아 있는 A가 원래 구조에서 술어성분이었음을 의식한 것
일 것이다.

'B, 謂A' 구성은 (3ㄱ~ㄷ)과 같이 주로 'NP를 NP이라 니ᄅᆞ-'의 형식으로
언해된다. 여기서 '니ᄅᆞ-'가 전치되어, 'NP를 닐온 NP이-'(3ㅁ, 3ㅇ)나 'NP를
닐오디 NP이-'(3ㅂ, 3ㅇ)나 'NP를 닐오디 NP이라 ᄒᆞ-'(3ㄹ, 3ㅅ)의 형식으로도
언해될 수 있다. 그러나 'NP를 닐온 NP이라 ᄒᆞ-'의 형식은 보이지 않는다.

융합형구결이 현결될 때는 'NP를 닐온 NP이-'나 'NP를 닐오디 NP이-'
로 언해되는 일이 많고, 'NP를 닐오디 NP이라 ᄒᆞ-'의 연첩형적 구문으로는
잘 옮겨지지 않는다. 특히 이 구성에서 '닐온'구문으로 언해되는 예는 어김
없이 융합형구결이 현결되어 있는데, 'NP를 닐온 NP이라 ᄒᆞ-'의 형식이 보
이지 않는 것도 이와 같은 현결방식과 관련된다.

이와 같이 'B, 謂(之)A'의 구결문과 언해문 모두 지칭문적 구문[119]을 지

---

119) 본고에서는 앞으로 'NP를 NP이라 ᄒᆞ-'나 'NP를 S라 ᄒᆞ-'의 언해문 형식을 '지칭문
적 구문'이라고 부르고자 한다.

니고 있다. 이현희(1994:380)에서는 인용절에 해당하는 'NP이-'를 문장으로 보고 있는데, 주석문의 이 구문에서는 동사나 형용사를 서술어로 갖는 동사문의 예는 나타나지 않는다. 모두 서술어가 'NP이-'나 '호미(홈이)-'로 나타날 뿐이다. 이것은 구결문의 '이라 ᄒᆞ-'가 여타 연첨형구결과 달리 고정된 형식이고, '이라'는 하위문의 것이 아닌 상위의 요소라는 사실과 관련된다. 이런 이유로 '이라' 앞에서는 명사구가 올 것이 요구됨으로써 동사문으로 언해될 만한 예도 '호미-' 정도로 실현되는 것일 것이다.

이필영(1992:126)에서는 현대국어의 단언문과 지칭문을 구분하면서 (4)와 같이 형식화하고 있다.

> (4) ㄱ. 그는 [cp [np콩을]i [cp [e]i [팥이라고]]한다. (단언문)
> ㄴ. 그는 [np콩을] [cp [np팥] -이라고] 한다. (지칭문)

(4ㄴ)지칭문의 '이라(고)'는 상위문의 요소로 고정된 것으로 보고 있는데, (3)의 구결문의 '이라 ᄒᆞ-'도 이와 같은 성격으로 이해할 수 있다. 즉 (3)의 연첨형구결 '이라 ᄒᆞ-'의 '이라'는 인용절 내부의 서술어와 관계되는 것이 아니라 고정된 구결형식의 일부로 상위의 요소인 것이다.

이렇게 보는 것이 이런 주석문의 언해문에 보이는 간접인용과 직접인용의 혼효현상이나, 메타언어적인 인용 등을 설명하는 데 유리하다.

먼저 'B, 謂(之)A'에 대응하는 다른 구문들에서도 이 특성이 유지되는지 살펴보자. (3)의 구문에서 해석어에 해당하는 대격성분이 주격이나 근거나 이유의 표현으로 바뀌어 나타난 것이 'B이 A이라 ᄒᆞ-'나 'B 故로 A이라 ᄒᆞ-'의 구조를 보이는 주석문이다. 이때의 'A이라 ᄒᆞ-'는 융합되어 'A이-'로 되기도 한다.

먼저 주격으로 나타나는 예는 (5)와 같다.

> (5) ㄱ. 氣合如來호미 是謂護法이라 (氣ㅣ 如來띄 어루에 호미 이 니르샨 護
> 法이라) (능8:18)
> ㄱ'. 而不異롤 日妙眞如性이라 (다르디 아니호몰 니르샨 微妙ᄒᆞᆫ 眞如ㅅ

性 이라) (능2:107)

ㄴ. 取正果호실시 曰進修無漏이오 (正果를 取호실씨 니르샨 無漏를 나
ᅀᅡ 닷고미오) (능6:8)

ㄴ'. 恣任僧擧호ᇙ 曰自恣ㅣ라 (젼ᄎ 즁에 드러내에 호ᇙ 쏠 닐온 自恣이
라) (능1:29)

ㄷ. 而皆令利喜케호샤미 是謂冥化ㅣ라다 (利喜케 ᄒ샤미 이 숄온 그ᅀᅳ기
化ᄒ샤미라) (법3:19)

ㄷ'. 다 利喜케 ᄒ시니 이룰 닐온 그ᅀᅳᆨᄒ 敎化ㅣ라 (월석13:51)

ㄹ. 어늬 닐온 淸淨한 ᄆᅀᆷ고 (何謂淸淨心고) (금삼2:62)

ㄹ'. 어느룰 닐온 正法眼고 (何謂正法眼고) (금삼2:69)

(5ㄱ,ㄱ')은 '호미 - 호몰', (5ㄴ,ㄴ')은 '씨 - 쏠' (5ㄷ,ㄷ')은 '이 - 이룰', (5
ㄹ,ㄹ')는 '어늬 - 어느룰'의 대립을 보인다. (5)에서의 대격과 주격의 교체는
전치된 성분을 어떻게 인식했느냐에 따라 발생하는 것이다. 즉 B, (之)謂A'
구성에서 원래 B가 '謂'의 빈어였다는 사실을 중시면 'B룰'이 될 것이요, 동
사 '謂'의 앞에 오는 위치를 중시하면 'B이'로 될 수 있는 것이다. 이는 같은
구문은 언해한 (5ㄹ)과 (5ㄹ')의 예에서 확인된다.

그런데 이들 구문에는 (5ㄱ,ㄷ)과 같이 '是'가 사용된다는 공통점이 있다.
이 구문에서 실제 전치된 것은 '是'에 선행하는 구절이고 '是'는 형식상의
주어로서 계사적 역할을 한다. 바로 이러한 계사적 '是'의 존재가 대격을 주
격으로 교체하게 하는 요인의 하나는 아닐까 한다. '是'에 의해 통사적으로
주술관계로 인식되기 쉽고, 이런 예는 '是'가 쓰인 구문에 집중적으로 보이
기 때문이다.

(5)의 언해문으로는 (3)에 비해 다양하지 못하고, '닐온 NP/홈 이-'의 형
식이 주로 쓰인다. 이는 주격성분으로 인해 문말의 구결 '이-'가 계사로서의
기능이 강조됨으로써 동사적인 '닐오디'보다는 관형사형 '닐온'을 선택한 것
일 것이다. '이-'가 통합된 구절은 'NP이라'나 '호미라'로 실현될 뿐, 동사문
의 예는 물론 연첨형구문 형식을 보이는 예도 없다. 이 점도 해석어가 주격
으로 교체된 것과 관련되는 것일 것이다.

(6)은 해석어가 근거의 표현으로 실현된 구문이다.

(6) ㄱ. 根塵이 本眞故로 <u>曰同源이오</u> 結解ㅣ 俱幻故로 <u>曰無二오</u> 夢識이 無
初故로 <u>譬空華ᄒ시고</u> 物境이 成有故로 由塵ᄒ야 發知ᄒ며 因根ᄒ
야 有相이니라(根塵이 本來 眞인 젼ᄎ로 니ᄅ샤디 根源이 ᄒ가지오
미욤과 글움괘 다 幻인 젼ᄎ로 니ᄅ샤디 둘히 업고 夢識이 처ᅀᅥ미
업슨 젼ᄎ로 空華 고재 ᄀ줄비시고 物境이 이슈미 인 젼ᄎ로 塵을
브터 아로미 나며 根ᄋᆯ 因ᄒ야 相이 잇ᄂ니라)(능5:7)
大文: 根塵이 同源ᄒ며 縛脫이 無二ᄒ며 識性虛妄이 猶如空華ᄒ니
라 阿難아 由塵ᄒ야 發知ᄒ며 因根ᄒ야 有相이니(능5:6)
ㄴ. <u>故로</u> 號ᄅᆯ 破有法王이라 ᄒ시니라(<u>그럴ᄊᆡ</u> 號ᄅᆯ 破有法王이라 ᄒ시
니라)(법3:31)

(6)의 예들은 대문의 자구나 구절을 주석문에서 해석하고 있는 구문이다.
(6ㄱ)에서는 대문의 구절이 피해석어로서 주석문에서 나타나는 다양한 양상
을 볼 수 있다. '曰'과 같은 인용동사가 선행되기도 하고, '譬空華ᄒ시고'나
'由塵ᄒ야 發知ᄒ며 因根ᄒ야 有相이니라와 같이 인용동사가 없이 피해석
어의 구절만 나타나기도 한다. 후자의 구절은 동사문으로 잘 언해된다.

(6)의 예는 현결되는 구결 형식이 동일하고, 근간이 되는 한문구성이 (3)
과 같지만 이 구문에서는 '니ᄅ샤디 둘히 업고'와 같이 언해문이 동사문도
실현되기도 한다. 이 점은 이 때의 '이라 ᄒ-'나 융합형 '이-'가 성격이 다른
것이 아닌가 의심하게 한다.

그런데 (6)과 같은 구문에서도 구결의 '이라'가 고정되어 쓰이는 예도
있다.

(7) ㄱ. 故로 曰誰正誰倒ㅣ라 ᄒ니라(갓ᄀ로미 업슨 젼ᄎ로 닐오디 <u>뉘 正ᄒ</u>
<u>디 뉘 갓ᄀ디라</u> ᄒ니라)(능2:12)
ㄴ. 故로 曰眞과 非眞也ㅣ니(이런ᄃ로 니ᄅ샤디 <u>眞과 眞 아니라</u> ᄒ시니)
(능5:13)
ㄷ. 故로 曰妙音이 密圓이라 ᄒ니라(이런ᄃ로 닐오디 <u>微妙ᄒ 소리 密圓</u>
<u>이라</u> ᄒ니라)(능5:33)
ㄹ. 曰ᄒ샤디 能非能ᄒᄂ 執이라 ᄒ시니라((젼ᄎ로) 니ᄅ샤디 <u>能非能ᄒ</u>
<u>ᄂ 執이라</u> ᄒ시니)(능10:51)

ㅁ. 故로 曰已爲深信解相이라 ᄒ시니라 (ᄀᆞ호ᄢᅥ 니ᄅ샤ᄃᆡ ᄒᆞ마 기피 信
解ᄒᆞ 相이라 ᄒᆞ시니라) (법5:200)

ㅂ. 故云昏鈍이라 (이런ᄃᆞ로 니ᄅ샤ᄃᆡ 어드워 鈍이라) (능6:54)

ㅅ. 以明自性홀ᄉᆡ 故曰勝妙ㅣ라 (제 性을 ᄇᆞᆯ길ᄊᆡ 이런ᄃᆞ로 니ᄅ샤ᄃᆡ 勝
ᄒᆞ 微妙이라) (능6:9)

ㅇ. 故로云長夜애 守護ㅣ라 ᄒᆞ시니라 (이런ᄃᆞ로 長夜애 守護ㅣ라 니ᄅ시
니라) (법5:65)

언해 자료에서 인용문은 언해문의 구절이나 문장을 인용하는 것이 아니
다. 주석문도 대문의 내용에 대하여 한문으로 쓰여진 것으로, 다시 언해의
대상이기 때문이다. 즉 대문과 주석문은 각각 현결되고 언해되는 것이다. 인
용문의 형성이 국어의 규칙에 의해서 이루어진 것이 아니기 때문에 자연히
인용문의 현상이 불규칙일 수 있다. 더구나 언해 과정에서 구결문의 영향을
받는다면 더더욱 기이한 모습을 보일 수밖에 없다.

그런데 인용되는 구절이 사이에 구결이 삽입될 정도로 긴 경우에는 대문
의 현결과 동일하게 현결된다.[120] 그래서 인용문의 형식도 대문과 주석문의
인용부가 거의 일치하는 모습을 보이게 된다. 그러나 마지막 현결은 주석문
의 현결방식에 따라 바뀌기 때문에 전체가 완전한 일치를 보이는 것은 아니
다. 특히 구절의 일부분만을 인용한 경우에는 더욱 그러하다. (7)의 예는 구
절 일부만을 인용할 때의 예이다. 일종의 파편문적인 인용문인데, 현대국어
의 파편문과는 다른 모습을 보인다.[121]

---

120) 아래의 예가 이런 현결방식을 보여준다.
　　a. 故로 曰相見이 無性ᄒᆞ야 同於交蘆ㅣ라 ᄒᆞ시니라(능5:7)
　　　大文: 相見이 無性ᄒᆞ야 同於交蘆ㅣ니(능5:7)
　　b. 結와 解왜 同所因ᄒᆞ야 聖과 凡괘 無二路ᄂᆞᆫ(능5:11)
　　　大文: 結와 解왜 同所因ᄒᆞ야 聖과 凡괘 無二路ᄒᆞ니(능5:10)
　모두 인용되는 구절이 긴 편이다. 이런 예에서는 그 안에 사용된 구결은 주석문
과 대문이 일치한다. 다만 마지막의 구결은 달라지는데, a는 'ㅣ니'가 '이라'로 b는
'ᄒᆞ니'가 'ᄂᆞᆫ'으로 바뀌었다. 이는 인용문 전체의 구조에 맞춰 변경된 것이다. 필자
는 주석문의 의미해석구문에 쓰이는 a의 '이라 ᄒᆞ-'는 b의 'ᄂᆞᆫ'과 같이 상위문의 고
정된 형식으로 보는 것이다.
121) 현대국어에서 파편문의 구문은 "가까이에 전화가 없어서 '친구 집에 가서'라고 했
다.", "이곳 사람들은 '나를'을 '낼로'라고 한다."와 같이 표현된 그대로 어절단위로

(7ㄱ)의 대문은 '而我는 不知誰正誰倒ᄒ노이다(나는 뉘 正ᄒ디 뉘 ᄀ근디 아디 몯ᄒ노이다.)(능2:12)'이다. 여기서 빈어성분인 '誰正誰倒'만을 인용해 '이라 ᄒ-'가 현결된 것이 (7ㄱ)의 구결문이다. 만일 구결의 '이라'가 하위문의 어미를 나타내는 것이었다면 (7ㄱ) 같이는 언해될 수 없다. (7ㄱ)의 'ᄀ간디라' 는 당위의 표현이 아니다. 명사구보문 'ᄀ간디'에 '이라'가 통합된 것일 뿐이다.

(7ㄴ)도 마찬가지이다. 대문 '眞과 非眞과룰 恐迷ᄒ야(眞과 眞 아니와룰 모롫가 저허)(능5:12)'에서 '眞과 非眞'만을 따와서 해석한 구문인데 언해문의 '眞과 眞아니라'는 전체가 하나의 문장으로 부정문을 이루는 것이 아니다. '[眞과 眞 아니]np-이-'로 분석되어야 할 것이다. 이와 같이 구결문의 '이라 ᄒ-'의 '이라'는 하위문의 서술어성분과 관련되어 현결된 것이 아니고, 조사와 같이 전체가 하나의 통합체를 이루는 것이다.

(7ㄷ)의 기형적명사문도 이와 같은 환경에서 형성된 것이다. (7ㄷ)의 대문은 '妙音이 密圓ᄒ야(微妙ᄒ 소리 密히 圓ᄒ야)(능5:33)'이다. 대문에서는 '密히 圓ᄒ야'와 같이 동사문이었으나, (7ㄷ)에서는 '密圓이라'의 명사문으로 되어 있다. 이는 구결문의 모습 그대로이다. 상위의 '이라'가 명사구적 성분을 요구하기 때문에 '密圓'이 언해되지 않은 채 그대로 유지된 것이다. (7ㄹ)(7ㅂ,ㅅ,ㅇ)의 기형적명사문도 모두 이와 같은 절차에 따라 형성된 것이다.

이상에서 보듯 '근거-해석어'의 주석문에서도 '이라 ᄒ-'는 고정된 형식으로서의 특성을 보임으로써 '이라'는 명사구가 선행할 것을 요구하는 속성을 지니고 있다. 그런데 '이라'가 하위문의 서술어와 관련되어 동사문으로 언해되는 예도 없지 않다. (8)의 예가 그것이다.

(8) ㄱ. 故로 曰皆卽狂勞ㅣ라 ᄒ시니라(이런ᄃ로 니ᄅ샤ᄃ 다 곧 미츠며 잇브다 ᄒ시니라)(능5:23)
　　ㄴ. 故曰勝性이 現圓也ㅣ라(이런ᄃ로 니ᄅ샤ᄃ 勝ᄒ 性이 現ᄒ야 두렵다 ᄒ시니라)(능6:11)
　　ㄷ. 故로 曰內外具淨이라 ᄒ시니라(그럴씨 니ᄅ샤ᄃ 內外 다 조타 ᄒ시

─────────────

인용된다. 이것은 우리말 문장을 대상으로 인용했기 때문이다.

니라) (법5:37)

ㄹ. 如此롤 不聞故로 謂之滅耳니라 (이 ᄀᆞ호몰 듣디 몯ᄒᆞᅀᆞᆯ씨 滅ᄒᆞ시다 너기ᄂᆞ니라) (법5:162)

(8ㄱ)은 구결문의 '狂勞'와 'ㅣ라'를 합쳐 '미츠며 잇브다'와 같이 동사문으로 언해하여, '닐오디 S ᄒᆞ-'의 형식을 취하고 있다. (8ㄹ)은 융합형의 '이-'가 현결된 예인데, '滅耳니라'를 '滅ᄒᆞ시다'의 동사문으로 언해함으로써 'S 니ᄅᆞ-'(여기서는 '너기-')의 형식이 되었다.

'닐오디 S ᄒᆞ-', 'S 니ᄅᆞ-' 모두 지칭문적 구문의 주석문에서는 볼 수 없었던 형식인데, 이 구문에서 구결의 '이라'는 하위문의 서술어 성분과 관련되는 것으로 볼 수밖에 없으므로, '이라 ᄒᆞ-'를 고정 형식으로 보는 본고의 입장과는 상반된다.

그런데 (8)의 예는 인용된 부분인 피해석어가 '주어-술어'의 구조를 갖추고 있다는 공통점이 있다. (8ㄹ)의 예는 약간 다르나, 구결문의 '之'가 주어 성분이 전치되어 나갔음을 보이므로 '주어-술어'의 구조로 인식될 수 있다. 이와 같이 해석어가 문장을 이룬다는 특성이 이들 구결문이 동사문으로 언해될 수 있게 한 것으로 보인다. 해석어가 길게 인용된 구결문도 동사문으로 언해되는 예가 많은데, 긴 구절은 문장으로 인식되기 쉽기 때문에 '이라'를 서술어와 통합시켜 언해하게 된 것일 것이다. 또 (3)에서는 대격성분 'NP롤'이 표면에 존재함으로써 지칭문적 구조가 분명하고 해석어와 피해석어의 대등관계가 확실히 파악되기 쉬웠던 반면, 해석어가 근거 표현으로 바뀌면 지칭문적 구조가 덜 분명해짐으로써 구조적 영향력이 약화돼 일반적인 인용문의 언해방식에 간섭받기 쉽다는 점도 같이 작용했을 것이다.

대문에서 인용되는 부분이 문장 단위이거나 대문의 내용을 요약한 것일 경우는 더욱 일반 인용문에 가깝게 언해된다.

(9) ㄱ. 故로 曰釋迦牟尼ㅣ 於婆羅國에 成阿耨菩提라 ᄒᆞ시니라 (그럴씨 니ᄅᆞ샤디 釋迦牟尼ㅣ 娑婆國에 阿耨菩提롤 일우라 ᄒᆞ시니라) (법3:162)

ㄴ. 有八홀씨 故로 曰餘各八生이 在ᄒᆞ야 當得成佛道ㅣ라 ᄒᆞ시니라 (여들비 겨실씨 니ᄅᆞ샤디 나ᄆᆞ니各各 八生이 이셔 반ᄃᆞ기 佛道 일우믈

得호리라 ᄒᆞ시니라) (법5:176)

ㄷ. 故로 云因何迷悶不入이라 (그럴씨 니ᄅᆞ샤ᄃᆡ 므스글 因ᄒᆞ야 迷悶ᄒᆞ야
   드디 몯호미라) (원각 하3-1:4)

(9ㄱ)의 대문은 '我釋迦牟尼佛이 於娑婆國에 成阿耨多羅三貌三菩提ᄒᆞ
얫노라(나 釋迦牟尼佛이 娑婆國土애 阿耨多羅三貌三菩提ᄅᆞᆯ 일웻노라)(법3:161)'이다
여기서 밑줄친 부분에 대해 해석하는 구문이 (9ㄱ)의 예이다. 대문의 '耨多
羅三貌三菩提'가 '阿耨菩提'로 줄여져 있는 점을 제외하면 대문의 구절을
그대로 인용하고 있음을 알 수 있다. 이와 같이 문장 단위가 피해석어가 되
는 경우에는 구결 '이라 ᄒᆞ-'의 '이라'를 하위문의 것으로 인식해 동사문으
로 언해하곤 한다. 그런데 이 경우에도 언해문이 그대로 옮겨지는 것은 아니
다. 언해문에서는 '일웻노라'가 주석문에서는 '일우라'로 바뀌어 있다. 이는
'이라'를 하위문의 것으로 인식해 언해했지만, 현결 단계에서는 '이라'가 고
정된 것이었기 때문에 이 영향으로 대문의 '엣'이나 '-오/우-'가 나타날 수
없었던 것이다. '成阿耨菩提라'의 구결문만으로 예에서와 같이 언해될 수밖
에 없다. 따라서 비록 동사문으로 언해했어도 이런 구문 유형의 구결문에서
'이라 ᄒᆞ-'가 고정적으로 현결된다는 점은 변함이 없는 셈이다.

(9ㄴ)은 대문의 내용을 요약하여 제시한 것이다. 이런 구문에도 '이라 ᄒᆞ-'
의 구결이 달리지만 인용이 아니고 새로이 작성된 문장이기 때문에 엄격한
의미에서 대문의 내용을 인용한 것은 아니다. 그러나 제시되는 내용이 피해
석어적 성격을 지니고 있고, 인용문의 형식을 취하고 있으며, '이라 ᄒᆞ-'가
현결된다는 점이나 언해 과정에서의 대응방식이 (7), (8)과 유사하므로 같은
범주로 처리할 수 있다.

요약된 내용이 피해석어가 되는 구문은 더더욱 '이라'를 하위문의 것으
로 인식하기 쉽다. 대문과의 관련성이 희박하여 대문 구절의 해석이라는 인
식이 약해지기 때문이다. 따라서 예와 같이 보통의 인용문과 같이 '이라'를
하위문의 동사성분과 합쳐 동사문으로 언해하는 것이 보통이다.

그러나 이와 같은 구문에서도 '이라 ᄒᆞ-'가 고정적으로 현결된 것으로
보이는 예도 없지 않다. (9ㄷ)의 예가 그것이다. (9ㄷ)의 대문은 '因何染汗ᄒᆞ

야 使諸衆生으로 迷悶不入이니잇고(므스글 因호야 더러워 한 衆生으로 迷호야 닶
가와 드디 몯게 호노니잇고)(원각 하 3-1:4)'이다. 구절을 인용한 것이 아니라 대문
의 명제내용만을 가지고 온 것이다. 그래서 대문의 사역 구조가 반영되지 못
한 것이다. 그런데 언해문을 보면 '드디 몯호미라'와 같이 동명사로 바뀌어
있다. 이는 구결문의 융합형 '이라'에 영향 받아 나타난 현상이다. 주석문의
고정적 구결 '이라 호-'의 '이라'는 명사구가 앞에 올 것을 요구하는 힘이 있
어 '不入'을 동사로 해석하지 못한 것이다. 이와 같이 구결문에 영향 받아
언해되는 예는 특히 융합형구결이 쓰인 예에 많이 보인다. 이 점은 후술할
'닐온'구문과도 관계된다. 결국 (9ㄷ)의 예는 내용 요약의 구문에서도 '이라
호-'가 고정적으로 현결됨을 시사하는 것이다.

　이상에서 인용되는 부분이 문장 이상의 단위이더라도 '이라 호-'의 현결
이 원칙임을 재확인할 수 있었다. 다만 피해석어가 길고 문장을 형성하고 있
기 때문에,[122] 언해 과정에서 지칭문적 해석문의 구결문 구조를 일반 인용
문의 언해 방식에 따라 언해하게 된 것이 동사문으로 나타나게 된 것이라
할 수 있다. 이런 동사문의 발생이 수의적인 것도 그런 구문이 필연적인 이
유에서 형성된 것이 아니기 때문이다.

　수의적이긴 하지만 동사문의 와형보문으로 언해된 예는 일반 인용문과
구분되지 않는다. 언해문만을 놓고 보면 굳이 구분할 이유가 없을지 모른다.

---

122) 대문의 문장 단위를 해석하는 주석문에는 때로 아래와 같이 구결까지 바뀐 예도 보
인다.
　　故로 曰常不名一이어니 六이 云何成이리잇고 호니라 (이런드로 닐오디 오히려
　　　호나히라 일홈 몯호리어니 여스시 엇뎨 일리잇고 호니라) (능5:22)
　위 예의 대문은 '則無彼此호면 常不名一이어니 六이 云何成이리잇고 (뎌와 왜 업
서 오히려 호나히라 일홈 몯호리어니 여스시 엇뎨 일리잇고) (능5:22)'이다. 밑줄친
부분이 피해석어에 해당되는데, 문말의 구결 '이리잇고'까지 그대로 주석문으로 옮
겨져 있다. 이런 구문은 大文의 문장이 의문문으로 되어 있을 때 종종 나타난다.
'이라 호-'로 현결되어야 하지만 인용되는 부분이 문장이고 종결어미가 쓰이는 것
에 이끌려 大文의 구결을 그대로 옮겨오게 된 것으로 보인다. 또 大文이 의문법어
미가 쓰여 '이라 호-'로는 이를 표현하기 어렵다는 것도 이와 같은 현결을 낳게 했
을 것이다. 이와 같은 현결은 주석문의 현결로서는 예외적인 것이다. 이와 같은 예
외적 현결은 이런 구문의 구조가, '이라 호-'가 고정적으로 현결된 구결문이 언해
과정에서 잘못 인식되게 하는 요인임을 보여주는 것이다.

그러나 비록 동사문으로 언해되었어도 구결문에 고정적으로 현결된 '이라 ᄒᆞ-'에 영향 받아 (9ㄱ)에서와 같이 인용절 서술어의 어말어미의 형태나 선어말어미의 사용이 제한되기도 한다. 이로 인해 공손법이 중화되거나 하면 언해문만은 간접인용문처럼 보이게 된다. 그런데 이 구문은 대문 구절을 그대로 이용한 구문이다. 구절 사이의 구결까지 가지고 오기 때문에 언해도 대문과 일치하게 된다. 그래서 서술어를 보면 간접인용문적이지만 (10)과 같이 직접인용문적인 속성도 함께 지니게 된다. 따라서 이러한 구문에서의 직접인용, 간접인용을 구분하는 것은 의미가 없다. 역으로 이 점은 중세국어에서 간접인용과 직접인용의 구분이 어렵게 하는 원인이 되기도 한다.

(10) ㄱ. 아래 니ᄅᆞ샤ᄃᆡ 이 座애 처엄 안ᄌᆞ샤 十小劫이 ᄎᆞ다 ᄒᆞ시니(下애 云 ᄒᆞ샤ᄃᆡ 適坐此座ᄒᆞ샤 滿十小劫이라 ᄒᆞ시니) (법3:93)

ㄴ. ᄀᆞᆯ희욤 업슨 젼ᄎᆞ로 니ᄅᆞ샤ᄃᆡ ᄀᆞᆯ희욤 업시 다 아ᄂᆞ다 ᄒᆞ시니라(無所揀擇故로 無擇徧知라 ᄒᆞ시니라) (능10:56)

ㄷ. 니ᄅᆞ샤ᄃᆡ 나ᅀᅩ믈려 마초아 ᄇᆞᆯ교리라 ᄒᆞ시니라(曰進退合明이라 ᄒᆞ시니라)(능2:88)

(10)예는 모두 간접인용문으로 볼 수 있다. 그런데 (10ㄱ)에서는 지시어 '이'가 그대로 사용되고 있다. 간접화하면 시점이 전환되고 그로 인해 지시어 '이'는 '그'로 바뀐다. 그럼에도 여기서는 대문 그대로이다. 이것에 초점을 맞추면 이 문장은 직접인용문이라고도 할 수 있다.

(10ㄴ)에서 인용된 부분은 '善男子'의 발화이다. 그러나 주석문의 언해문을 보면 'ᄀᆞᆯ희욤 업시 다 아ᄂᆞ다'는 부처가 발화한 것으로 되어 있다. (10ㄴ)의 대문은 부처가 阿難에게 설법하는 내용이다. 따라서 대문의 '(善男子ㅣ) ⋯ ᄀᆞᆯ희욤 업시 다 아ᄂᆞ다 ᄒᆞ야 勝ᄒᆞᆫ 解ᄅᆞᆯ 내닌((善男子ㅣ) ⋯ 無擇徧知라 ᄒᆞ야 生勝解者ᄂᆞᆫ)(능10:55)'는 부텨가 善男子의 발화를 인용한 구문이다. 이중의 발화 구조를 갖고 있는 셈인데, 주석문은 이런 대문의 구조와 상관없이 구결문의 일부 구절만을 피해석어로 인용함으로써 이와 같은 불규칙한 문장이 형성된 것이다.

(10ㄷ)의 대문은 '내 이제 너 爲ᄒᆞ야 이 두 일로 나ᅀᅩ믈려 마초아 ᄇᆞᆯ교리

라[곰] 今에 爲汝ㅎ야 以此二事로 進退合明호리라)(능2:87)'이다. 대문을 보건대
'마초아 불교리라'는 부처의 발화이므로, 간접인용문이라면 '-시-'가 사용되
어야 하나 여기서는 사용되지 않고 있다. (10ㄷ)의 예는 구결문 '進退合明이
라 ㅎ-'의 고정된 구결 '이라 ㅎ-'로 인해 서술어에 '-시-'가 보충되지 못한
것이다. '-오/우-'는 보충된 것이 아니고, 같은 설명법어미이기 때문에 대문
의 언해문이 그대로 옮겨진 것일 뿐이다. 대문의 한문 구절을 파편문과 같이
이용하는 주석문의 인용 방식과 주석문의 고정된 구결 '이라 ㅎ-'가 복합적
으로 작용해 발생한 예외적 현상이다. 이와 같이 간접인용의 속성과 직접인
용의 속성이 혼효된 듯한 예는 주석문의 인용 방식과 구결문의 구조에서 그
원인을 찾아야 한다. 언해문만으로는 설명되기 어렵기 때문이다.

　　이상에서 살펴본 바와 같이 주석문의 인용문 중 일부는 국어의 체계만으
로는 설명되기 어려운 현상을 보인다. 이를 설명하기 위해 본고에서는 (3)과
(5), (7)의 구결문은 통합체에 해당되는 '이라 ㅎ-'(혹은 융합형 '이-')가 고정적
으로 현결된 것이며, 언해문은 구결문의 구조에 이끌려 나타난 것으로 이해
한 것이다. 따라서 이런 주석문의 인용문은 대문에 주로 보이는 화법구문으
로서의 일반 인용문과 별도로 취급하는 것이 중세국어의 인용문 체계를 파
악하는 데 바람직하다. 그러나 본고의 논의가 주석문의 모든 인용문이 모두
그러하다는 것은 아니다. 한문의 특정 구조에 대응하여 구결문이 고정된 형
식으로 현결되고 그것이 언해문의 구조에 영향을 미치는 현상이 존재함을
지적했을 뿐이다.

　　끝으로 구결문의 구조가 언해문의 모습에 영향을 준 것으로 보이는 일부
예를 살펴본다.

　　앞서 두 가지 주석문의 현결방식에서 15세기 문헌의 편찬자들이 '謂BA'
나 '說BA'와 같은 한문구성을 어떻게 파악하고 있었는지를 엿볼 수 있었다.
B에 대해서는 '謂'나 '說'의 빈어로 보아 대격으로 인식하거나 BA 전체를
하나의 문장으로 보아 B를 주격으로 인식하며, A는 'NP이라' 정도의 서술
어 성분으로 인식했음을 보았다. 따라서 전치될 때에도 B는 'B롤'로 나타나
고 A는 'A눈'으로 다르게 현결되었던 것이다.[123)]

이러한 구조 인식은 일반 인용문의 현결에 반영되어 나타나기도 한다. (11)은 '說BA' 구문에 대한 현결 예이다.

> (11) ㄱ. 說般若롤 非般若ㅣ라 ᄒᆞ샤(금삼3:6)
> ㄴ. 汝勿謂此鳥롤 實是罪報所生이라 ᄒᆞ라(아미11)
> ㄷ. 而說我等이 得諸無漏ᄒᆞ야 成就小乘혼 聲聞弟子ㅣ라 ᄒᆞ시다ᄉᆞ이다
>   (법2:246)
> ㄹ. 佛於衆生中에 說我當作佛ᄒᆞ시니(법2:24)
> ㅁ. 世尊ㅣ 說我ᄒᆞ샤ᄃᆡ 頭陀애 爲頭ㅣ라 ᄒᆞ시니(능5:40)

(11ㄱ,ㄴ)에서는 '說BA'의 B가 대격으로 현결되어 있고, (11ㄷ)에서는 주격으로 현결되어 있어, '說BA' 구성의 B를 당시 편찬자들이 어떻게 인식했는가를 보여준다. (11ㄹ)은 B와 A 사이에 구결이 달려 있지 않은데 이것이 일반적인 현결이다. 그래도 구문 인식은 남아 있어 언해문에서 보통 B를 대격이나 주격으로 언해한다. (11ㅁ)은 '-오ᄃᆡ'에 의해서 '說BA'의 B와 A가 분리되어 있다. (11ㅁ)과 같은 구문 파악이 (11ㄱ,ㄴ)의 구문 인식을 낳는 데 일조하지 않았나 생각된다.[124]

중세국어에서의 이른바 '대격주제화구문'은 바로 (11ㄱ,ㄴ)과 같은 구문 인식이 언해문에 반영된 것이다. 아래 (12)는 그러한 '謂BA' 구문을 언해한 예이다.

> (12) ㄱ. 네 의 새롤 實로 罪 지은 果報이 난 거시라 너기디 말라(汝勿謂此

---

123) "明妙者ᄂᆞᆫ 萬法의 體用을 異稱也ᄒᆞ시니라(능4:9)"는 '謂B,A'의 B와 A가 모두 전치된 구결문인데, B와 A가 어떻게 현결되는지를 단적으로 보여준다.
　　이현희(1994)에서는 "體ᄂᆞᆫ 眞實ㅅ 드롤 니ᄅᆞ시고(능2:83)"은 [[體롤][(體ㅣ)] 眞實ㅅ 둘]올 니ᄅᆞ시고 구조에서 하위문의 주어 명사구가 상위문의 대격성분과 동일 지시적이기 때문에 생략되고 상위문의 대격성분이 주제화된 것이라 설명하고 있는데, 이는 수용하기 어렵다. 우선 '니ᄅᆞ-'는 위와 같은 이중대격구문을 형성하지 않는 점이 설명되지 않으며, 위 예의 기저구조는 [[眞實ㅅ 드리 體이라] 니ᄅᆞ시고]로 보이기 때문이다. 여기서 '體이라'가 대격주제화된 것으로 보기는 어렵다.
124) (11ㅁ)의 현결은 B를 여격성분으로 인식할 때 많이 나타난다. 사실 중세국어 언해문에서 인물명사에 대격이 연결된 것은 여격어인지 대격어인지 모호할 때가 있다.

鳥룰 實是罪報所生이라 ᄒ라.(아미11)

ㄴ. 人間이 <u>너를</u> 해 드로미 <u>第一이라 일크라</u>(人間이 稱汝多聞第一이라 ᄒ야)(능4:72)

ㄷ. 부톄 大衆中에 <u>나를</u> 반ᄃᆞ기 <u>부톄 ᄃᆞ외리라</u> 니ᄅᆞ시니 (佛於衆生中에 說我當作佛ᄒ시니)(법2:24)

ㄹ. 世尊이 <u>나를</u> 니ᄅᆞ샤ᄃᆡ <u>頭陀애 ᄆᆞᆺ 爲頭타</u> ᄒ시니 (說我ᄒ샤ᄃᆡ 頭陀 애 爲最라 ᄒ시니)(능5:40)

(12ㄱ)은 B와 A 사이에 대격이 현결된 구결문의 언해이다. 이 때는 당연 히 B가 대격으로 언해된다. 이를 주격의 'B이'와 같이 언해하는 예는 없다. (12ㄴ, ㄷ)은 B와 A 사이에 아무런 구결도 달리지 않은 예이다. 그렇지만 한 문 '謂BA'의 B를 '謂'의 빈어로 보는 인식으로 인해 대격으로 언해되고 있 다. 일반인용문의 대격주제화구문은 일반적으로 이러한 구결문을 바탕으로 한 것이 많다. 표면에 나타나 있지 않지만 가상적인 대격의 구결이 B 뒤에 달려 있는 것으로 볼 수 있다.[125] 물론 이런 구결문은 주격으로 언해될 수도 있다. (12ㄹ)은 '-오ᄃᆡ'에 의해 B와 A가 분리되어 있다. 이렇게 현결되면 '謂 我'의 '我'는 대격으로 언해될 수밖에 없다. 이런 점에서 앞서 이런 구문 인 식이 B를 대격으로 인식하게 만드는 한 요인이라고 한 것이다.[126]

인용문의 대격주제화구문은 화법구문의 '說[NP-VP]s'를 '謂[BA]np'의 지칭문적 구문과 같이 인식하거나 그와 같이 현결된 구결문에 이끌려 나타

---

125) 김상대(1985:46)의 '無形의 口訣'과 같은 개념이다.

126) 중세국어의 대격주제화는 현대국어와 달리 동태적인 구문에서도 발생한다고 한다. 이현희(1986:8) 참조. 그런데 현대국어의 대격주제화에 대해서 이필영(1992:96)에서 는 "수의적 대격형의 구문은 보문의 서술어가 명사구이거나 상태동사와 같은 정태 적 성격을 띠는 경향이 높다"고 하고 있다. 그러나 보문동사가 동작동사라 하더라 도 그것이 상태지속을 나타내는 것이거나 특정한 상황에서의 행동들이 누적되어 그것이 개인의 자질로 평가될 경우에는 보문이 정태성을 지닐 수 있다고 하고 있 다. 아래의 예는 모두 추측법을 가지고 있다. 추측이란 미래의 상태에 대한 판단으 로 어느 정도 정태성을 띄는 것이다. 따라서 아래의 예들은 정태성 문장으로 볼 수 있어 동태적 구문의 대격주제화로 보기는 어렵다 할 것이다.

  a. 瞿曇이 나를 닐오ᄃᆡ 닐웨 後에 비루서 命終ᄒ리라 ᄒ더니(월석9:34)

  b. 부톄 大王ᄋᆞᆯ 니ᄅᆞ샤ᄃᆡ 나 滅度호 後에 … 八萬四千塔ᄋᆞᆯ 셰리라 ᄒ야신마론 (석보24:17)

난 구문이다. 여타 동빈구성의 경우 하위문의 주어성분에 대격의 구결이 현
결되거나, 이를 대격으로 언해하거나 하는 일은 없다. 또 이런 동빈구성에서
의 대격주제화는 하위문의 구성요소가 전치된 한문구성을 언해할 때만 나타
날 뿐이며, 특히 'VP'가 전치된 한문을 언해한 예만을 가리키기도 한다. 인
용구문에서만 이런 특유한 예가 보이는 것은 지칭문적 구문인식이 영향을
주었기 때문이라 볼 수밖에 없다.

여기서 한 가지 의문은 유사한 구문으로 인식하거나 유사한 현결방식임
에도 불구하고 주석문과 일반인용문의 언해방식이 왜 다른가 하는 점이다.
15세기 자료의 현결자들은 일반인용문과 주석문의 지칭문적 구문을 달리 파
악했던 것이 아닌가 추측된다. 기본적으로 같은 구조이기 때문에 구문 인식
에서는 상통하는 면을 보이지만, 현결에서는 구분하였던 것이 언해문의 차
이로 나타난 것이 아닌가 생각된다. 주석문의 지칭문적 구문은 하위문이 판
단구문이고 일반인용문은 하위문이 서사구문이라는 차이가 있다. 이런 차이
를 중시해 주석문의 지칭문적 구문은 '이라 ᄒᆞ-'가 고정되어 현결인 반면 일
반인용문에서의 '이라 ᄒᆞ-'의 '이라'는 하위문의 서술어와 관련된 것으로 성
격이 달랐던 것이라 이해된다. 현결 방식에서도 일반 인용문은 다양한 방식
을 보이는 점도 이런 구분 의식을 반증하는 것이라 생각된다. 또 이렇게 구
분하는 데는 대문은 텍스트를 이루지만 주석문은 자구 해석에 이용되며, 각
문장이 개별적이어서 하나의 텍스트를 형성하지 못하는 문 전체의 성격 차
이도 관련되었을 것이다.

(13)의 예도 구결문의 영향을 받았음직한 일반인용문의 예이다.

(13) ㄱ. 엇뎨 무러 닐오ᄃᆡ 諸佛如來 微妙ᄒᆞᆫ覺 볼ᄀᆞᆫ 空애 어느제 다시 山河
大地ᄅᆞᆯ 내ᄯᅡ ᄒᆞ던다(云何問言호ᄃᆡ 諸佛如來妙覺明空애 何當更出
山河大地오 ᄒᆞ던다)(능4:37)

ㄴ. 닐오ᄃᆡ 今世前世옛 福業과 부텨 맛니ᅀᆞ와 지슨 功德으로 다 盟誓ᄒᆞ
야 小果ᄅᆞᆯ ᄇᆞ리고 佛道애 廻向호려 ᄒᆞ니라(謂今世前世之福業과 …
廻向佛道호려 ᄒᆞ니라)(법2:49)

(13)은 모두 간접인용문으로 취급되는 것이다. 그런데 (13ㄱ)을 보면 부

처에 대한 제자의 발화이기 때문에 원발화는 공손법으로 실현되었음직한 문장이다. 공손법은 중화되었는데도 직접의문법 어미가 그대로 사용되고 있다. (13ㄱ)의 구결문에는 공손법이 중화된 연첩형구결이 사용되고 있다. 연첩형구결의 제1구결에는 선어말어미가 잘 나타나지 않고 특히 공손법이 잘 나타나지 않는다. 또 공손법은 언해 과정에서 추가되는 일도 거의 없다. 이런 구결문의 속성이 직접인용의 속성과 간접인용의 속성이 혼재된 불규칙한 문장을 만들어 냈을 가능성이 있는 것이다. (13ㄴ)도 유사한 예이다. 중세국어에서 '호려 ᄒᆞ-'와 '호리라 ᄒᆞ-'는 잘 교체되어 쓰인다. 그러나 '니ᄅᆞ-'와 같이 직접 발화되는 구문에서는 이 교체가 잘 나타나지 않는다는 점이 문제다. 만일 (13ㄴ)이 '호리라'로 언해되었다면 직접인용문이다. 구결문의 '호려 ᄒᆞ니라'는 '호려 ᄒᆞ노이다 ᄒᆞ니라'에서 세 개 이상의 구결이 연속되는 것을 피해 중간의 'ᄒᆞ노이다'가 생략된 구결로 보인다. 바로 이런 구결의 구성에 이끌려 언해된 것이 (13ㄴ)의 예가 아닌가 생각된다.

(13)과 같은 예들을 성급히 구결문의 영향이라고 단정짓기에는 미흡한 점이 많다. 중세국어의 인용문 전반에 걸친 논의와 더불어 다시 검토되어야 할 것으로 보인다.

2 '닐온'구문과 '닐오ᄃᆡ'구문

여기서는 인용동사가 '닐온'과 '닐오ᄃᆡ'로 나타나는 구문의 유형과 상호 연관성, 그리고 그것이 구결문과 언해문의 어떤 관계를 반영하는가에 대해 논의하고자 한다.

언해문의 '닐온'구문은 한문의 '所謂'와 깊은 관련을 맺고 있다. 15세기 자료에서 한문의 '所+V+NP' 구성의 '所+V'는 관형사형으로 언해되는 경향이 있다.[127]

---

127) 한문의 '所謂'는 관형화 변형과 관련되어 나타나는 것이다. 한문에서는 아래와 같이 賓語나 보충어를 표제명사로 하여 관형화할 때 '所+V'구성이 나타난다, 홍인표 (1973:159-161) 참조.

(1) ㄱ. 一切 內外옛 所有諸聲을(一切 內外옛 <u>잇</u> 여러가짓 소리롤)(법
6:34)

ㄴ. 欲知此光의 所爲因緣ㅎ더라(이 光이 <u>爲ㅎ샨</u> 因緣을 아숩고져 ㅎ더
라)(법1:100)

ㄷ. <u>所成</u>壽命이(<u>일운</u> 壽命이)(법5:145)

ㄹ. <u>所謂</u>有餘無餘ᄂᆞᆫ(<u>니ᄅᆞ샨</u> 有餘無餘ᄂᆞᆫ)(법1:109)

ㅁ. <u>所謂</u>不可以身相ᄋᆞ로 得見如來라 ᄒᆞ며(<u>닐온 밧</u> 어루 身相ᄋᆞ로 如來
롤 시러 보ᅌᆞᆸ디 몯ᄒᆞ리라 ᄒᆞ며)(금삼5:13)

ㅂ. 如<u>上說</u>塵數ㅣ어든(<u>우희 닐온</u> 塵數ㅣ ᄀᆞᆮ거든)(법4:65)

ㅅ. 而以反以<u>佛說</u>湛相ᄋᆞ로 爲不誠ᄒᆞ야(<u>부텨 니ᄅᆞ샨</u> 湛相ᄋᆞ로 眞實티
아니ᄒᆞ야)(능4:123)

(1)은 '所+V'와 그와 유사한 성격의 한문구성이 언해되는 양상을 보인
것이다. (1ㄱ~ㄹ)에서는 '所+V'가 모두 관형사형으로 언해되어 있다. 이때
'V'의 행위자가 존귀한 인물이면 (1ㄹ)과 같이 '-시-'가 쓰일 수 있다. (1ㅁ)
은 '닐온 밧'으로 언해되어 있다. '所謂'는 때로 이와 같이 언해되기도 하는
데 문헌별로 차이를 보인다.[128] (1ㅂ~ㅅ)은 '所+V'구성이 아닌데도 관형사
형으로 언해된 예이다. 典據나 주어성분이 인용동사 앞에 실현된 한문구성
은 所謂구성과 유사하게 언해된다.[129]

余讀春秋左氏傳 → 余所讀之春秋左氏傳
馬生於濟州道 → 馬所生之濟州道
위에서 '之'는 생략될 수 있으며 '之-명사'가 '者'에 의해 대치되거나 전부 생략되
는 것도 가능하다. 소위구성을 '닐온 밧'으로 언해하는 것은 '所謂之'의 '之'를 살
려 언해한 것으로 보인다. 이 때의 'ㅅ'은 동격 구성을 연결하는 기능을 한다.
128) 「法華經諺解」와 「楞嚴經諺解」에는 이렇게 언해한 예가 보이지 않는다. 물론 「月
印釋譜」와 「釋譜詳節」에도 보이지 않는다. 이런 언해는 「金剛經三家解」이나 「南
明集諺解」에 많이 보인다.
129) 주어가 실현되어 있는 경우, '닐온 NP'는 'NP이 NP롤 니ᄅᆞ-' 구성이 관형화한 것
으로 볼 수 있는데, 'NP이 NP롤 니ᄅᆞ-' 구성은 간혹 'NP애 NP롤 니ᄅᆞ-' 로 나타나
기도 한다. 이때 'NP애'는 典據(발화장소)가 오는데 주어의 역할과 유사한다. 이것
이 典據를 나타내는 성분이 관형사형으로 언해되는 것과 관련되는 이유라고 생각
된다. '此애 云復有弟子ᄂᆞᆫ 言未蒙化者ㅎ시니(<u>이에 니ᄅᆞ샨</u> 또 弟子ᄂᆞᆫ 敎化 몯 닙
ᄉᆞ오닐 니ᄅᆞ시니)(법3:167)'도 이런 가정을 지지해 준다. 물론 이런 구성은 '닐오
ᄃᆡ'구문으로도 언해될 수 있다.

(2) ㄱ. <u>所謂</u>ᄒ샨 知見에 入知ᄒ면 (<u>니ᄅ샨</u> 知見에 아로몰 셰면) (능2:90)

ㄴ. 下애 <u>所謂</u>ᄒ샨 證菩提ᄒ 心者ㅣ 是也ㅣ라 (<u>아래 니ᄅ샨</u> 菩提 證ᄒ
ᄆᅀᆞ미 이라) (능2:95)

ㄷ. <u>圓覺</u>애 云혼 三昧正受ᄂ (<u>圓覺</u>애 닐온 三昧正受ᄂ) (법7:9)

(2ㄱ, ㄴ)은 '所謂'에, (2ㄷ)은 '典據＋云'에 관형사형의 구결이 달린 예이
다. 이와 같이 현결되는 예는 많지 않지만 당시 편찬자들이 (1)의 구성을 어
떻게 인식하고 있었는지를 보여 준다.

(3) ㄱ. <u>니ᄅ샨</u> 爲頭ᄒ 妙法을 이 妙光法師ㅣ 다 能히 受持ᄒ니라 (<u>所說上妙</u>
<u>法</u>을 是妙光法師ㅣ 悉皆能受持ᄒ니라)

ㄴ. <u>니ᄅ샨</u> 流에 드로더 所ㅣ 업수미 觀ᄋ로 ᄒ시고 (<u>所謂入流亡所</u>ㅣ 則
以觀ᄒ시고) (능6:2)

ㄷ. <u>니ᄅ샨</u> 이 <u>法</u>은 思量ᄒ야 굴히요미 아롤꺼시 아니라 ᄒ샤미 이에 다
ᄒ시니 (<u>與所謂是法</u>은 <u>非思量分別所解者</u>ㅣ 盡此矣시니) (법1:174)

(3)은 조사 앞에 '닐온'구문이 쓰인 예이다. '닐온 NP'(3ㄱ), '닐온 홈'(3ㄴ),
'닐온 S 홈'(3ㄷ)의 세 형식이 보인다. 이 중 가장 많은 유형은 (3ㄱ)과 (3ㄴ)
의 것이고 (3ㄷ)은 드문 편이다. (3ㄷ)의 유형은 (4)와 같이 '所謂'가 지배하
는 명사구에 관계되는 조사가 직접 현결되지 못하는 환경에 집중적으로 나
타난다.

(4) ㄱ. 圓覺애 니ᄅ샨 믄득 내 몸 닛다 ᄒ샤미 곧ᄒ니 (如圓覺所謂忽忘我身
이니) (능2:113)

ㄴ. 如來ㅅ 몬져 詰難ᄒ야 니ᄅ더신 物이 能히 <u>날 보리라</u> ᄒ샤매 엇뎨
다ᄅ리잇고 (何殊如來ㅅ先所難言ᄒ더신 物能見我ㅣ리잇고) (능2:46)

ㄷ. 徵心에 닐온 識이 그 中에 나ᄂ니 믐 잇ᄂ더라 호몰 브트샤 (由徵
心에 云혼 識相其中則爲心在ᄒ샤) (능3:35)

ㄹ. 正法華애 니ᄅ샨 師子月等五百比丘와 <u>比丘尼라</u> ᄒ샤몰 븓즈오미 올
코 (正法華애 云ᄒ샨 師子月等五百比丘와 比丘尼코) (법6:89)

(4ㄱ)과 (4ㄴ)은 '所＋V'구성 전체가 '如'와 '殊'의 빈어로 사용되고 있

어 '所'가 이끄는 명사구에 구결이 직접 현결되지 못하는 환경이다. 뒤의 구결은 상위문의 동사 어사와 관련된 간접현결의 예이다. (4ㄷ,ㄹ)은 '所+V' 구성은 아니지만 같이 인식되는 것이므로 동일하게 이해할 수 있다. (2)에서와 같이 조사가 직접 현결되면 선행구절이 명사구임을 나타내기 때문에 동사문적 성격이 강한 연첨형적구문130)으로 언해되는 것이 방해되어 (3ㄱ)이나 (3ㄴ)의 구문이 많아지고, 그렇지 못한 환경에서는 본래의 구문적 특성이 발현되기 쉽기 때문에 이와 같은 현상이 나타난 것이라 생각된다.

(4ㄷ,ㄹ)과 같이 전거가 선행하는 한문구성을 제외하면 '謂NP'구성을 언해한 '닐온'구문이 조사 앞에 쓰이는 예는 없다. 이들은 모두 '닐오디'구문으로 나타날 뿐이다.

(5) ㄱ. 毘舍闍는 … 니르샨 여러가짓 사룸 보차는 거시니 (毘舍闍는 … 所謂諸惱人者ㅣ니) (법2:128)

ㄴ. 諸難이 절로 업수믄 닐온 一定히 難 업게 호미라 (所謂必使之無難이라) (법5:41)

ㄷ. 知彼佛滅度는 니르샨 오놄날ㄱ티 호노라 호샤미오 (知彼佛滅度는 所謂猶若今日也ㅣ시고) (법3:90)

ㄹ. 아희 무숨 아르샤문 곧 알푀 니르샨 기픈 모슨미 念 을 부톄 즈개 證호야 아르시느니이다 호샤미오 (知童子心은 卽前에 云호샨 深心所念을 佛自證之也ㅣ시고) (법3:189)

ㅁ. 妙히 볼곤 見온 니르샨 너 文殊ㅣ 곧고 (妙明之見은 如所謂汝文殊也ㅣ오) (능2:60)

ㅂ. 닐온 佛子로 住持라 (所謂佛子로 住持也ㅣ라) (능1:25)

(5)는 계사 '이-' 앞에 '닐온'구성이 나타난 예이다. (5ㄱ)은 '닐온 NP이-', (5ㄴ)은 '닐온 호미-', (5ㄷ)은 '닐온 S 호미-'에 해당한다. 주의할 것은 이때 문말이 동명사로 끝나 있다는 점이다. 이 중 가장 일반적인 것은 (5ㄱ,ㄴ)의 유형이다. 연첨형적구문을 포함하고 있는 (5ㄷ)은 예가 많은 편이 아니다. (5

---

130) 예를 들어 (4ㄹ)의 '正法華애 니르샨 師子月等五百比丘와 比丘尼라 ᄒᆞ샤ᄆᆞᆯ' 전체는 명사구이다. 그러나 인용동사의 대동사 'ᄒᆞ-'가 동명사로 실현되어 있어 (3ㄱ)이나 (3ㄴ)보다 상대적으로 동사문적 성격이 강하다고 할 수 있다.

ㄹ)은 所謂구성의 언해는 아니지만 이런 구성도 所謂구성과 같이 전체가 명사구를 형성하므로 所謂구성에 포함시켰다. 그러나 이런 예가 많은 것은 아니다. (5ㅁ)은 기형적명사문으로 볼 것인데, 정상적이라면 '妙히 볼군 見온 너 文殊ㅣ라 호미 곧고' 정도로 나타났음직한 예이나 구결 '이-'에 이끌려 'ㅣ라 호미'가 나타나지 않고 '文殊ㅣ'의 명사구만 실현된 것이다. (6ㅂ) 역시 같은 예이다.

'닐온'구문이 의미해석구문에 나타나는 것은 이와 같이 所謂구성이 쓰인 경우에 한한다. 전형적인 의미해석구문인 'A, 謂B'가 '닐온'구문으로 언해되는 일은 거의 없는 것으로 보인다.[131]

'所謂NP'에서 NP는 기존에 발화된 것이다. 따라서 새로운 정보(해석어에 해당)가 올 수는 없다. 그럼에도 불구하고 이것이 의미해석구문에 쓰이는 것은 所謂구성 전체가 명사구가 되기 때문이다. 즉, (5ㄹ)의 구결문과 같이 'A, 卽)B' 구성으로 'A = B'의 등치관계를 보이는 것일 뿐이다.[132] '所謂NP'의 NP가 B가 아니라 구문 전체가 B에 해당한다. 따라서 구결도 (5)에서 보듯 '이-'만이 현결된다. 연첨형구결이 현결되는 예는 없다. 이것은 所謂구성 전체가 명사구이고 전체구성이 'A는 B이-'의 등치관계의 지정구문이기 때문에 당연한 것이다. '이-'는 융합형이 아닌 명사구에 결합하는 조사로서의 '이-'

---

131) 아래의 예는 'A,謂B'를 언해한 '닐온'처럼 보이나 실은 아니다.
　　닐오디 生死 니룸 보몬 곧 니룬샨 자본 情이오(謂見生死起者는 卽云執情이오)
　　(원각상1-2:185)
　　이 예에서는 '닐오디 생사 니룸 보몬'이 해석어이고, '자본 情'이 피해석어에 해당된다. 앞에 언급된 내용을 해석어로 이용하고, '卽'으로 인해 '는'이 현결되어 의미해석구문의 모습처럼 되어 있지만, 실은 'B謂A'의 구문에 해당된다.

132) 이현희(1994:344)의 "이 명사구 자체는 화법구문적인 것이라고 할 수 있지만 그 문장 전체적으로는 의미해석구문과 관련이 있다."는 지적은 바로 이 점을 말하는 것이다. 다음의 예도 이와 같은 설명에 도움이 된다.
　　隨喜轉教는 則法師ㅣ 漸遠커늘 至第五十이라 ᄒᆞ시니(隨喜ᄒᆞ야 옮겨 ᄀᆞᄅᆞ쵸ᄆᆞᆫ
　　스숭 버으로미 漸漸 멀어늘 第五十에 니르다 ᄒᆞ시니) (법6:5)
　　구결문에서 연첨형구결은 한문에 대응하는 어사가 없을 때 현결되기도 한다. 이는 원문에 그에 해당하는 동사가 있었음을 밝히는 기능이라 할 것이다. 따라서 위 예는 원문에 '所謂'가 있었는데 생략되었으므로 그것을 구결 '이라 ᄒᆞ-'로 보충한 것이라 판단된다. 따라서 이 구문도 '則'에 의해 연결된 'A, B' 구성으로 '法師 … 五十이라 ᄒᆞ시니' 전체가 해석어 역할을 수행하는 구문이라고 판단된다.

인 것이다. 그런데 내부에 인용동사 '謂'가 있기 때문에 내부적으로 인용의 속성을 내포하고는 있는 것으로 보인다. 그래서 언해문에 이 속성이 반영되면 'NP이라 ᄒᆞ-'나 'S ᄒᆞ-'와 같은 연첨형적 구문이 나타나는 것이다.133) 그러나 상위에 현결된 것은 조사 '이-'이기 때문에 인용동사 'ᄒᆞ-'는 항상 동명사로 나타난다. 앞의 (5ㄷ,ㄹ) 그리고 아래의 (6)은 바로 그것을 보여준다.

(6) ㄱ. 닐온 萬象ㅅ 中에 ᄒᆞ오ᅀᅡ 나다난 <u>모미라 호미라</u> (所謂萬象之中에 獨
   露身者也ㅣ라) (능2:30)
   ㄴ. 文殊 니ᄅᆞ샨 心聞이 十方애 <u>ᄉᆞᄆᆞᆺ다 ᄒᆞ샤미라</u> (文殊所謂ᄒᆞ샨 心聞이
   洞十方이시니라) (법5:83)
   ㄷ. 니ᄅᆞ샨 世間 다ᄉᆞ룔 말와 資生ᄒᆞ욜 業둘히 다 正法을 順타 ᄒᆞ샤미라
   (所謂治世語言과 資生業等이 皆 順正法이시니라) (법2:197)
   ㄹ. 知彼佛滅度ᄂᆞᆫ 니ᄅᆞ샨 오ᄂᆞᆯ날 ᄀᆞ티 <u>ᄒᆞ노라 ᄒᆞ샤미오</u> (知彼佛滅度者ᄂᆞᆫ
   所謂猶若今日也ㅣ시고) (법3:90)

(6)의 예들은 동명사에 계사가 통합된 형식이다. 만일 所謂구성이 일반적인 인용문과 다를 바 없다면 이들이 각각 'ᄒᆞ니라'(6ㄱ), 'ᄒᆞ시니라'(6ㄴ,ㄷ), 'ᄒᆞ시고'(6ㄹ)의 동사로 언해되지 않을 이유가 없다. 그럼에도 불구하고 이들은 '닐온 S 호미-'의 형식으로 나타나 있다. 이는 구결문에 현결된 '이-'를 살리기 위한 조치이다. 이 '이-'는 인용의 구결문에 많이 보이는 융합형 '이-'가 아니라 단일형의 조사적인 '이-'이기 때문이다.

또 하나 (5)에서 주목되는 것은 所謂구성을 언해한 구문에서는 "이룰 닐온 혼 마샛 心地法門이라(능5:47)"과 같이 '닐온'의 앞에 대격어가 나타나는 예는 보이지 않는다는 점이다. 所謂구성의 앞에는 'NPᄂᆞᆫ'이나 'NP이'가 선행할 뿐이다

그런데 아주 드물지만 (7), (8)과 같이 所謂구성에 연첨형구결이 현결되

---

133) 이것은 간접현결되었을 때도(連添形의 제2구결만 실현되었을 때) 'S 니ᄅᆞ-'나 '닐오
   디 S ᄒᆞ-' 구문으로 언해될 수 있는 것과 同軌의 것이다. 상위문의 구결만 현결되면
   하위문의 언해는 구결이 실현되어 있을 때보다 훨씬 자유롭다. "'닐온'이나 '니ᄅᆞ
   샨'이 뒤의 문장을 수식할 때에는 항상 'ᄒᆞ-'를 동반하고 다닌다"(이현희(1994:359))
   는 지적은 바로 이런 속성을 말하는 것이다.

어 '닐온 [VP]s 호-'로 언해되거나, '이-'만 현결되었지만 '닐온 [VP]s'와 같이 언해되는 예가 나타나기도 한다.

(7) ㄱ. 一或詰問호면 則狂蕩失據호ᄂᆞ니 <u>所謂虛妄浮心이 多諸巧見이라 호시니</u>(시혹 詰難호야 무르면 狂蕩호야 브튦딜 일ᄂᆞ니 <u>니ᄅᆞ샨 虛妄호 ᄠᅳᆫ ᄆᆞᅀᆞ미 여러가짓 工巧호 보미 호다 호시니</u>)(능1:62)

　　ㄴ. 祖師所謂혼 但離妄緣호면 卽如如佛이라 호며 又曰호ᄃᆡ 是非ᄅᆞᆯ 已 去了호고 是非裏예 薦取ㅣ라호니(<u>祖師 닐온 오직 妄緣을 여희면 곧 如如佛이라 호며 ᄯᅩ 닐오ᄃᆡ 是와 非와ᄅᆞᆯ 호마 앗고 是非ㅅ 소배 가지라 호니</u>)(능2:69)

　　ㄷ. 宣說호샤ᄃᆡ … <u>所謂因空호며 因明호며 因心호며 因眼이라 호시더니</u> 잇고(<u>닐온 空ᄋᆞᆯ 因호며 볼고ᄆᆞᆯ 因호며 ᄆᆞᅀᆞᄆᆞᆯ 因호며 누늘 因호니라 호시더니잇고</u>)(능2:70)

　　ㄹ. <u>所謂無有定法이 如來可說이라 호며</u>(<u>닐온 밧 一定호 法이 如來ㅣ 어루 니ᄅᆞ샤미 업스시니라 호며</u>)(금삼5:14)

(8) ㄱ. 聞性ᄋᆞᆫ 未嘗有無호니所謂無聲ㅣ라 호야도 亦非滅이며 聲有ㅣ라 호야도 亦非生이니(듣ᄂᆞᆫ 性ᄋᆞᆫ 잢간도 이시며 <u>업디 아니호니 니ᄅᆞ샨 소리 업다 호야도 ᄯᅩ 滅혼디 아니며 소리 잇다 호야도 ᄯᅩ 生혼디 아니니</u>)(능4:128)

　　ㄴ. 心眞如者ᄂᆞᆫ … <u>所謂心性이 不生不滅호야 乃至竟無變壞니</u>(心眞如ᄂᆞᆫ … <u>닐온 心性이 生티 아니호며 滅티 아니호야 ᄆᆞᄎᆞ매 變호며 허룸 업스니</u>)(원각 상1-2 :110)

(7)은 이제까지의 논의와 상반되는 예로 보인다.

(7ㄱ, ㄴ)은 예외적이다. (7ㄱ)은 연결어미 '-니' 뒤의 예이다. 이 환경은 피해석어가 후행하는 지칭문적구조이다. 지칭문적구조에는 '이라 호-'가 현결될 수 있다. 그러나 언해는 '호미라 호-'로 되지 못하고, 일반인용문과 같이 되어 있다. 언해 과정에서의 변화로 보인다. (7ㄴ)은 인용문이 연속되는 구조에서 현결과 언해가 영향받은 것으로 보인다. 여하튼 구결문이나 언해문은 일반적인 所謂구성에서 벗어난다. 예가 많지 않으므로 특정 문맥 환경에서 나타난 예외적 현상으로 보고자 한다.

(7ㄷ)은 설명할 수 있다. 구결 '이라 ᄒ시더니잇고'는 상위의 '宣說'과 관계된 것이기 때문이다. '所謂'와 관계된 것은 '이라'뿐이다. 이 예는 '이라 이라 ᄒ시니잇고'에서 중복되는 '이라'가 생략된 것이다. 이처럼 인용동사가 중복되는 경우는 이와 같은 현상이 곧잘 일어나곤 한다.

(7ㄹ)은 조금 성격이 다르다. 「금강경삼가해」에 많이 나타나는데 이 문헌은 언해도 '닐온 밧'으로 하고 있다. 이는 이 문헌의 편찬자가 위 구조를 「능엄경언해」나 「법화경언해」의 편찬자와 달리 파악한 것을 반영한 것이 아닌가 생각된다. 즉, '所謂'만을 명사구로 인식하여 '닐온 바'로 언해하고 동격관계를 나타내는 'ㅅ'으로 연결한 것이 '닐온 밧'의 언해인데, 후행문장은 동격관계에 있으므로 연첨형구결을 가진 형태로 표현한 것이 아닌가 생각된다. 특정 문헌에 집중되므로 문헌적 특성의 하나로 보아 논의에서 제외할 수 있을 것이다.

(8)은 '이-'만 현결되었지만 '닐온 [VP]s'로 해석되는 예이다. 이런 유형의 예문은 '所謂'가 이끄는 구절이 길다는 공통점을 보인다. 15세기 자료에서 구결문의 문장 길이가 길 경우, 특히 서술어 부분이 길 경우, 전체구조나 그에 의해 현결된 구결의 지배력이 약해진다. 이런 경우는 대개 동사문으로 언해되는 예가 많다. 구결문은 선조적인 연결 구조이어서 구성요소인 구절 상호간의 관계가 명확히 반영되기 어렵다. 이런 이유로 긴 문장의 경우 일관된 언해가 이루어지지 않는 일이 있는 듯하다. 'A, 謂B'구성에서도 간혹 대화체구결이 현결된 구결문의 언해방식을 따라 '謂B'를 '닐오디 VP'로 언해하는 일이 있다. 특히 B에 해당하는 부분이 길거나 '-시-'가 쓰여 발화장면적 성격이 강해질 때 이런 현상이 많이 발생했는데, 이도 같은 맥락으로 보인다. (8)의 예들도 그 환경이 유사하다. (8)의 예는 이런 환경적 요인으로 인해 언해 과정에서 구결문의 구조를 잘못 파악해서 나타난 것이 아닌가 생각된다. 본고의 논의에서 어긋나는 것은 사실이나 예가 적고 환경의존적이기 때문에 예외로 취급할 수 있을 것이다. 따라서 본고의 설명에 큰 지장이 되는 것은 아닐 것이다.

이제까지 所謂구성과 그에 현결되는 구결에 대해 논의했다. 이를 기반으로 所謂구성을 언해한 구문들의 상관관계를 정리하면 (9)와 같은 변형 관계로 나타낼 수 있다.

> (9) a. [닐온 [NP이라] s 홈]이- = (1) 닐온 [NP이라] s 호미 → *닐온 NP이
> 로미 → (2)닐온 NP이-
> b. [닐온 [VP] s 홈]이-] = (1)닐온 [VP] s 호미 → (2)닐온 호미-

(9a)는 所謂구성에 대응하는 언해문의 서술어 부분이 명사일 때, (9b)는 동사일 때의 변형과정을 보인 것이다. 물론 현결은 '이-'만 되기 때문에 '이라 호미-'나 '호미-'와 같은 구결은 존재하지 않는다. 연첨형적구조는 내부의 인용동사 '謂'에 의한 것이다. 여기서 강조하고 싶은 것은 'ᄒ-'가 동명사 '홈'이 되는 것은 구결 '이-'에 견인되어 표면에서 바뀐 것이 아니라 所謂구성 자체가 명사구여서 갖는 내재적인 것이라는 점이다. 만일 형식명사 '바'가 쓰인다면 '바-이라(배라)'와 같이 될 것이다.

이 과정에 따라 (5)의 예들은 다음과 같이 설명될 수 있다. 편의를 위해 (5)의 예를 일부 다시 인용한다.

> (5) ㄱ. 毘舍闍ᄂᆞᆫ … 니르샨 여러가짓 사ᄅᆞᆷ 보차ᄂᆞᆫ 거시니(毘舍闍ᄂᆞᆫ … 所
> 謂諸惱人者ㅣ 니)(법2:128)
> ㄴ. 諸難이 절로 업수믄 닐온 一定히 難 업게 호미라(所謂必使之無難이
> 라)(법5:41)
> ㄷ. 知徒滅度ᄂᆞᆫ 니르샨 오ᄂᆞᆳ날ᄀᆞ티 ᄒᆞ노라 ᄒᆞ샤미오(知徒滅度ᄂᆞᆫ 所謂猶
> 若今日也ㅣ 시고)(법3:90)

(5ㄱ)의 경우 '니르샨 여러가짓 사ᄅᆞᆷ 보차ᄂᆞᆫ 것'은 '니르샨 여러가짓 사ᄅᆞᆷ 보차ᄂᆞᆫ 거시라 홈-이니'에서 '*니르샨 여러가짓 사ᄅᆞᆷ 보차ᄂᆞᆫ 것이로미니'의 융합 단계를 거쳐 이루어진 (9a)의 예이다. (5ㄴ)의 '닐온 一定히 難 업게 호미-'는134) (9b)의 2단계에 해당되며 1단계의 모습은 '닐온 一定히 難 업게

---

134) 여기서 중세국어의 동명사에 대해 생각해 볼 필요가 있다. 언해문의 동명사는 한문에서는 하나의 단어에 대응하는 예가 많다. 즉 하나의 개념어를 직역하면서 나타난 동명사를 현대국어의 명사절 상당의 동명사로 볼 수 있을지는 의문이다. 특히 아래의 동명사는 오히려 파생명사에 가깝다는 인상을 준다.

ᄒᆞ다 호-이-'일 것이다. (5ㄷ)은 1단계의 모습을 보인다. 만일 변형 전의 1단계 구문이 '니ᄅᆞ샨 오ᄂᆞᆯ날ㄱ티 ᄒᆞ노라 ᄒᆞ시니라 이-' 정도였다면 '니ᄅᆞ샨 오ᄂᆞᆯ날ㄱ티 ᄒᆞ시니라'가 나타날 수 있다. 그러나 所謂구성의 언해문에 환경적 요인에 의해 발생한 (7)(8)의 예외를 제외하곤 이런 형식이 존재하지 않는다.

다음 (10)은 所謂구성이 아닌 '謂NP'구성에 대해 '닐온'구문이 대응된 예이다.

> (10) ㄱ. 견ᄎᆞᆨ 즁이 드러내에 홀ᄊᆞᆯ 닐온 自恣ㅣ라 (恣任僧擧홀술 曰自恣ㅣ라)
> (능1:29)
> ㄴ. 이룰 닐온 無始生死ㅅ 根本이 (是謂無始生死ㅅ 根本이니) (능1:46)
> ㄷ. 正果룰 取ᄒᆞ실씨 니ᄅᆞ샨 無漏룰 나ᅀᅡ닷고미오 (取正果ᄒᆞ실시 曰進修無漏이오) (능6:8)
> ㄹ. 三乘 그처 ᄃᆞᄉᆞ리논 法을 밍ㄱᄅᆞ시니 이 니ᄅᆞ샨 種種 兵 니ᄅᆞ와도미라 (設三乘斷治之法ᄒᆞ시니는 是謂起種種兵이라) (법5:58)
> ㅁ. 이런ᄃᆞ로 니ᄅᆞ샨 寂靜ᄒᆞ며 微妙히 붉고미오 (故曰寂靜妙明이오) (능6:9)
> ㅂ. 無邊劫業엣 迷惑을 一時예 다 滅ᄒᆞᄂᆞ니 이 니ᄅᆞ샨 無邊劫 디나 成佛이라 (則無邊劫迷룰 一時예 頓滅ᄒᆞᄂᆞ니 是謂過無邊劫ᄒᆞᅡ 成佛이라) (법2:34)

(10)의 '닐온'구문은 모두 'B, 謂A'구성을 언해한 것이다. 모두 '이-'만 현결되어 있다. '닐온 NP이-'(10ㄱ,ㄴ,ㅂ), '닐온 호미-'(10ㄷ,ㄹ,ㅁ)의 형식으로 언해된다. 이 때 해석어 B는 대격어로도 주격어로도 나타날 수 있으며 (10ㅁ)과 같이 근거의 표현으로도 나타날 수 있다. (10ㅁ)와 같은 환경에서도 '닐온 NP이-', '닐온 호미-' 구문이 모두 나타난다. (10ㅅ)은 기형적명사문의 예이다. 정상적이라면 '成佛'이 '成佛홈' 정도로 나타나거나 '이 닐오디 無

愛 미조물 닐오디 情이오 氣 브투물 닐오디 어우루미니 (結愛룰 曰情이오 氣附룰 曰合이니) (능4:28)
각각 대구되는 '情'과 '合'에 대해 명사와 동명사로 언해하고 있는데, 뒤의 '合'도 '情'과 같이 한문에서는 하나의 단어로 쓰인 것일 것이다. 다만 언해할 때 대응되는 우리말 단어가 없어 동명사로 나타난 것으로 보인다.

邊劫 디나 成佛타 ᄒᆞ니라'와 같이 나타났을 것이다.

(11) ㄱ. <u>우희 니ᄅᆞ샨 緣이 그츠면 因이 나디 아니ᄒᆞᄂᆞ니라 ᄒᆞ샤미 이 正히</u>
因緣 ᄠᅳ디니 (上애 稱緣斷而因不生이라 ᄒᆞ샤미 斯ㅣ 正因緣之義
니) (능4:64)
ㄴ. <u>經에 니ᄅᆞ샨 父母 나혼 누느로 三千界ᄅᆞᆯ 다 보리라 ᄒᆞ시니</u> (如經에
云ᄒᆞ샨 母所生眼으로 悉見三千界라 ᄒᆞ시니) (법6:26)
ㄷ. 理예 기피 나ᅀᆞ가실ᄊᆡ 怯弱이 업스시니 <u>니ᄅᆞ샨 저픔업슨 ᄆᆞᅀᆞᄆᆞ로</u>
<u>能히 便安히 니ᄅᆞ리라 ᄒᆞ샤미라</u> (深造於理故로 無怯弱ᄒᆞ시니 謂無
怖畏心으로 能安樂説也ㅣ시니라) (법5:31)

(11)은 'B, 謂A'구성이 한문구성이 연첨형적구문으로 언해된 예이다. (11ㄱ)
은 '닐온 S 홈-이', (11ㄴ)은 '닐온 S ᄒᆞ-', (11ㄷ)은 '닐온 S 홈-이-'로 각각 형식
화할 수 있다. '닐온'구문에서 이런 연첨형적 구조의 예는 아주 드물다. 특히
(11ㄷ)과 같은 형식은 「능엄경언해」와 「법화경언해」에서 유일한 것일 정도다.
(11ㄱ)의 '典據-V'의 구성이므로 所謂구성과 같은 언해를 받은 것이 이
와 같이 언해된 원인이라고 생각된다. (11ㄴ)도 같다. '닐오디'로 나타날 것
이 '典據-V'구성에 이끌려 헌결된 '云ᄒᆞ샨'에 의해 '닐온'으로 언해된 것으
로 보인다. 원문이 所謂구성의 예에 해당되므로 진정한 'B, 謂A'구성의 언
해는 아니다.
(11ㄷ)은 많은 것을 말해준다. (10)의 구결문은 '이-'만이 현결되지만 이
'이-'는 그 성격이 所謂구성에서와는 다르다. 'B, 謂A'의 구성은 연첨형구결
이 달릴 수 있다. 이것은 '닐오디'구문으로 언해되는 구결문의 예에서 확인
된다. 따라서 (11)의 '이-'는 융합형일 가능성이 많다. 그런 까닭에 (11ㄷ)과
같이 연첨형적 구조로 언해된 것이다. 즉, 所謂구성에서는 명사술어임을 보
이는 상위문의 구결 '이-'만 현결된 상황에서 하위문의(所謂의) 인용동사가
내재하고 있던 인용문적 속성이 언해문에 반영된 것이고, 여기서는 융합형
이기 때문에 연첨형적 구조로 언해된 것이다. 겉모습은 같아도 그 출현과정
이 다른 것이다. 그런데 (11ㄷ)에서는 '니ᄅᆞ샨 저픔업슨 ᄆᆞᅀᆞᄆᆞ로 能히 便安
히 니ᄅᆞ리라 ᄒᆞ시니라'가 아니라 문말어미가 'ᄒᆞ샤미니'로 되어 있는 점이

주목된다. 같은 구성에 같은 현결을 하더라도 '닐오ᄃᆡ'로 언해되면 이러한 현상은 나타나지 않는다. 모두 '닐오ᄃᆡ S ᄒᆞ-'로 될 뿐이다. 所謂구성에서 인용동사의 대동사 'ᄒᆞ-'가 동명사로 바뀌는 것은 所謂구성 전체가 명사이기 때문에 내재적인 원인에 따르는 것이지만, (11ㄷ)은 구결문의 '이-'에 이끌려 표면에서 '홈'으로 실현된 것이라는 점이 다르다.

(10)(11)과 같이 'B, 謂A'구성을 언해한 '닐온'구문은 일반인용문에서는 보이지 않고 주석문에서만 보인다.

구결문과 언해문의 관계는 한문구성에 대한 통사적 인식이 구결문으로 나타나고 구결문에 대한 통사적 재인식이 언해문에 반영되는 순차적이고 단계적인 것이다. '닐온'구문이나 '닐오ᄃᆡ'구문이나 같이 현결됨에도 언해문이 달라지는 것은 2차 단계인 구결문에 대한 통사적 재인식의 차이에서 연유하는 것으로 보여진다. 즉, '닐온'은 '이-'의 조사적 성격에 초점을 맞춘 인식이 반영된 것이고 '닐오ᄃᆡ'는 '이-'의 서술성을 중시한 인식이 반영된 언해라는 것이다. 구결문 'B, 謂A이-'를 언해한 '닐온'구문에 연첨형적구문이 잘 나타나지 않고 쓰이더라도 (11ㄷ)과 같이 문말이 동명사 표현이 되는 것은 이러한 재인식이 작용했기 때문이었다고 할 수 있다.

이상에서 논의한 '닐온'구문의 유형과 특성을 염두에 두고 '닐오ᄃᆡ'구문을 살펴보자.

(12) ㄱ. 優婆塞優婆夷ᄂᆞᆫ 닐오ᄃᆡ 佛法을 갓가이 셤기ᄂᆞᆫ 男女ㅣ라(優婆塞優婆夷ᄂᆞᆫ謂近事佛法男女ㅣ라)(능6:19)

ㄴ. 無等等은 닐오ᄃᆡ 物이 等ᄒᆞ리 업스샤ᄃᆡ 能히 物와 等ᄒᆞ실씨니(無等等者ᄂᆞᆫ 謂物이 無等ᄒᆞ샤ᄃᆡ 而能與物와 爲等이니)(능6:81)

ㄷ. 通히 如來藏이라 니르샤문 … 닐오ᄃᆡ 如來를 두퍼 가촐씨(通云如來藏者ᄂᆞᆫ … 謂覆藏如來故로)(원각 상 1-2:177)

ㄹ. 空 ᄠᅳᆮ들 혀샤문 니르샤ᄃᆡ 미요미 업스면 글움 업수문 더룷디어니와 뉘 能히 미요미 업스리오(引空義者ᄂᆞᆫ 謂除無結則無解어니와 而孰能無結哉리오)(능4:92)

(12)는 'A, 謂B'의 의미해석구문에 해당되는 '닐오ᄃᆡ'구문이다. (12ㄱ)은

'닐오디 NP이-'의 예이다. (12ㄴ)은 '닐오디(명사구보문구성)이-'의 구성인데 많지 않다. 형식명사 'ㅅ'가 해석어임을 보이는 기능을 하기 때문에 이와 같은 구문이 가능했던 것으로 보인다. 그런데 명사구보문구성도 명사로 종결되므로 (12ㄱ)와 같은 유형이라고 보아도 무방할 것이다. '닐오디 호미-'의 예는 나타나질 않는다.[135] (12ㄷ, ㄹ)은 '닐오디 S'라고 할 수 있다. 이 구성은 특히 '니르샤디'와 같이 '-시-'가 쓰일 때에 집중되어 있다. 이것을 '닐오디 S ᄒ-'에서 'ᄒ-'가 수의적으로 탈락한 것으로 보기는 어렵다. 의미해석구문에는 '닐오디 S ᄒ-'가 전혀 보이질 않고, '謂BA'에서 A가 이동하면 대격성분인 B만 남기 때문에 연첨형구결이 현결되지도 않는다. (12ㄷ, ㄹ)의 유형이 나타나는 구결문은 구절말 구결로 의문법어미가 쓰이거나 다양한 문법형태가 통합되거나 B에 해당하는 구절이 상당히 길거나 하다. 이 점은 대화체구결이 현결될 때와 같은 성격을 보인다. 또 '-시-'가 쓰이는 환경에서 이런 구문이 많이 나타나는 것도 피해석어 발화자의 행동임이 강조되는 발화적 환경에서 대화체구결이 현결되거나 구결문의 구결을 대화체구결로 인식한 결과가 '닐오디 S'의 언해로 나타나는 것으로 설명될 수 있다. 앞에서도 언급했듯이 의미해석구문의 구결문의 '이-'는 인용동사와 관련되는 간접현결의 '이-'이다. 같은 의미해석구문이너라도 所謂구성의 '이-'와는 싱걱이 다르다. 所謂구성의 구결문은 판단구문의 '이-'이고, 'A, 謂B'는 근본적으로는 서사구문으로, 인용동사와 관계되는 구결 'ᄒ-'가 주석문이라는 특수 상황에서 '이-'로 대치되어 쓰인 것일 뿐이다. 따라서 서술성이 강한 '이-'인 것이다. 이 점이 'A, 謂B'구성의 주석문의 언해에 '닐온'구문이 보이지 않는 이유일 것이다.

(13) ㄱ. 닐오디 成所作智ᄂᆫ 눔 利호매 브터 種種 變化홀씨 (謂成所作智ᄂᆫ 多附利地ᄒ야 種種變化홀시) (영가 상 89)

　　　ㄱ'. 닐오디 空의 性은 體 업스니 (謂空性은 無體ᄒ나) (능3:117)

---

135) 아래의 예를 '닐오디 호미-'로 보기는 곤란하다. 여기서의 '도옴'은 '資助'라는 한문 단어에 대응하는 단어적 성격의 동명사로 파생명사에 가까운 것이다. 동사가 통사적으로 지배하는 성분이 함께 나타날 때 진정한 동명사라 할 것인데, 이런 성격의 동명사가 쓰인 의미해석구문의 '닐오디 호미-'는 보이지 않는다.

　　助ᄂᆫ 닐오디 도오미니 (助ᄂᆫ 謂資助니) (원각 상 2-2:113)

ㄴ. 닐오디 生死 니룸 보미 곧 니ᄅ샨 자본 情이오 (謂見生死起者ᄂᆞᆫ 卽
云執情이오) (원각 상1-2:185)

ㄷ. 닐오디 맏느니라 호미 쁘디 아니로다 (說호디 聞이라 호미 非義로
다) (능3:24)

(14) ㄱ. 如來이 닐오디 眞實로 어엿브도다 ᄒᆞᄂᆞ니라 (如來ㅣ 說爲眞可憐愍
이니라) (능3:65)

ㄴ. 닐오디 ᄒᆞ다가 自心을 아디 몯ᄒᆞ면 엇뎨 正道ᄅᆞᆯ 알리오 (謂若不了
自心ᄒᆞ면 何知正道리오) (원각 상 1-2:81)

ㄷ. 世尊이 나ᄅᆞᆯ 니ᄅ샤디 頭陀애 ᄆᆞᆺ 爲頭타 ᄒᆞ시니 (世尊이 說我ᄒᆞ샤
디 頭陀애 爲最라 ᄒᆞ시니) (능5:41)

ㅌ. 十方草木올 다 닐오디 情이 이실ᄊᆡ 사ᄅᆞᆷ과 달오미 업다 ᄒᆞ야 (十方
草木올 皆稱有情ᄒᆞᆯᄊᆡ 與人無異라 ᄒᆞ야) (능10:55)

(15) ㄱ. 境을 드료몰 닐오디 受ㅣ라 (納境於心호몰 曰受ㅣ라) (능2:113)

ㄴ. 物이 能히 긔저리디 몯홀ᄊᆡ 닐오디 微妙히 몰ᄀ샤미오 (物이 不能
汨홀ᄊᆡ 曰妙湛이오) (능3:111)

ㄷ. 이런ᄃᆞ로 니ᄅ샤디 보미 根源이라 ᄒᆞ시고 (故曰見元이라 ᄒᆞ시고)
(능2:49)

ㄹ. 그럴ᄊᆡ 니ᄅ샤디 內外 다 조타 ᄒᆞ시니라 (故로 曰內外俱淨이라 ᄒᆞ
시니라) (법5:38)

ㅁ. (전추로) 니ᄅ샤디 因依心을 셰여 妄計果ᄅᆞᆯ 일우미라 ᄒᆞ시니라 (曰
立因依心ᄒᆞ야 成妄計果ㅣ라 ᄒᆞ시니라) (능10:54)

(13)은 계사 이외의 조사 앞에 '닐오디'구문이 쓰인 예이다. 각각 '닐오디
NP-ᄋᆞᆫ'(ㄱ,ㄱ′), '닐오디 홈-ᄋᆞᆫ'(ㄴ), '닐오디 S 홈-ᄋᆞᆫ'(ㄷ)에 해당한다. '謂NP'에
조사가 현결된 구결문은 모두 '닐오디'구문으로 언해된다. 'NP＋謂NP'와
같이 주어성분이나 처격(典據)이 선행하는 구성을 언해할 때, '닐온'구문이
일부 보일 뿐이다.[136]

---

136) 여기서 하나의 의문에 부딪히게 된다. 구결문에서 조사를 현결하는 것은 선행구절
이 명사구라는 의식을 바탕으로 한 것으로 언해 단계에서도 명사구로 언해될 것을
요구하는 힘이 '이-'보다는 강하다. 그런데 왜 이 구성이 명사문적 성격이 더 강한
'닐온'구문으로 언해되지 않았느냐는 점이다. (13)의 현결은 조사 앞의 이런 구성을

(13)의 조사 앞의 '닐오디 NP'에 대해서는 두 가지 설명이 가능하다. NP를 언급대상으로 보아 'NP롤 니른-'의 변형으로 보는 것과 '닐오디 NP이라 홈'에서 '이라 홈'이 융합된 '*이롬'의 단계를 거쳐 형성된 것으로 보는 것이 그것이다. 필자는 '닐오디 NP'는 후자의, 所謂구문의 '닐온 NP'는 전자로의 인식이 작용한 것이 아닌가 생각한다. 국어에서에서 '닐온'식의 관형변형은 가능하나 '닐오디'식의 변형은 상정하기 어려우며, '닐오디 홈'의 존재를 생각하면 이와 같이 보는 것이 두 구조를 연관시켜 설명할 수 있기 때문이다. 결국 '닐오디 NP'는 기형적명사문과 유사한 성격이 된다. 따라서 '제 닐오디 일후미 곧디 아니ᄒᆞ며(自說名字ㅣ 不同ᄒᆞ며)(법5:136)'와 같은 예에서 '제 닐오디 일후미'는 '닐오디 일후미라 호미>*닐오디 일후미롬'의 변형을 거친 것으로, 현대어라면 "(大文에서) 이름이라고 말한 것이" 정도의 의미로 해석된다.

(14)는 일반인용문의 '닐오디 S(ᄒᆞ-)'의 구문이다. (14ㄴ)은 '닐오디 S'인데 이때 S는 직접인용문이 오는 것이 보통이다. (14)의 구문들은 일반인용문의 대표적인 형식으로 구결문의 어순에 따라 언해된 것으로 'S 니른-'와 그 성격이 같다. 주목할 것은 일반인용문으로는 '닐오디 NP이-'나 '닐오디 호미-' 형식이 보이지 않는다는 점이다. 이런 형식은 대문에서는 거의 쓰이지 않는다. 이것은 이 구문이 융합형구결에 의존하여 나타나는 형식이고 구결의 융합은 주석문에서 주로 일어나기 때문이다.[137] 대문에 'B, 謂A'를 언해한 '닐온'구문이 잘 보이지 않는 것도 같은 이유일 것이다.

(14ㄷ,ㄹ)은 대격주제화한 일반인용문의 예이다. 이런 예에도 역시 '닐온' 구문은 보이지 않는다. 일반인용문의 현결방식이 '닐온'구문을 형성할 수 없기 때문이다.

(15)는 모두 지칭문적 구조를 보이는 예로 주석문에 많이 보인다.[138] '닐

동사구적으로 인식했음을 보여주는데, 무슨 이유에서인가 이런 구성은 동사구라는 인식을 받았던 것이 '닐오디'구문으로 언해된 것으로 생각되지만 그 이유에 대해서는 명확한 답을 갖고 있지 않다. 혹 所謂구성과의 변별력을 유지하기 위한 조치였는지도 모른다.

137) 주석문의 '주제 - 설명'의 환경이 이러한 현상을 발생시킨 것으로 생각된다. '주제 - 설명'의 구조는 'X는 X이-'의 구문으로 되길 요구하기 때문에 주석문에 '이-'구결이 많이 쓰이고 이에 견인되어 '이라 ᄒᆞ-'도 융합되는 것이라고 생각된다.

오디 NP-이-', '닐오디 홈-이-', '닐오디 NP이라 ᄒ-', '닐오디 S ᄒ-', '닐오디 호미라 ᄒ-',에 해당한다. 이 중 (15ㄹ)의 형식은 해석어가 근거 표현으로 실현되는 구문에 집중된다. 일반인용문 (14)에서와 같이 대격성분이 실현된 상태에서 피해석어가 동사문으로 나타나는 예는 없다. 지칭문적 구조가 명료해짐으로써 언해 과정에서 잘못 언해되는 일이 없기 때문일 것이다.[139]

이제 논의를 종합해 '닐오디'구문과 '닐온'구문의 비교해 보자. '所謂'를 바탕으로 한 '닐온'구문을 제외한다면 '닐오디'구문과 '닐온'구문이 중복되는 것은 주석문의 지칭문적구문으로 언해될 때뿐이다. 따라서 이런 환경에서 '닐오디'구문과 '닐온'구문이 어떤 차이를 보이는가가 문제된다.

(16) ㄱ. 닐오디 谷을 여흰 조혼 모미 사는 짜히라 (謂離欲淨身의 所居也ㅣ라) (능9:19)

ㄴ. 이런ᄃ로 닐오디 섯거 精ᄒ며 몱다 ᄒ니라 (故로 曰雜蹂精瑩이라) (능5:16)

ㄷ. 이런ᄃ로 니ᄅ샤디 諸法 나미 오직 ᄆᆞᅀᆞ미 나톤 거시라 ᄒ시니라 (故로 曰諸法所生이 唯心所現이라 ᄒ시니라) (능1:88)

ㄹ. 이런ᄃ로 닐오디 오히려 하나히라 일홈 몯ᄒ리어니 여스시 엇뎨 일리 잇고 ᄒ니라 (故로 曰常不名이어니 六이 云何成이리잇고 ᄒ니라)(능5:22)

(16)은 주석문의 '닐오디'구문이 대응하는 구결문의 현결 방식을 보이는 예이다. (16ㄱ,ㄴ)은 '이-'가 현결되어 있는데 (15ㄴ)의 언해문이나, (15ㄷ)과의 연관성을 고려할 때 융합형구결로 이해된다. (15ㄷ,ㄹ)은 연첨형구결이

---

138) 본고는 앞서 해석어인 대격성분이 주격이나 이유·근거 표현으로 나타나는 것도 일반적인 인용문과 다른 지칭문적 구조로 보았다. 따라서 '이런ᄃ로' 등에 후행하는 인용문은 이 유형에 든다.

139) 융합형구결이 쓰인 환경에서는 아래와 같이 '닐오디'구문과 '닐온'구문이 교체되어 쓰일 수 있다.

ㄱ. 言語는 바ᄅ 닐오물 닐오디 言이오 힐휘 議論호몰 닐온 語ㅣ니 (言語者는 直言曰言ㅣ오 雜論曰語이니) (영가 상 51)

ㄴ. 이런ᄃ로 니ᄅ샨 寂靜ᄒ며 微妙히 불교미오 … 이런ᄃ로 니ᄅ샤디 勝혼 微妙ㅣ라 (故曰寂靜妙明이오 … 故曰勝妙ㅣ라) (능6:9)

달려 있는 예이다. 이 점 '이-'만 현결되는 '닐온'구문의 구결문과 다르다. 또 드물지만 (15ㄹ)의 '이리잇고 ᄒᆞ니라'와 같이 연첨형구결의 제1구결에 공손 법어미가 통합된 예도 있다.

언해도 '닐온'구문과 다르다. (15ㄴ)과 같이 '이-'만 쓰인 구결문이 연첨 형적 구문으로 언해되기도 하는데 '닐온'구문에서는 거의 볼 수 없었던 현상 이다. 또 (15ㄷ,ㄹ)과 같이 연첨형구결이 현결된 구결문은 '닐오ᄃᆡ S ᄒᆞ-'나 '닐오ᄃᆡ 호미라 ᄒᆞ-'의 형식으로 언해된다. 이러한 차이는 앞에서도 언급했 듯이 현결된 '이-'를 언해 단계에서 어떤 성격의 것으로 인식했느냐에 따라 일어난 것이다.

'닐오ᄃᆡ'구문은 구결문의 어순에 따라 언해된 것일 뿐 구문 속성은 'S니 ᄅᆞ-'와 같아, 전체가 동사문적 성격을 갖는다. 반면 '닐온'구문은 전체가 명 사문적 성격을 갖는다. '닐오ᄃᆡ'구문의 이러한 동사문적 속성은 조사 앞에 쓰일 때의 현결에도 볼 수 있다. (17)의 예가 그것이다.

(17) ㄱ. 汝ㅣ 言호ᄃᆡ 覺了能知之心이 住在身內라 호미(네 닐오ᄃᆡ 覺了能知
ᄒᆞ논 ᄆᆞᅀᆞ미 몸 안해 住ᄒᆞ야 잇다 호미)(능1:52)
ㄴ. 謂心이 在外라 ᄒᆞ요ᄆᆞ로 爲決了義ᄒᆞ니라(닐오ᄃᆡ 밧긔 잇다 호ᄆᆞ로
決了義를 사ᄆᆞ니라)(능1:53)

(17)은 '-라 호미'와 '-라 ᄒᆞ요ᄆᆞ로'와 같이 '이라 홈＋조사'의 구성을 보 인다. 所謂구성에서는 볼 수 없었던 현결이다. 이 현결은 '言', '謂'의 인용 동사를 의식한 현결로 이해할 수 있다. 특히 (17ㄱ)은 구결문이 '言호ᄃᆡ'로 구분되어 있어, 이 구문에 대한 현결자의 인식을 명확히 보여준다. 이들은 어김없이 '닐오ᄃᆡ'구문으로 언해된다.

결국 구결문에 '이라 ᄒᆞ-'가 현결되면 '닐오ᄃᆡ'구문으로 언해되며, 융합 형 '이-'가 현결된 경우에, '이-'의 조사성을 중시하면 '닐온'구문으로, '이-' 의 서술성이 중시되면 '닐오ᄃᆡ'구문으로 언해됨을 재삼 확인할 수 있다.[140]

---

140) 아래의 구결문은 성격이 다르다.
請問ᄒᆞ샤ᄃᆡ 云何所行이라ᅀᅡ 乃能說是經호ᄃᆡ 得無諸難覺ᄒᆞ리잇고 ᄒᆞ시니(법5:4)

이런 이유로 '이-'만 현결된 구결문도 '닐오디'구문으로 언해될 때는 연첨형 적구문으로 나타날 수 있는 것이다.

　여기서 하나 흥미있는 상관관계는 '닐오디'구문에서 '니ᄅ샤디'가 쓰이는 문장에, 연첨형구결이 많이 현결되고, 융합형구결 '이-'도 연첨형적구문으로 언해된다는 점이다. '-시-'는 화자와 주체간의 상하관계에 의해 결정되는 것이기 때문에 '-시-'가 쓰이는 환경은 쓰이지 않는 상황에 비해 발화장면적 성격이[141] 강해진다. 이는 인용동사 '謂'의 발화자, 곧 주체를 의식했다는 뜻이며, 인용동사의 서술성에 이끌리기 쉬운 환경이 된다. 이는 인용동사를 의식하여 융합형의 '이-'를 연첨형구결과 연결시켜 언해한 것이 '닐오디'구문이라는 점을 방증하는 것일 것이다.

　이제 두 구문의 분포를 정리하여 제시하며 본고의 논의를 정리한다.

(18) '닐온'구문과 '닐오디'구문의 분포

	닐온				닐오디		
	所謂구문	일반 인용문	주석문		일반 인용문	주석문	
			A謂B	B謂A		A謂B	B謂A
NP -조사	○				○		
홈-조사	○				○		
S 홈-조사	*				△		
NP이-	○		○			○	○
호미-	○		○			△	○
S 호미-	△			*			
S 호-	*				○	*	○
S	*				○	*	

○ : 출현, △ : 출현하나 수가 적음, * : 극히 예가 적음, 무표시 : 발견 못함

───────────────

위에서 구결 'ᄒ리잇고 ᄒ시니'는 '云'과 관계되는 것이 아니라 상위의 '請問'ᄒ샤디'와 관계되는 것이다.
141) 고영근(1980)의 '상관성'과 유사한 개념이다. 이 '상관성'의 구분은 중세국어 자료를 검토함에 있어 중요한 의미를 지닌다. 주석문이 대문과 구문구조가 달리 나타나는 것도, 주석문은 [-상관성]이 주를 이루고 대문에는 [+상관성]의 환경이 많은 것과 관련된 듯하다.

(18)은 「능엄경언해」와 「법화경언해」에 나타나는 '닐온' 구문과 '닐오디' 구문의 분포를 정리한 것이다. (18)에서 보듯 한문구성과의 관련까지 고려하면 '닐온'과 '닐오디' 구문은 분포면에서 중복되는 부분이 많지 않다. 이러한 차이는 '닐온' 구문과 '닐오디' 구문이 언해문에서의 변형관계로 성립된 것이 아님을 보여준다. 언해문만의 변형관계에 의한 것이었다면 이와 같은 분포상의 차이가 생기지는 않을 것이다. 물론 이를 변형의 제약조건을 설정하는 것으로 해결할 수 있다. 그렇더라도 그 제약조건은 구결문의 구조와 한문구성에 대한 인식, 그리고 언해 과정에서의 재인식과 언해습관 등에서 찾아야 할 것이다. 중복이 일어난 부분이 구결 '이-'가 쓰일 때인 것은 구결문에서 '이-'가 갖는 복합적인 성격 때문에 언해 과정의 재인식이 상이하게 이루어질 수 있는 환경이기 때문이다.

이상 본고는 인용문의 예를 통해 15세기 자료의 언해문에는 구결문에 대응하여 고정화한 형식으로 언해되는 것이 있음을 논의하였다. 이런 고정화한 형식에 의해 생성된 문장이 반드시 국어의 체계에서 허용하지 못하는 구문이라고 할 수는 없다. 다만 고정성이 강할수록 그 가능성은 높다. 또 표면적으로는 가능한 형식이더라도 내부의 세부조건을 지키지 못하는 구문도 나타날 수 있다.[142]

또 이상의 논의를 통해 구결문에 대한 언해문의 종속적 관계에 대해 재확인할 수 있었으며, 중세국어의 인용문은 언해문을 직접 옮겨오는 것이 아니라 구결문을 매개로 인용이 이루어진다는 것과 인용문에서의 융합현상은

---

142) '닐온' 구문에 대해 설명을 덧붙이고자 한다. '닐온 NP'는 'NP룰 니르-'에서 다음과 같은 관형변형을 거쳐 형성된 형식이라고 생각된다. (부톄 法을 니르시다 → 부톄 니르샨 법). 이는 우리말에서 허용되는 변형이다. 그러나 'S 니르-'를 관형변형하는 것은 용납되기 어렵다. 15세기자료에 이런 현상이 일어나는 것은 구결문을 매개로 하기 때문이다. 위 변형에서 언급대상 전체를 메타언어적인 명사구로 보아 '法'을 대신하는 것으로 본다면 이와 같은 변형이 성립될 수 있으나 그것은 어디까지나 구결문에서나 가능한 일이다. 구결문에서 하나의 단위 구절이라도 그것이 우리말에서도 단어로 대응될 수는 없기 때문이다. 한문의 '所謂'는 관형구성의 대표적인 예이지만 그 뒤에 오는 구절은 구결문에서는 하나의 성분일 수 있어도 언해문에서까지 그런 것은 아니다. 따라서 이런 차이를 무시하고 한문에서의 변형 결과가 언해문에 그대로 나타나면 그것은 자연스러운 구문이 아닐 것이다.

언해문에서 일어나는 것이 아니라 구결문의 '이라 ᄒᆞ-' > '이-'의 융합현상을 반영한 것에 불과하다는 것을 알 수 있었다. 연첨형구결이 쓰인 구결문은 언해문이 연첨형적구문으로 실현되어, 융합 현상이 일어나지 않지만, 융합형구결이 쓰인 구결문은 연첨형적 구문으로 언해되기도, 융합 현상을 반영하기도 한다. 대응이 일방향적이다. 만일 언해문에서 융합현상이 일어났다면 연첨형구결이 쓰인 구결문이 융합형으로 나타나지 않을 이유가 없다.

5 직역문헌의 특성

중세국어에서는 같은 문헌이 두 번 이상 언해된 경우 후자의 것이 직역적인 성격을 갖고 있다고 한다.[143] 직역과 의역의 차이는 상대적인 것이기에 직역의 절대적인 기준을 명확히 하기는 어렵다. 다만 직역문헌일수록 원문(한문)의 영향을 많이 가능성은 높다. 여기서는 기존의 논의에서 언급된 사항을 포함하여 직역문헌이 의역문헌에 비해 상대적으로 두드러지게 보이는 현상들을 정리하고자 한다. 자료는 「석보상절」과 「월인석보」, 「법화경언해」, 「아미타경언해」를 중심으로 하여 「번역소학」과 「소학언해」를 추가적으로 이용한다.

5.1 한자어의 사용

직역과 의역에 따른 차이점은 여러 가지가 있을 수 있으나, 한자어와 고

---

143) 안병희(1973:76-78) 참조.

유어의 사용 양상은 직역과 의역을 구분하는 기준으로 의미가 있다. 이에 대해 안병희(1973:78)에서는 직역문헌일수록 한자어가 많이 쓰인다고 하고 있다.

> (1) ㄱ. 곳과 **果實왜** 프며 여므ᄂ니 (華果敷實ᄒᄂ니) (법3:11)
> 　　　곳과 여름괘 퍼디며 염그ᄂ니 (월석13:46)
> 　　ㄴ. <u>至尊끠</u> 뵈ᅀᆞ와 (見至尊) (소언6:40)
> 　　　님금끠 뵈ᅀᆞ아 (번소9:44)

(1)에서 보듯 직역문헌에서는 의역문헌의 고유어가 한자어로 표현되어 있는 일이 많다. 「석보상절」과 「법화경언해」를 대비해 보면 이런 경향을 확연히 알 수 있다.[144] 그러나 「월인석보」와 「법화경언해」는 그렇지 못하다. 김영배(1975:56)에 의하면 「석보상절」 권19에서 고유어였으나 「월인석보」에서 한자어로 바뀐 것이 206개, 「법화경언해」에서 한자어로 바뀐 것이 190개라고 한다. 통계 수치만으로는 「월인석보」가 한자어가 많이 사용된 직역문헌이 되는 셈이다. 이에 대해 이호권(1987:67)에서는 「월인석보」와 「법화경언해」의 편찬 체재가 다른 점을 고려해야 한다고 하고 있다. 「월인석보」는 주석를 통해 한자어를 풀이하는 체재를 갖고 있으며, 「법화경언해」는 구결문과 같이 실리기 때문에 한문 원문에 대한 번역으로서의 고유어가 많이 나타나는 반면 「월인석보」는 언해문만으로 원문을 전달해야 하기 때문에 한자어가 많아진 것이라 하고 있다. 이는 결국 단순한 통계 수치상의 多寡만으로는 직역, 의역을 구분하기 어려움을 말하는 것일 것이다.

　그러나 「석보상절」과 「법화경언해」의 비교에서 보듯 한자어의 사용 비율은 분명 직역, 의역의 구분 기준으로 의미가 있다. 한자어의 사용 비율이

---

144) 다음과 같은 반대의 예가 간혹 나타나기도 하나 이는 극히 예가 적을 뿐 아니라 이런 예는 의역문헌에서 주석이 달린다는 특색을 갖고 있다.
　a. <u>몬졋 부텻</u> 經 中에 니르샨 배라 (법6:65)
　　先佛ㅅ 經 中에 니르샨 배니라 (석보19:25)
　b. <u>깃거 合掌</u>하야 (법1:59)
　　歡喜合掌하야 (석보13:13)

의미를 갖기 위해서는 사용된 한자어의 성격을 검토하고 그것을 토대로 통계 비교가 이루어져야 할 것이다. 이를 위해서는 당시 어휘체계를 정밀화한 연후 국어 어휘체계에 편입된 한자어와 그렇지 못한 한자어, 정확히는 한문 구절을 구분할 필요가 있다.

한자의 사용 양상 면에는 직역문헌과 의역문헌이 차이를 보이는 것이 있다. (2)와 같이 한자어가 단어가 아닌 구에 해당하는 한자 표기는 직역문헌이 상대적으로 많음을 알 수 있다. 이것은 구결문의 구절을 그대로 옮겨온 것이기 때문이다.

(2) ㄱ. 寶樹下諸佛이 (寶樹下諸佛이) (법6:102)

　　ㄱ′. 寶樹 아랫 諸佛이 (석보 19:39)

　　ㄴ. 善哉世尊하 (善哉世尊하) (법6:132)

　　ㄴ′. 됴ㅎ실쎠 世尊하 (월석18:23)

　　ㄷ. 供養恭敬尊重讚嘆ㅎ숩더니 (供養恭敬尊重讚嘆ㅎ숩더니) (법1:53)

　　ㄷ′. 供養ㅎ숩ᄫ며 恭敬ㅎ숩ᄫ며 尊重히 너기ᅀᄫ바 讚嘆ㅎ숩더니 (석보 13:11)

반면 (3)과 같이 한자어라도 구결문의 그것을 그대로 이용하지 않은 것이라면 그 빈도수를 직역과 의역의 구분 기준으로는 이용할 수 없다. 이들은 국어 어휘체계에 편입된 한자어일 가능성이 많기 때문이다.

(3) ㄱ. 내 즉재 이 念을 호ᄃᆡ 如來 나몬 佛慧 닐오몰 爲혼 전치니 (我卽作是念호ᄃᆡ 如來所以出은 爲說佛慧故ㅣ니) (법1:242)

　　ㄱ′. 내 너교ᄃᆡ 如來는 부텻 智慧 닐오몰 爲ㅎ야 냇ᄂᆞ니 (석보13:60)

　　ㄴ. ᄯᅩ 보ᄃᆡ 菩薩이 머리와 눈과 모몰 즐겨 주어 부텻 智慧 求ㅎ며 (又見菩薩이 頭目身體롤 欣樂施與ㅎ야 求佛智慧ㅎ며) (법1:77)

　　ㄴ′. ᄯᅩ 菩薩이 머리와 눈과 몸과로 즐겨 布施ㅎ야 부텻 智慧롤 求ㅎ리도 보리로다 (석보13:20)

　　ㄷ. 讀誦호매 오로 ㅎ샤몰 아디 몯ㅎ시며 (其於讀誦에 不知所專ㅎ시며) (법6:71)

　　ㄷ′. 닐그며 외오매 專主홀 줄 모ᄅᆞ며 (석보19:36)

ㄹ. 한 德ㅅ 미틀 시므샤(植衆德本호샤)(법1:37)

ㄹ'. 한 德ㅅ <u>根源을</u> 시므샤(석보13:4)

(3)의 대비에서 보듯 당시 우리말의 어휘체계에 편입되었음직한 한자어는 오히려 「석보상절」에 우세하게 나타난다. 그런데 (3ㄴ, ㄷ)은 「법화경언해」의 예가 고유어를 사용하고 있다. 그러나 대응되는 「석보상절」의 예도 구결문의 한자와는 다른 단어를 쓰고 있으므로 원문에 이끌린 표현이라고 볼 수 없다. 이런 유형의 한자어는 국어 어휘체계에 편입된 것으로 볼 수 있다. 오히려 이런 어휘를 쓰지 않고 축자역에 의해 고유어로 언해한(本→밑) (3ㄹ)과 같은 예는 「법화경언해」에 더 많이 보인다.

(4)와 같은 1음절 한자어에 초점을 맞추어 비교하는 것도 의미가 있을 듯하다. 현대국어를 보건대, 1음절 한자어는 2음절 한자어에 비해 그 수나 생산성이 떨어진다. 이것이 한자어가 우리말의 어휘체계에 수용되기 시작했을 때부터의 사정이었다면, 중세국어 문헌에 나타나는 1음절 한자어의 많은 수는 구결문의 어사가 그대로 반영된 것일 가능성이 있다.

(4) ㄱ. 五欲애 기피 <u>著호딕</u>(心著五欲호딕)(법1:231)

ㄱ'. 五欲애 기피 <u>貪著호야</u>(석보13:57)

ㄴ. <u>慈</u>로 모믈 닷ᄀ샤(以慈修身호야)(법1:37)

ㄴ'. <u>慈悲心</u>으로 몸 닷가(석보13:4)

ㄷ. 모든 <u>會</u>옛 ᄆᅀᆞ물 보시고(觀 … 衆會之心호시고)(법1:66)

ㄷ'. <u>모든</u> ᄆᅀᆞ물 보시고(석보13:16)

(4ㄱ, ㄱ')과 (4ㄴ, ㄴ')은 모두 한자어를 쓰고 있지만 어휘체계 내에서의 위상이 다른 것으로 보인다. 1음절 한자어와 다음절 한자어의 대응 관계인데, 「법화경언해」에 1음절 한자어가 우세하게 나타난다. 구결문과 대비해 보면 「법화경언해」의 예가 구결문의 한자를 그대로 이용하고 있음을 알 수 있다. (4)의 예들이 단어처럼 보이기는 하지만 구결문에 이끌려 나타난 것이라는 점에서는 (2)와 다를 바 없다. 특히 이런 예는 (4ㄱ)과 같이 '1음절한자＋호-'의 동사로 나타나는 일이 많은데, 이들은 구결문의 동사 어사를 그대

로 사용했을 가능성이 높다. 이들을 모두 우리말 어휘가 아니라고 할 수는 없겠지만 「석보상절」에서와 같이 다음절 한자어로 표현된 것이 국어적인 표현일 가능성이 높다. 따라서 같은 한자 표기라도 그 음절수를 고려할 필요가 있다. (4ㄷ)은 조금 성격이 다르다. 「법화경언해」의 '曾'는 축자역에 의해 나타난 한자어이다. 불필요한 전이어가 나타나는 것과 동궤의 것인데, 이런 예는 직역문헌에 많이 나타난다. 따라서 이런 유형의 한자어의 사용 빈도는 직역과 의역을 구분하는 데 의미가 있을 것이다.

(5)와 같이 한문구성으로서의 속성을 그대로 보유하고 있는 한자 표기는 여타 한자 표기와 구분할 필요가 있다. 이는 기형적명사문의 성립과 관계되는 속성이다. 이들은 물론 직역 성향의 문헌에 상대적으로 많이 보인다.

(5) ㄱ. 衆生의 諸根의 利鈍과 精進과 게을우믈 보아(觀是衆生의 諸根利鈍
　　　과 精進懈怠ㅎ야)(법3:19)
　　ㄱ'. 衆生이 諸根이 놀카보며 鈍ㅎ며 精進ㅎ며 게을우믈 보아(월석13:50)
　　ㄴ. 十六王子의 出家롤 보고(見十六王子이 出家ㅎ고)(법3:141)
　　ㄴ'. 十六王子의 出家호믈 보고(월석14:42)

이상 직역문헌에 누드러지는 한자어나 한자표기의 속성에 대해 간단히 검토하였다. 한자어에 대한 통계적 분석과 더불어, 그 사용 양상에 대한 정밀한 검토와 이를 바탕으로 한 비교 작업이 병행한다면 직역문헌과 의역문헌을 구분하는 데 있어 한자표기의 과다는 큰 의미를 가질 수 있다고 생각된다.

5.2 동명사 표현

직역문헌에는 동명사를 사용한 표현이 많이 나타나는 것을 볼 수 있다. 여기서는 그것이 어떤 양상을 보이며 그 원인은 무엇인가에 대해 검토해 보고자 한다.

중세국어 문헌에서는 하나의 동사로 표현될 것이 '명사구+동사'의 형식
으로 표현되는 예를 간혹 발견할 수 있다. 특히 이런 형식은 (1)과 같이 직역
문헌에 많이 보인다.

(1) ㄱ. 諸有ㅅ 結을 다아 ㅁ슨미 自在를 得ㅎ니러니 (盡諸有結ㅎ야 心得自
      在) (법1:23)
   ㄱ'. 믈읫 結이 다아 업서 ㅁ슨미 自得ㅎ니러니 (석보13:1)
   ㄴ. 淸淨身이 조혼 琉璃 ㄱ호물 得ㅎ야 (得淸淨身이 如淨琉璃ㅎ야) (법6:
      57)
   ㄴ'. 조혼 모미 琉璃 ㄱㅎ야 (석보19:22)
   ㄷ. 이 法이 다 一佛乘을 爲ㅎ시논 젼추로 (是法이 皆爲一佛乘故로) (법
      1: 184)
   ㄷ'. 이 法이 다 혼 佛乘이론 젼추로 (석보13:50)
   ㄹ. 宿世예 經 너피시던 自在ㅎ신 因 불교믈 爲ㅎ시니라 (爲明宿世예 弘
      經ㅎ시던 自在之因ㅎ시니라) (법6:133)
   ㄹ'. 아랫 뉘예 經 너피던 自在혼 因을 불교려 ㅎ시니라 (월석18:23-24)
   ㅁ. ㄴ외야 煩惱ㅣ 업스며 제 利를 得호매 미츠며 (無復煩惱ㅎ며 逮得己
      利ㅎ며) (법1:22-23)
   ㅁ'. ㄴ외야 煩惱ㅣ 업서 己利를 得ㅎ야 (석보13:1)
   ㅂ. 엇디 사름을 感動티 몯홈이 이시리오 (豈有不動得人이리오) (소학5:58)
   ㅂ'. 엇디 사른믈 感動티 몯ㅎ리오 (번소7:25)

(1)에서 (ㄱ～ㅂ)은 직역문헌의 예이고 (ㄱ'～ㅂ')은 대응하는 의역문헌의
예이다. (1)에서 보듯 직역문헌에 동명사를 이용한 표현이 훨씬 우세하게 나
타난다. 이 차이는 구결문의 '得, 爲, 至, 有'를 언해하느냐 아니냐에 의해
나타나는 것이다. 이들 어사는 본동사라기보다는 의미를 보조하는 조동사적
인 요소이다. 의역문헌에서는 이들을 무시하거나 문법형태로 대응시켜 언해
하는데 반해, 직역문헌에서는 동빈구조로 인식하여 (1)과 같이 '명사구+동
사'의 형식으로 언해하는 경향이 있다. 직역문헌은 한문 구절의 어사를 최대
한 반영하려는 태도를 갖는데, 이런 태도가 위와 같은 차이를 낳은 것으로

이해할 수 있다.

이현희(1994:67-68)에서는 언해문의 'V1-아 V2'의 구성은 '-아'의 의미에 따라 여러 방식의 고쳐쓰기가 가능하다고 하고 있다. 한문의 'V1＋V2'의 구성은 V1이 V2에 대해 부차적인 의미일 때 어미 '-아/어'에 의해 연결되는 구문으로 언해되는 것이 보통이지만, 'V1아 V2-'구성에서 여러 고쳐쓰기가 가능하다는 것은 한문의 'V1＋V2'구성에 대해 다양한 언해방식이 존재함을 말해준다.

'V2아 V1'의 '-아'가 동시성의 의미를 가지면 이 구성은 'V1호몰 V2'와 같이 표현되기도 하는데 후자의 형식은 이현희(1988:21)의 지적과 같이 직역문헌에 많이 보인다.

(2) ㄱ. <u>쁘데 홀뗄</u> 조츠리니 (隨意所作이니) (법3:175)
 ㄱ'. <u>쁜다비</u> ᄒᆞ리니 (월석14:77)
 ㄴ. 一切衆生이 <u>드러 아로몰</u> 너비 得게 ᄒᆞ라 (법6:121)
 ㄴ'. 一切衆生이 너비 드러 알에 ᄒᆞ라 (월석18:16)
 ㄷ. <u>供養ᄋᆞᆯ 너비 펴게</u> ᄒᆞ야 (廣設供養ᄒᆞ야) (법6:152)
 ㄷ'. 너비 供養ᄒᆞ야 (월석18:38)
 ㄹ. <u>온공ᄒᆞ고 검박ᄒᆞ야 ᄡᅳ기롤 존졀ᄒᆞ며</u> (恭儉節用ᄒᆞ며) (소학 5·105)
 ㄹ'. 온공ᄒᆞ고 검박ᄒᆞ며 존졀ᄒᆞ야 ᄡᅳ며 (번소8:26)
 ㅁ. 仲由ᄂᆞᆫ <u>허믈 듣기를 깃거</u> ᄒᆞᄂᆞ니라 (仲由ᄂᆞᆫ 喜聞過라) (소학5:85)
 ㅁ'. 仲由ᄂᆞᆫ 허므를 즐겨 듣ᄂᆞ니라 (번소8::4)

(2)는 한문의 'V1＋V2'구성을 언해한 예이다. 직역문헌은 후행동사를 대격어로 언해하는 데 반해 의역문헌은 선행동사를 부사어적으로 언해하고 있다. 이처럼 동명사를 사용한 언해문은 직역문헌에 많이 보인다. 「석보상절」과 같은 의역문헌에는 이런 유형의 구문이 거의 보이질 않는다. 이런 점에서 이 구문 형식은 직역문헌의 특징적 현상으로 보아 무리가 없을 것이다.

다음의 (3)은 한문의 '동사＋부사어'구성을 언해한 것이다.

(3) ㄱ. 八萬四千劫을 禪定에 住ᄒᆞ시니라 (월석14:44)

ㄴ. (뫼셔) 셧기를 날이 못도록 ᄒ야((侍)立終日ᄒ야) (소학6:2)

ㄷ. 오로 맛디샤미 오라시리랏다 (則全付ㅣ 久矣시리랏다) (법2:233)

(3)과 같이 한문의 '동사+부사어' 구성을 언해하는 방식은 세 가지가 있다. (3ㄱ)은 '부사어+동사'로 언해하는 방식이고, (3ㄴ)은 '호몰(호디, 호매)+부사어+ᄒ-'로, (3ㄷ)은 '호미+~이라'의 분열문적 구문으로 언해하는 방식이다. 이들은 직역, 의역문헌에 모두 나타나지만 분포상의 편차가 있다.

(4) ㄱ. 禪定에 住ᄒ샤미 八萬四千劫이어시ᄂᆞᆯ (住於禪定ᄒ샤미 八萬四千劫
　　 이어시ᄂᆞᆯ) (법3:148)

　ㄱ'. 八萬四千劫을 禪定에 住ᄒ시니라 (월석14:44)

　ㄴ. 長者ㅣ 病ᄒ야 쟝ᄎᆞ 주구미 오라디 몯홀 ᄯᆞᆯ 제 아라 (長者ㅣ 有疾ᄒ
　　 야 自知將死不久ᄒ야) (법2:116)

　ㄴ'. 長者ㅣ 病ᄒ야 아니오라 주긇돌 제 아라 (월석13:26)

　ㄷ. 내 즉재 이 念을 호디 如來 나몬 佛慧 닐오몰 爲혼 젼ᄎᆞ니 (如來所以
　　 出은 爲說佛慧故ㅣ니) (법1:242)

　ㄷ'. 내 너교디 如來ᄂᆞᆫ 부텻 智慧 닐오몰 爲ᄒ야 냇ᄂᆞ니 (석보13:60)

　ㄹ. (뫼셔) 셧기를 날이 못도록 ᄒ야((侍)立終日ᄒ야) (소학6:2)

　ㄹ'. (뫼ᅀᆞ와) 져므도록 셔셔 (번소9:2)

　ㅁ. 使者ㅣ 자보더 더 急히 ᄒ야 (使者ㅣ 執之逾急ᄒ야) (법2:200)

　ㅁ'. 使者ㅣ 더욱 急히 자바 (월석13:16)

　ㅂ. ᄯᅡ해 七多羅樹를 버으르샤 (去地七多羅樹ᄒ샤) (법7:19)

　ㅂ'. ᄯᅡ해셔 버으로미 七多樹ㅣ러니 (월석18:78)

(4ㄱ~ㄷ)의 직역문헌의 (3ㄷ)형식에 대해 의역문헌에서는 (4ㄱ'~ㄷ')과 같이 (3ㄱ)형식이 사용되고 있다.[145] (4ㄹ, ㅁ)과 (4ㄹ'ㅁ')은 (3ㄴ)의 형식에

---

145) (4ㄷ)의 언해문은 분열문적 성격의 것이다. 서술어로 쓰인 '젼ᄎᆞ'가 이끄는 구성이
　　 "이유"를 나타내는 부사어적인 것이기 때문에, (4ㄱ,ㄴ)과 같이 (3ㄷ)의 유형으로 본
　　 것이다. 이런 유형의 한문 구성은 아래와 같이 언해되기도 한다.
　　 a. 三惡道를 아니 니ᄅᆞ샤ᄆᆞᆫ 障이 므거워 機 아닌돌 爲ᄒ시니라 (不言三惡道ᄂᆞᆫ
　　 爲障重ᄒ야 非機也ㅣ라) (법3:15)
　　 b. 구즌 길 아니 니ᄅᆞ샤ᄆᆞᆫ 障이 重ᄒ야 機 아닐ᄊᆡ니라 (월석13:48)

대해 (3ㄱ)의 형식이 대응하는 예이다. 구결문과 대비해 보면 직역문헌의 언해문이 한문의 구조(어순)에 더 충실하고 있음을 알 수 있다. (4ㅁ)은 선행구절이 '-오디'로 되어 있지만 (4ㄹ)과 같은 성격을 지닌다. 이 역시 한문의 어순에 이끌린 것이다.

(4)의 예에서 의역문헌은 (3ㄱ)의 '부사＋동사'의 형식으로 언해되는 경향이 강한 반면 직역문헌은 (3ㄴ)이나 (3ㄷ)의 예로 언해되는 경향이 있음을 알 수 있다. 그런데 (4ㅂ)은 오히려 직역문헌이 '부사어＋동사'로 되어 있다. 하지만 구결을 보면 'ᄒᆞ샤'로 'ᄒᆞ-'구결을 쓰고 있다. 이런 구결문은 (3ㄴ)식의 분열문으로는 언해되지 못한다. 현결 단계에서 전체를 동사구로 인식한 결과가 이와 같이 나타난 것이다. 전체적으로 (4ㅂ)와 같이 역으로 대응하는 예는 아주 드물기 때문에 (3ㄴ)과 (3ㄷ)의 언해방식이 많은 것은 직역문헌의 특징으로 볼 수 있다.

(3ㄴ)과 (3ㄷ)의 형식은 한문의 어순에 충실한 언해방식인데, 직역문헌이 한문의 어순을 따르려는 태도는 (5)와 같은 대응으로 나타나기도 한다.

(5) ㄱ. 됴ᄒᆞ며 구즌 業緣으로 果報 受호ᄆᆡ 됴ᄒᆞ며 구주믈 에서 다 보며(善惡業緣으로 受報好醜ᄅᆞᆯ 於此애셔 悉見ᄒᆞ며) (법1:69)
　　ㄱ'. 됴ᄒᆞ며 구즌 因緣으로 됴ᄒᆞ며 구즌 果報 受호믈 이에서 다 보며(석보13:17)
　　ㄴ. 이 乘의 三界 第一을 得고져 願ᄒᆞᄂᆞ니 諸佛讚嘆ᄒᆞ시논 배며(願得是乘의 三界第一ᄒᆞ니 諸佛所嘆이며) (법1:77)
　　ㄴ'. 三界 第一엣 諸佛 讚嘆ᄒᆞ시논 乘을 得고져 願ᄒᆞ리도 이시며 (석보13:19)
　　ㄷ. ᄯᅩ 보디 菩薩이 머리와 눈과 모믈 즐겨 주어 부텻 智慧 求ᄒᆞ며(又見菩薩이 頭目身體ᄅᆞᆯ 欣樂施與ᄒᆞ야 求佛智慧ᄒᆞ며) (법1:77)
　　ㄷ'. ᄯᅩ 菩薩이 머리와 눈과 몸과로 즐겨 布施ᄒᆞ야 부텻 智慧ᄅᆞᆯ 求ᄒᆞ리도 보리로다 (석보13:20)

(5ㄱ)과 (5ㄱ')는 직역문헌의 동명사 표현이 의역문헌에서는 관형구성으로 교체된 예이다. 구결문과 비교해 보면 직역문헌의 것이 한문의 어순에 따

르고 있음을 알 수 있다. 이런 태도는 (5ㄴ)과 같이 관형구성이 기형적명사
문으로 실현되는 원인이 되기도 한다. 앞서 4.1에서도 '이'구문이 의역문헌
에서는 관형구성으로 자주 나타남을 보았는데 이 역시 어순을 준수하려는
태도와 관련된 것이다. 이런 어순 준수의 태도는 (5ㄷ)과 같이 동사에도 적
용되어 '보디 S'구문을 형성하기도 한다.146) 이들도 구결문의 구조에 이끌려
나타난 직역문헌의 특성 중 하나로 이해될 수 있다.

　의역문헌의 명사구보문구성이나 관계구성이 직역문헌에서는 동명사로
나타나는 것도 흔히 볼 수 있다.

(6) ㄱ. 아래 잇디 아니호몰 得ᄒᆞ니잇고 (得未曾有ㅣ 잇고) (법1:68)

　　ㄱ'. 네 업던 이롤 얻즈ᄫᆞ뇨 (석보13:16)

　　ㄴ. 부텨 보아 法 드러 ᄀᆞᄅ쵸몰 信受ᄒᆞ리라 (見佛聞法ᄒᆞ야 信受敎誨ᄒᆞ
　　　리라) (법6:15)

　　ㄴ'. 부톄를 보아 法 듣고 ᄀᆞᄅ치논 마롤 信ᄒᆞ야 (석보19:7)

　　ㄷ. 모ᄃᆞᆫ 菩薩이 이 光明의 佛土롤 너비 비취샤몰 보ᅀᆞᆸ고 (是諸菩薩이
　　　見此光明의 普照佛土ᄒᆞᅀᆞᆸ고) (법1:104)

　　ㄷ'. 이 菩薩ᄃᆞᆯ히 이 光明이 너비 佛土 비취시논 고돌 보ᅀᆞᆸ고 (석보13:32)

　　ㄹ. 數ㅣ 千二八百이쇼몬 (數有一千二八百者ᄂᆞᆫ) (법6:26)

　　ㄹ'. 數ㅣ 一千二百이며 八百 ᄃᆞ외논 주른 (석보19:9)

　　ㅁ. 萬億方便으로 맛당올 조차 說法ᄒᆞᄂᆞ니 (以萬億方便으로 隨宜說法ᄒᆞ
　　　ᄂᆞ니) (법1:248)

　　ㅁ'. 萬億方便으로 맛당ᄒᆞᆫ 고돌 조차 說法ᄒᆞ시ᄂᆞ니 (석보13:63)

　　ㅂ. 드롬ᄀᆞ티 父母宗親善友知識 爲ᄒᆞ야 히믈 조차 펴 닐어든 (如其所聞
　　　히 爲父母宗親善友知識ᄒᆞ야 隨力演說ᄒᆞ야든) (법6:4)

　　ㅂ'. 제 드론 양으로 어버ᅀᅵ며 아ᅀᆞ미며 이든 벋ᄃᆞ려 힚ᄀᆞ장 불어 닐어든
　　　(석보19:2)

　(6ㄱ,ㄴ)과 (6ㄱ',ㄴ')은 의역문헌의 관계구성에 대해 동명사가 대응하는

---

146) 이현희(1994:505-506)에서는 '보디 S'구문에서의 '보디'와 '닐오디 S'와의 '닐오디'
　와는 성격이 다른 것으로 보고 있다. 언해문만로는 그렇게 설명되어야 하겠지만 어
　순을 중시하는 언해 태도라는 관점에서 보면 다른 것이 아닐 것이다.

예이며, (6ㄷ, ㄹ)과 (6ㄷ', ㄹ')은 명사구보문구성에 동명사가 대응하는 예이다. (6ㅁ)에서는 명사로 표현되어 있다. 그러나 이때의 '맛당'은 '맛당홈'의 의미를 가지므로 성격은 동명사와 같은 것이다. 이와 같은 차이는 (6ㅂ)과 같이 부사적 표현에서도 동일하게 나타난다.[147)

또 같이 관형구성으로 언해하더라도 (7)에서와 같이 의역문헌이 좀더 구체적인 의미를 가지는 말을 표제명사로 사용하는 경향이 있다.

(7) ㄱ. 두 龍은 目連의 降희오니라(二龍은 乃目連의 所降者ㅣ라)(법1:47)
　　ㄱ'. 두 龍이 兄弟니 目連의 降服희욘 龍이라(석보13:12)
　　ㄴ. 뎌 모둔 比丘 比丘尼 優婆塞 優婆夷의 힝뎍 닷가 道 得홀릴 조쳐 보며(弁見彼諸比丘比丘尼優婆塞優婆夷의 諸修行得道者ㅎ며)(법1:63)
　　ㄴ'. 뎌 쫘햇 比丘 比丘尼 優婆塞 優婆夷이 修行ㅎ야 得道ㅎᄂ 사롬도 조쳐 보며(석보13:14)
　　ㄷ. 菩薩道 行ㅎ시닐 보ᅀᆞ오며(見 … 行菩薩道ㅎᅀᆞ오며)(법1:63)
　　ㄷ'. 菩薩ㅅ 道理 行ㅎ시논 양도 보며(석보13:14)
　　ㄹ. 衆生의 種種 欲과 기픈 ᄆᅀᆞ미 著혼 딜 아라(知諸衆生의 有種種欲과 深心所著ㅎ야)(법1:186)
　　ㄹ'. 衆生둘히 種種 欲애 기피 貪著혼 주를 아라(석보13:55)

(7ㄱ, ㄴ)은 의역문헌의 '龍', '사롬'의 자립명사에 대해 직역문헌에서 형식명사 '이'가 쓰인 것이다. (7ㄷ, ㄷ')과 (7ㄹ, ㄹ')은 형식명사 '양', '줄'에 대해 '이'와 '디'가 대응된 예인데, 의역문헌의 형식명사가 문맥에 적합한 구체적인 의미를 가진 형식명사임을 알 수 있다.

(6)과 (7)의 예를 통해 의역문헌과 직역문헌 사이에는 어떤 경향이 있음을 알 수 있다. 동명사도 명사성을 표현하는 것이라면 이는 '이' 등의 형식명사보다도 더 큰 범위의 의미, 즉 포괄적인 의미를 가진 것으로 이해될 수

---

147) 아래와 같이 반대의 예도 존재하나 그 수가 많지 않기 때문에 전체 경향은 변하지 않는다.
　　a. 쏘 보더 菩薩이 諸法性 두 相 업수미 虛空 ᄀᆞᄒᆞᆯ 보며(或見菩薩이 觀諸法性이 無有二相호미 猶如虛空ㅎ며)(법1:83)
　　b. 菩薩이 믈읫 法性을 보더 두가짓 相이 업서 虛空 ᄀᆞ홈도 보며(석보13:23)

있다. 따라서 의미범주의 크기에 따라 배열하면 '동명사 > 형식명사 > 구체적 형식명사 > 자립명사'의 순이 될 것이다. 여기서 직역문헌일수록 의미범위가 넓은 쪽을 선택하는 경향이 있음을 알 수 있다.

이러한 경향은 문헌 내에서의 언해문 역할과 관련하여 생각해 볼 수 있다. 언해문과 구결문이 같이 실리는 문헌에서 언해문은 한문이나 구결문을 이해하는 데 도움을 주는 보조적 역할이 강조된다. 특히 직역문헌일수록 언해문의 역할은 보조적인 것이다. 이런 상황에서 굳이 구체적이고 명료한 의미를 나타낼 필요가 없을 것이다. 오히려 구결문의 명사구 구절에 대해 명사성의 대응 관계만 보이도록 하는 것이 언해문의 기능을 충실히 수행하는 것이었을 것이다. 또 구체적으로 해석하기 위해서는 구결문에 대한 재분석과 이해가 요구되는데 이 과정에서 구결문 구성을 자칫 왜곡할 소지가 있으므로 이를 피하기 위한 의도도 작용했을 것이다.148) 결국 (6)과 (7)의 현상은 15세기의 언해문이 어떤 과정을 거쳐 형성되었으며, 어떤 위상을 갖는가와도 관련되는 것이기도 하다.

아래 (8)의 예는 한문의 所구성을 언해한 예들이다.

(8) ㄱ. 양ᄌᆞ애 저품 두어 (狀有所畏ᄒᆞ야) (법2:209)
　　ㄴ. 衆生ᄋᆞᆫ 諸根이 鈍ᄒᆞ야 迷惑 즐교미 눈 멀유메 著ᄒᆞ얫ᄂᆞ니 (衆生ᄋᆞᆫ 諸根이 鈍ᄒᆞ야 著樂所盲이니) (법1:233)
　　ㄷ. 讀誦호매 오로 ᄒᆞ샤ᄆᆞᆯ 아디 몯ᄒᆞ시며 (其於讀誦에 不知所專ᄒᆞ시며) (법6:71)
　　ㄹ. 다 菩薩 니르샨 거시라 (皆菩薩所說이시니라) (법2:199)
　　ㅁ. 이제 맛듈ᄯᅢ 잇도다 (今有所付ㅣ로다) (법2:198)
　　ㅂ. 菩薩 ᄀᆞᄅᆞ치시논 法이며 부텨 護念ᄒᆞ시논 배라 (敎菩薩法이며 佛所護念이라) (법1:54)
　　ㅅ. 如來ㅣ 뎌 婬術의 더은 고ᄃᆞᆯ 아ᄅᆞ샤(如來ㅣ 知彼婬術의 所加ᄒᆞ샤) (능1:38)

---

148) 이러한 태도는 결국 고정된 언해습관으로 나타난다. 어사와 단어의 대응이나 구성과 구성의 대응 관계를 1 : 1로 하는 것이 당시 언해자들의 지향점이었는지도 모른다.

(8ㄱ~ㄷ)은 동명사로 언해되어 있으며, (8ㄹ~ㅅ)은 형식명사 '것, 디, 바, 곧'을 이용한 명사구보문구성으로 언해되어 있다. 대체적으로 '所'는 동명사로 언해되는 예가 많고 형식명사를 쓰는 예는 상대적으로 적다. 특히 '것, 디'의 예는 '바, 곧'에 비해 더 적다. 이와 같이 '所'의 언해에 나타나는 동명사는 명사구보문구성의 성격을 갖는 동명사로 이해되어야 하는데 이런 동명사도 '所'라는 漢文어사에 대한 고정된 언해방식을 사용하는 데서 기인한 것이므로 위 (6), (7)과 같은 범주에 포괄시킬 수 있을 것이다.[149]

이러한 所구성의 언해 방식은 '所'가 사용된 한문의 관용표현을 언해하는 데도 그대로 이용된다.

(9) ㄱ. 아득리 어려이 너교미 드왼돌 아라 ((自知) … 爲子所難ᄒᆞ야) (법2:204)

　　ㄴ. 내 서르 犯티 아니커늘 엇뎨 자보몰 보는고 커늘 (我不相犯이어늘 何爲見捉고 커늘) (법2:200)

(10) ㄱ. 四諦法中에 果롤 몬져 코 因을 後에 호미라 (所以四諦法中에 先果後因也ㅣ라) (법2:210)

　　ㄴ. 맛 和ᄒᆞ는 거시니 (所以和味니) (법2:212)

　　ㄷ. 곧 부텻 ᄆᆞᅀᆞ매 微妙히 마즈실씨 깃그시논 고디라 (妙契佛心ᄒᆞ실씨 所以悅可ㅣ시니라) (능2:146)

(9)는 한문의 피동구성을 언해한 예이며, (10)은 '所以'구문을 언해한 예이다. 한문에서 피동문은 '빈어+(爲)+주어+(所)동사'와 '빈어+(見, 受, 被)+동사+(於)주어'의 구성으로 표현된다.[150] (9ㄱ)은 전자의 구성을 언해한 것으로 'NP이 호미 되-'의 고정적 형식으로 많이 나타난다. 주어성분에는 주어적속격 '-이'가 통합되며 '所+V'는 동명사로 언해된다. 이 형식의

---

149) 중세국어의 동명사는 다양한 성격을 갖고 있다. 그것은 (1) 파생명사적 동명사, (2) 메타언어적 동명사, (3) 명사구보문적 동명사, (4) 본래적 동명사의 넷으로 나누어 볼 수 있다. (1)은 한문의 단어가 국어에 대응하는 말이 없을 때 그것을 고유어로 직역하면서 나타나는 것이고, (2)는 메타언어적 구절이 쓰이는 주석문의 주제문 구성 등에서 주로 나타나는 것으로 '이라 하는 말(것)' 정도의 의미로 이해될 만한 것이다. (3)은 지금 논의한 이유에서 나타나는 것으로 이해된다. 이들 모두 구결문의 명사구 구절을 고정적으로 언해하는 데서 나타난 것이다.

150) 홍인표(1984:52-4) 참조.

所구성을 명사구보문구성으로 언해하는 일은 거의 없다.[151] (9ㄴ)은 후자의
피동구문을 언해한 것이다. '見'을 본동사처럼 이해하고 후행동사를 동명사
로 언해하고 있다.[152] 반면 '所以'를 언해한 (10)의 예는 일반 所구성의 언
해와 차이를 보이지 않는다.

그런데 아래 (11)에서 보듯 (9)의 형식은 직역문헌에 주로 나타난다.

(11) ㄱ. 아ᄃ리 어려이 너교미 ᄃ왼ᄃᆞᆯ 아라((自知) … 爲子所難ᄒ야)(법2:
204)

ㄱ′. 아ᄃ리 어려ᄫᅵ 너기ᄂᆞᆫᄃᆞᆯ 아라(월석13:19)

ㄴ. 내 서르 犯티 아니커늘 엇뎨 자보몰 보논고 커늘(我不相犯이어늘
何爲見捉고 커늘)(법2:200)

ㄴ′. 내 犯혼 일 업거늘 엇뎨 잡ᄂᆞᆫ다(월석13:16)

ㄷ. 샹녜 諸佛ㅅ 일ᄏ라 讚嘆ᄒ샤미 ᄃ외시며(常爲諸佛之所讚嘆ᄒ시
며)(법1:37)

ㄷ′. 샹녜 諸佛이 일ᄏ라 讚嘆ᄒ시며(석보13:14)

ㄹ. ᄂ외야 貪慾의 보차미 아니 ᄃ외며(不復爲貪慾의 所惱ᄒ며)(법
6:175)

ㄹ′. ᄂ외야 貪慾이 보차요미 아니 ᄃ외며(월석18:54)

ㅁ. 能히 일로 得度 몯ᄒᄂᆞᆫ 고ᄃᆞᆫ 한 苦의 迷惑히요미 ᄃ왼 젼ᄎ라(所以
不能以是로 得度者ᄂᆞᆫ 爲衆苦의 所迷故ㅣ라)(법2:87)

(11ㄱ, ㄴ)과 (11ㄱ′, ㄴ′)는 (9)의 예가 직역문헌과 의역문헌에서 어떻게 달
리 나타나는가를 보여 준다. (11ㄷ, ㄹ)과 (11ㄷ′, ㄹ′)도 마찬가지로 의역문헌
은 모두 능동문의 형식으로 언해되어 있다. 이로 보아 (9)의 피동문의 형식
은 직역문헌의 특징적 현상이라 할 수 있다. 그런데 (11ㄹ)에서는 의역문헌

---

151) 「楞嚴經諺解」와 「法華經諺解」에는 이런 예가 없지만 「小學諺解」에는 아래와 같
은 예가 꽤 보인다. 이는 여타 '所'의 언해에서도 발견되는데 「小學諺解」는 동명사
보다 '바'를 사용한 예가 많다. 그러나 다른 형식명사를 사용한 예는 좀처럼 없다.
'所'의 訓이 '바'로 굳어지는 것과 관련시켜 볼 수 있을 것이다.
만히 간활ᄒᆞᆫ 아젼의게 미씐 배 되여(多爲猾吏所餌ᄒ야)(소학5:60)
간활ᄒᆞᆫ 아져늬게 고기 낛ᄂᆞᆫ 바비 ᄃ외여(번소7:28)

152) 이 언해방식은 'V1+V2'에서 'V2'를 대격어로 언해하는 (2)의 방식과 같다.

도 같은 형식을 보이고 있지만 동명사의 동사가 다르다. 「월인석보」는 피동사를 선택하고 있는 반면 「법화경언해」는 타동사를 그대로 쓰고 있다. (11ㅁ)도 마찬가지다. 이처럼 15세기의 직역문헌에서 피동구문의 '호미'에는 타동사가 쓰인다. 따라서 이 구성에서 자동사와 타동사의 구분은 무의미하다.153)

이상에서 본고는 중세국어 언해문에서, 특히 직역문헌에 동명사 표현이 우세하게 나타난다는 것을 검토하였다. 이 현상은 대부분 구결문의 영향이나 고정적 언해습관에 의해 이루어진 것이므로 직역문헌의 특성으로 이해될 수 있다.

직역문헌에 동명사 표현이 우세하게 나타나는 현상은 아래와 같이 동사문이 명사문으로 표현되는 구문의 성립과도 관련된다. 이에 대해서는 4.2에서 언급한 바 있으므로 여기서는 그 예만을 들어 둔다.

(12) ㄱ. 엇뎨 쏘 三分의 闕과 八百의 劣이리오 (何復三分之闕과 八百之劣耶ㅣ리오) (법6:26)

　　ㄱ'. 어듸썬 三分이 몯 ᄀᆞ자 八百 사오나ᄫᆞᆯ 이리 이시리오 (석보19:10)
　　　엇뎨 쏘 三分에 闕ᄒᆞ며 八百이 사오나ᄫᆞ리오 (월석18:57)

　　ㄴ. 내 全身 供養코져 ᄒᆞ리어ᄂᆞᆫ (欲供養我全身者ㅣ어든) (법4:114)

　　ㄴ'. 내 全身ᄋᆞᆯ 供養코져 커든 (월석17:16)

　　ㄷ. 諸佛弟子衆이 … 一切漏ㅣ ᄒᆞ마 다아 이 ᄆᆞᆺ後ㅅ 모매 住ᄒᆞ이 ᄀᆞᆮᄒᆞᆫ 모든 사ᄅᆞᆷ둘히 그 히미 이긔디 몯홀ᄯᅦ라 (諸佛子衆이 … 一切漏ㅣ 已盡ᄒᆞ야 住是最後身ᄒᆞᆫ 如是諸人等이 其力所不堪이라) (법1:152)

　　ㄷ'. 부텻 弟子둘히 一切漏ㅣ 다아 最後身에 住ᄒᆞ야도 그 히미 이긔디 몯ᄒᆞ리라 (석보13:41)

　　ㄹ. 비록 ᄒᆞᆫ ᄯᅡ해 ᄂᆞᆫ 거시며 ᄒᆞᆫ 비 져쥬미니 (雖一地所生이며 一雨所潤이나) (법3:13)

---

153) '-어 잇-' 구성에서도 이와 비슷한 현상이 일어난다고 한다. 박진호(1994) 참조. 이와 같이 중세국어에서는 환경에 따라 동사의 실현이 제한되는 일이 있다. 따라서 중세국어 동사의 능격성 논의는 환경적 요인을 고려하여 이루어져야 한다. 이런 환경적 요인에는 문헌의 성격도 포함될 수 있을 듯하다. 예를 들어 「杜詩諺解」는 하나의 한자에 대해 하나의 우리말 어휘를 대응시키려는 경향이 있는 듯하다. 이런 성격을 갖는 문헌에서는 언어현실이 정확히 반영되어 나타나지 못할 것이다.

ㄹ'. 훈 짜해 나며 훈 비 저져도(월석13:47)

5.3 중첩 표현

중세국어에서는 (1)과 같이 동일 기능을 수행하는 어휘형태와 문법형태
가 중첩되어 나타나는 문장이 존재한다.[154]

(1) ㄱ. 훈다가 사ᄅᆞ미 苦ᄅᆞᆯ 맛나 生老病死ᄅᆞᆯ 아쳗거든(若人이 遭苦ᄒᆞ야 厭
　　生老病死ㅣ어든)(법1:71)

　　ㄴ. 비록 ᄯᅩ 三乘을 니ᄅᆞ나 오직 菩薩 ᄀᆞᄅᆞ쵸ᄆᆞᆯ 爲호미라(雖復說三乘ᄒ
　　나 但爲教菩薩이니라)(법1:237)

　　ㄷ. 이 法은 어루 뵈디 몯ᄒᆞ리며(是法은 不可示며)(법1:152)

　　ㄹ. 내 이제 반ᄃᆞ기 佛法으로 ᄀᆞᄅᆞ쳐 引導호리라(我ㅣ 當以佛法으로 而
　　訓導之호리라 코)(법6:8)

　　ㅁ. 오직 부텨와 부텨왜ᅀᅡ 能히 諸法實相ᄋᆞᆯ 다 아ᄂᆞ니라(唯拂與佛이ᅀᅡ
　　乃能窮盡諸法實相ᄒᆞᄂᆞ니라)(법1:145)

(1ㄱ)은 '若'이 쓰인 조건표현에서 '若'과 상관되는 '훈다가 ~ -거든(으면,
어도)'이 중첩된 예이다. (1ㄴ)은 '雖'의 양보표현에서 '비록 ~ -이나/-어도'가,
(1ㄷ)은 '可, 能, 得, 足'의 가능표현에서 '어루/可히/ 能히/시러곰/足히~ -리-'
가, (1ㄹ)은 '當, 合, 宜, 欲'의 당위표현에서 '반ᄃᆞ기/당다이/모로매 ~ -리-/-
ㄹ디-'가, (1ㅁ)은 '唯'가 쓰인 구문에서 '오직 ~ -ᅀᅡ/ᄲᅮᆫ'이 중첩된 예이다.[155]
이들은 (2)와 같이 어휘형태와 문법형태 중 하나만이 실현될 수도 있다.

---

154) 남풍현(1971ㄱ), (1971ㄴ), (1971ㄷ), (1972), (1973)에서는 중국어(한문)의 영향으로
　　우리말에 나타난 문법적 영향관계의 하나로 호응관계의 발생과 중첩현상을 논의하
　　고 있다.

155) 조사도 이와 비슷한 호응관계를 형성하지만 한문의 조동사류와 호응을 보이는 (1)
　　과는 달리 대응되는 한문 어사가 허사이기 때문에 어휘형태가 실현되지 못하고 호
　　응하는 문법형태만 실현되기 때문에 언해문에는 중첩현상을 보이지 않는다.

(2) ㄱ. 한 經을 닐거도 通達티 몯ㅎ야 (석13:36)

　　ㄴ. 말로 펴디 몯ㅎ리어늘 (不可以言說이어늘) (법1:239)

　　ㄷ. 이 經을 너비 닐오리니 (當廣說此經호리니) (법6:98)

　　ㄹ. 하늘 우 하늘 아래 나쏜 尊호라 ㅎ시며 (석보6:22)

　　ㅁ. 오직 내 이 相올 알오 (唯我ㅣ 知是相ㅎ고) (법1:157)

　　ㅂ. 能히 이 法을 信티 몯ㅎᄂ니 (不能信是法ㅎᄂ니) (법1:242)

　　ㅅ. 반ᄃ기 이 稀有ᄒ 相올 보ᄉ오시니 (必應見此稀有之相ㅎ시니) (법1:66)

(2ㄱ)은 '비록~-어도'에서 어휘형태 '비록'이 실현되지 않은 예이다. '若'이나 '雖'는 어말어미와 호응하기 때문에 문법형태가 나타나지 않는 일은 없고, 어휘형태가 나타나지 않는 예만 존재한다. (2ㄴ~ㄹ)도 마찬가지로 (1)의 중첩표현에서 어휘형태가 생략된 예이다. 반대로 (2ㅁ~ㅅ)은 어휘형태만 실현되고 문법형태가 실현되지 않는 형식이다. 이 밖에 어휘형태, 문법형태가 모두 실현되지 않는 형식도 존재하나 15세기 자료에서는 그 예가 많지 않다.

(1)의 중첩표현은 직역문헌과 의역문헌에 두루 나타나나 직역문헌에 상대적으로 많이 보인다. 반면 (2)와 같이 어휘형태와 문법형태 중 하나만 나타나는 구문들은 의역문헌에 상내적으로 많이 나타난다. (3)은 직역문헌과 의역문헌의 예를 비교한 것이다.

(3) ㄱ. ᄒ다가 사ᄅ미 苦롤 맛나 生老病死롤 아쳗거든 (若人이 遭苦ㅎ야 厭生老病死ㅣ어든) (법1:71)

　　ㄱ'. 사ᄅ미 受苦롤 맛나아 生老病死롤 슬ㅎ야 ㅎ거든 (석보13:18)

　　ㄴ. 내 이제 반ᄃ기 묻ᄌ오리라 ㅎ시더니 (我今當問호리라 ㅎ시더니) (법1:66)

　　ㄴ'. 내 이제 무로리라 (석보13:15)

　　ㄷ. 샹녜 반ᄃ기 이 經을 受持讀誦解說書寫홀ᄠ니라 (當應受持讀誦解說書寫是經이니라) (법6:90)

　　ㄷ'. 샹녜 이 經을 바다 디니며 닐그며 외오며 사겨 니르며 쓰며 ㅎ야ᅀᅡ ㅎ리라 (석보19:36)

　　ㄹ. ᄀ장 ᄉ랑ㅎ야 모다 혜아려도 能히 부텻 智慧롤 아디 몯ㅎ리며 (법

1:155)

ㄹ′. 부텻 眞實ㅅ 智慧롤 ᄉᆞ랑ᄒᆞ야도 져고마도 모ᄅᆞ리어며 (석보13:42)

ㅁ. 오직 부텨와 부텨왜ᅀᅡ 能히 諸法實相올 다 아ᄂᆞ니라 (唯拂與佛이ᅀᅡ 乃能窮盡諸法實相ᄒᆞᄂᆞ니라) (법1:145)

ㅁ′. 부톄ᅀᅡ 諸法의 實相올 ᄉᆞ뭇 아ᄂᆞ니라 (석보13:40)

ㅂ. 如來 반ᄃᆞ기 大乘經을 니르시리니 (如來當說大乘經시리니) (법1:119)

ㅂ′. 如來 당다이 大乘經을 니르시리니 (석보13:36)

ㅅ. 오직 諸佛이ᅀᅡ 能히 아ᄅᆞ시ᄂᆞ니라 (唯有諸佛ㅣ ᅀᅡ 乃能知之ᄒᆞ시ᄂᆞ니라) (법1:176)

ㅅ′. 오직 諸佛이ᅀᅡ 아ᄅᆞ시리라 (석보13:48)

(3ㄱ～ㅁ)에 대해 (3ㄱ′～ㅁ′)은 직역문헌의 중첩표현이 의역문헌에서 (2)의 형식으로 나타난 예이다. (3ㄱ′)에서는 ‘ᄒᆞ다가’가 쓰이지 않고 있으며 (3ㄴ′,ㄷ′)에서는 당위표현의 부사 ‘반ᄃᆞ기’가 없다. (3ㄷ′)에서는 어말어미도 ‘홀띠니라’에서 ‘ᄒᆞ야ᅀᅡ ᄒᆞ리라’로 바뀌었는데 「석보상절」은 후자의 형식이 잘 쓰인다. (3ㄹ′)은 가능표현에서 ‘能히’가 생략된 예이고 (3ㅁ′)은 ‘唯’에 대응하는 ‘오직’이 생략된 예이다. 이상에서 보듯 「법화경언해」의 중첩표현에 대해 「석보상절」에서는 어휘형태가 실현되지 않는 형식으로 대응하는 경향을 보인다. 또 (3ㅂ,ㅅ)과 (3ㅂ′,ㅅ′)에서와 같이 「석보상절」의 중첩표현이 쓰인 곳은 「법화경언해」에서도 반드시 중첩표현으로 되어 있어, 일방향성의 대응관계를 보여준다.

전이어의 사용도 이와 유사한 성격의 것으로 보인다. 안병희(1973:80)에서는 직역문헌에는 번역차용의 전이어가 많이 사용된다고 하고 있다.

(4) ㄱ. 반ᄃᆞ기 冠帶ᄒᆞ야 ᄡᅧ 얼운의게 뵈ᄋᆞ오매 샹해 이실제 비록 심히 더우나 父母와 얼우신 겯틔 이셔 시러곰 곳갈과 보션과 힝뎐을 벗디 아니ᄒᆞ야 衣服을 오직 삼가더라 (日必冠帶ᄒᆞ야 以見長者ᄒᆞ며 平居雖甚熱ᄒᆞ나 在父母長者之側ᄒᆞ야 不得去巾機縛袴ᄒᆞ야 以服唯謹ᄒᆞ더라) (소언6:2)

ㄱ′. 늘 뵈ᅀᆞ오매 샹해 비록 ᄀᆞ장 더운 저기라도 부모와 얼우신의 겯틔 이셔는 곳갈과 보션과 힝뎐올 밧디 아니ᄒᆞ야 衣服ᄒᆞ고 조심ᄒᆞ야 겨

시더라 (번소9:26)

ㄴ. 一切世間애셔 信호미 어려본 法을 다드러 알에 코져 ᄒᆞ샤 <u>그럴씨</u> 이
瑞ᄅᆞᆯ 나토시ᄂᆞ니라(欲 … 咸得聞知一切世間難信之法게 ᄒᆞ려 ᄒᆞ샤
故로 現此瑞ᄒᆞ시ᄂᆞ니라) (법1:90)

ㄴ´. 一切世間앳 信티 어려본 法을 다 듣ᄌᆞᄫᅡ 알에 호리라 ᄒᆞ샤 이런 祥
瑞ᄅᆞᆯ 뵈시ᄂᆞ니라 (석보13:27)

ㄷ. 다 妄塵일씨 <u>이런ᄃᆞ로</u> 반ᄃᆞ기 두르혀 버숧디니 (皆則妄塵일시 故로
應旋而脫之니) (능6:72)

(4ㄱ)에서는 한문의 '以'와 '得'에 대응하는 '뻐'와 '시러곰'이, (4ㄴ)에서
는 '故'에 대응하는 '그럴씨'가 사용되고 있다. 이들은 의미상 반드시 있어
야 하는 것은 아니다. 이로 인해 대응하는 의역문헌에는 이들이 쓰이지 않은
예가 많다. 이런 전이어는 고정적 언해방식에 의해 나타난 것이다. 즉 한문
의 어사가 우리말의 문법형태와 호응관계를 지님으로써 나타난 현상이다.
특히, (4ㄷ)은 어미 '-을씨'만으로도 그 의미를 충분히 전달할 수 있음에도
구결문의 '故로'에 대응하는 '이런ᄃᆞ로'가 더 쓰이고 있어, (1)과 같은 중첩
표현이 되고 있다. (4)에서와 같이 직역문헌에 전이어가 많이 쓰이는 것은
직역문헌일수록 한문의 어사를 가능한 한 모두 언해하려는 태도를 가지고
있기 때문이다.

이상에서와 같이 중세국어의 중첩표현이나 불필요한 전이어의 사용은
축자역의 언해방식과 호응관계에 따른 현결이 원인이 되어 나타나는 현상이
다. 구결문에서 특정 어사에 대해 특정 문법형태를 호응시켜 현결한다.[156]
이와 같은 현결방식에 의해 특정 어사와의 호응관계를 보이는 구결문이 생
성되고, 이 구결문을 축자역으로 모두 언해하면 어휘형태와 문법형태가 공
존하는 중첩표현이 되는 것이다. 따라서 구결문에 대한 의존도가 높은 직역

---

156) 이런 예로는 '使(令) ~ -게 ᄒᆞ-', '欲 ~ -호려 ᄒᆞ-', '當 ~ -어ᅀᅡ ᄒᆞ-/ㄹ디-', '如 ~ -ᄃᆞᆺ
ᄒᆞ-'와 같이 한문의 조동사에 연첨형구결이 호응하는 유형과 '若 ~ -으면/-거든',
'雖 ~ -으나/-어도', '當(能) ~ -리-'와 같이 어말어미나 선어말어미가 호응하는 유
형, 그리도 '以 ~ -로', '於 ~ -에'와 같이 개사와 조사가 호응하는 유형이 있다. 특
히 마지막 유형의 관계가 견고하여 거의 예외없이 호응관계에 따라 현결된다.

문헌에 이 표현이 많이 나타나게 되는 것이다.

그런데 '若~-으면', '雖~-어도'에 비해 가능표현이나 당위표현에는 중첩표현이 덜 나타나는 경향을 보인다. 이는 구결문에 반드시 실현되지 않을 수도 있는 선어말어미와 호응관계를 이루기 때문이다. 선어말어미는 1차적 현결태도에서는 실현되지 않을 수도 있기 때문이다. 남풍현(1971ㄴ)에서도 이에 대해 독립된 형식이 없이 선어말어미에 의존하는데 선어말어미는 어말어미에 비해 생산성이 떨어지기 때문이라고 하여, 선어말어미가 호응의 대상이 된 것이 원인이라고 보고 있다. 이는 결국 구결문의 구조에 의해 언해문의 표현이 결정되는 과정을 방증하는 것이기도 하다.

5.4 구문 파악의 경향

직역문헌과 의역문헌은 한문의 구절을 파악하는 경향에서 차이를 보인다. 안병희(1973:80)에서는 직역문헌에서는 구절의 품사적 성격을 유지하려는 이유에서 보문을 지배하는 상위동사가 있는 문장을 언해할 때 의역문헌은 보문을 그대로 하위문으로 살려 표현하는 데 반해 직역문헌은 명사구로 표현하는 경향이 있음을 지적하고 있다. 이 점은 「번역소학」과 「소학언해」를 비교한 이현희(1988:35-6)에서도 지적되고 있다.

(1) ㄱ. 일즉 사룸의게 <u>薦擧홈을 간구티</u> 아니ᄒ더니 (未嘗干人擧薦ᄒ더니)
  (소학6:49)
 ㄱ'. 사룸ᄃ려 <u>거쳔ᄒ고라 구ᄒ디</u> 아니터니 (번소9:54)
 ㄴ. <u>未曾有롤 讚嘆ᄒ야</u> (嘆未曾有ᄒ야) (법3:176)
 ㄴ'. 네 업던 이리로다 讚嘆ᄒ야 (월석14:77)
 ㄷ. 그 ᄌ데 <u>몬져 감을 請ᄒ거늘</u> (其子弟ㅣ 請先往ᄒ야놀) (소학6:45)
 ㄷ'. 그 ᄌ데 몬져 니거지라 ᄒ여늘 (번소9:49)
 ㄹ. 네 이 새룰 <u>實로 罪지슨 果報이 난 거시라 너기디</u> 말라 (汝ㅣ 勿謂此鳥룰 實是罪報所生이라 ᄒ라) (아미11)

ㄹ'. 네 이 새롤 罪 지순 果報로 나다 너기디 말라(월석7:67)
ㅁ. 福 求ᄒᆞ야 그 欲을 조차(求福ᄒᆞ야 隨其所欲ᄒᆞ야)(법6:6)
ㅁ'. 福 求ᄒᆞ노라 ᄒᆞ야(석보19:3)

(1ㄱ)에서 '干人擧薦'은 '干人所擧薦'로 고쳐질 수 있는 구문이다. 「소학언해」에서는 이 관계를 의식해 '人擧薦'을 명사구로 언해했다. 이에는 동사가 선행하면 후행어사를 명사구로 이해하려는 경향이 강한 직역문헌의 특성도 복합적으로 작용한 것이다. (1ㄴ)도 마찬가지이다. '未曾有'를 명사구로 이해한 데서 이와 같은 차이가 나타난 것이다. (1ㄷ)의 직역문헌의 예는 한문의 'V1+V2' 구성을 동빈구조식으로 이해하여 후행동사를 명사적 표현으로 언해하는 습관과 관련된 것이다. 명사구로 인식하려는 경향이 강한 점에서 앞의 예들과 같은 유형에 들 것이다. (1ㄹ)에 대해서 안병희(1973:80)에서는 한문에서의 품사적 기능을 유지하기 위한 태도 때문에 이와 같은 현상이 일어난다고 하고 있다. 즉 '所生'의 명사성을 살리기 위해 내포문이 지정구문이 된 것이라 한다. (1ㅁ)에서 「법화경언해」는 구결문의 '所欲'을 살려 표현하고 있는 반면 「석보상절」은 구결문을 재구성하여 '欲'을 의도의 조동사인 것처럼 해석하고 있다. 여하튼 이 역시 구결문의 구조를 따르지 않은 언해이다. (1ㄹ)이 한문에서의 품사적 기능을 중시한 것이라면 (1ㅁ)은 한문의 구조를 중시한 것이라 할 수 있다.

구문 파악과 관련된 현상으로 이현희(1988:25-27)에서는 「소학언해」가 상위문 중심으로 구문을 파악하는 경향이 있음을 지적하고 있다.

(2) ㄱ. 나라히 可히 ᄒᆞ여곰 졍ᄉᆞ롤 참예케 몯홀 거시며(國不可使預政이며)(소학5:68)
ㄱ'. 나라힌 졍ᄉᆞ애 참예티 몯게 ᄒᆞ며(번소7:36)
ㄴ. 或 ᄀᆞᆯ오ᄃᆡ 吉ᄒᆞᆫ 사ᄅᆞᆷ이라 닐ᄋᆞ디 아니ᄒᆞ야도(或不謂之吉人이라두)(소학5:28)
ㄴ'. 혹 ᄀᆞ로ᄃᆡ 吉ᄒᆞᆫ 사ᄅᆞ미 아니라 ᄒᆞ야도(번소6:30)
ㄷ. 스ᄉᆞ로 닐오ᄃᆡ 신묘를 궁구ᄒᆞ며 변화를 아노라 호ᄃᆡ(自謂之窮神之化)(소학5:119)

ㄷ'. 스스로 神妙혼 이롤 窮究ᄒ노라 ᄒ며 텬디 변화를 아노라 호ᄃᆡ(번
소8:41)

ㄹ. 엇디 可히 졈은 아ᄒᆡ둘로 ᄒᆡ여곰 <u>스스로이 飮食을 만드라 家法을 허</u>
<u>러 ᄇ리게 ᄒ리오</u> ᄒ니(曰豈可使小兒輩로 私作飮食ᄒ야 壞家法耶
ㅣ리오 ᄒ니)(소학6:6)

ㄹ'. 엇디 져믄 아ᄒᆡ둘ᄒ로 <u>아롬뎟 飮食을 만드라 먹게 ᄒ야</u> 가문쩝을 허
러 ᄇ리ᄂᆞ뇨 ᄒ니(번소9:7)

(2ㄱ, ㄴ)에서와 같이 부정어가 「번역소학」은 하위문에, 「소학언해」는 상
위문에 나타나는 경향을 보인다고 한다. 또 (2ㄷ)과 (2ㄹ)는 '謂'나 '使'가 걸
리는 부분을 「번역소학」은 가급적 앞부분으로 국한하고 「소학언해」는 뒤에
까지 확대되어 걸리는 것으로 파악하는 차이를 보인다. 이런 차이는 구결문
의 어순을 지키려는 태도에서 기인하는 것으로 생각된다. 예를 들어 (2ㄱ, ㄴ)
에서 한문의 부정표현 '不'은 구절의 맨 앞에 실현되어 있어 상위문의 동사
와 관계하게 되어 있다. 이것을 동사를 건너 뛰어 하위문의 동사와 관련시키
는 것은 '國使不可預政'와 같이 인식하는 것이므로 결과적으로 한문의 구조
를 무시한 것이 된다. 이런 이유로 직역문헌일수록 부정어가 상위문에 실현
되는 경향을 보이는 것으로 이해된다. 이호권(1987:90-91)에서 지적된 직역문
헌일수록 장형 부정의 형식을 취한다는 사실도 같은 맥락에서 나타나는 것
으로 볼 수 있다.

(3) ㄱ. 瞋恚롤 <u>내디 아니ᄒ야</u>(不生瞋恚ᄒ야)(법6:80)

ㄱ'. 怒혼 ᄠᅳ들 <u>아니 내야</u>(석19:30)

ㄴ. 샹녜 부텨 <u>맛나디 몯ᄒ며</u> 法 듣디 몯ᄒ며(常不值佛ᄒ며 不聞法ᄒ며)
(법6:88)

ㄴ'. 부텨롤 <u>몯 맛나며</u> 法을 몯 드르며(석19:34)

이호권(1987)에서는 이 현상은 부정소를 용언보다 나중에 번역하는 관습
을 가진 훈독구결의 잔재로 보고 있는데, 훈독구결 역시 한문구조에 대한 인
식을 반영하는 것이고, 15세기 음독구결에 그 전통이 이어지므로 구결문에

서의 부정소에 대한 인식을 보이는 것이라 할 수 있다. 결국 구결문에서는 부정소를 상위의 동사와 관련되는 것으로 파악하는 경향이 있고 그것이 (3)처럼 직역문헌에 장형부정이 잘 나타나지 않는 것으로 이어졌다고 이해할 수 있다.

15세기국어에는 (4)와 같이 '호미 몯호-'와 '호몰 몯호-'의 부정 형식이 존재하는데, 이 역시 구문 파악과 관계되어 있다.

(4) ㄱ. 忍은 <u>主티 아니호미 몯호</u>리로다(則忍은 不可不宗也 l 로다)(법5:41)

   ㄴ. 諸法을 롱담 議論ㅎ야 다톰 <u>이쇼미 몯호</u>리오(不應戲論諸法ㅎ야 有所諍競이오)(법5:45)

   ㄷ. 遺囑을 맏ᄃ며 衆生을 度脱ㅎ며 未來롤 ᄲᅡ혀며 <u>濟度호몰 몯홇ᄃ</u> 疑心ᄃ뷘 젼ᄎ로(疑 … 不堪遺囑度生ㅎ며 拔濟未來故로)(능1:26)

(4ㄱ, ㄴ)에서 보듯 '호미 몯호-'는 '不可'나 '不應'과 같이 '可能, 當爲'의 어사와 같이 쓰이는 구문에 대응되어 나타난다. '應, 當'의 한문구성은 '호미 맛당호-'와 같은 방식으로도 언해될 수 있다. (4ㄱ, ㄴ)은 바로 이 당위표현의 어사로 인해 나타난 형식이다. 즉, 구문 전체를 가능과 당위구문으로 인식하고 가능과 당위구문의 형식을 원용하여 인해한 것이 (4ㄱ, ㄴ)의 부정문인 것이다. 이들이 가능, 당위표현임은 이들과 호응관계에 있는 선어말어미 '-리-'가 실현되는 데서도 확인된다. 결국 '호미 못호-'는 특정 구문에 한정되어 사용되는 형식인 셈이다. (5ㄷ)에서 '몯호-'는 구결문의 '不堪'에 대응한다. 이때 '몯호-'는 '몯#호-'로 '호-'는 '堪'에 해당하는 본동사에 해당한다. 이는 결국 단형 부정의 형식이 된다. '호몰 몯호-'가 「법화경언해」나 「능엄경언해」에 거의 보이지 않는 것은 단형부정을 회피하는 문헌 성격에서 연유한 것이다.157)

---

157) '호미 몯호-'는 「飜譯小學」에는 나타나지만 「小學諺解」에서는 나타나지 않는다고 한다. 이현희(1988:27) 참조. 이 점에서 이 형식을 직역문헌의 특징적 사실로 보기 어렵다. 그런데 「小學諺解」는 당위표현도 '호미 맛당호-'보다는 '맛당히 V-'형식으로 언해하는 경향이 강하다고 한다. '호미 몯호-'는 '호미 맛당호-'구문에서 기원하는 것이므로 이 두 현상은 일치한다. '호미 맛당호-'는 '當, 應' 등의 조동사를 형용사로 인식할 때의 언해이고, '맛당히 V-'는 부사로 인식할 때의 언해이다. 「小學諺

'使'나 '謂' 등 어사의 지배 범위가 달리 나타나는 앞의 (2ㄷ, ㄹ)의 현상
도 구결문과 관련된다.

(5) ㄱ. 定과 慧왜 고ᄅ며 學과 行괘 둘히 오라 究竟ᄒ야 一乘實相애 <u>가게</u>
<u>ᄒ시니</u> (使定慧ㅣ 均等ᄒ며 學行이 兩全ᄒ야 而究竟ᄒ야 趣於一乘
實相케 ᄒ시ᄂ니) (능1:20)

ㄴ. 몬져 般若ᄅᆯ <u>브트샤 펴 볼기게 ᄒ시고</u> 버거 楞嚴을 브트샤 닷가 <u>證</u>
<u>케 ᄒ시고</u> (必先籍般若ᄒ샤 發明ᄒ시고 次由楞嚴ᄒ샤 修證ᄒ시고)
(능1:20)

ㄷ. 能히 衆生ᄋ로 一切苦와 一切病ᄒ야 알호ᄆᆯ <u>여희에</u> ᄒ며 能히 一切
生死 미요ᄆᆯ <u>그르ᄂ니라</u> (能令衆生ᄋ로 離一切苦와 一切病痛케 ᄒ
며 能解一切生死之縛ᄒᄂ니라) (법6:71)

ㄷ'. 能히 衆生이 一切苦와 一切病을 <u>여희에</u> ᄒ며 能히 一切生死 미욘
ᄆᆯ <u>그르게</u> ᄒᄂ니라 (월석18:51-2)

ㄹ. 닐오디 情이 이실ᄊᆡ 사ᄅᆷ과 달오미 <u>업다</u> ᄒ야 草木이 사ᄅᆷ ᄃᄫᆡ며 사
라미 주거 도로 十方草樹ㅣ <u>ᄃᄫᆡᄂ니라</u> ᄒ야 ᄀᆯᄒ욤 업시 다 <u>아ᄂ다</u>
ᄒ야 (皆稱有情홀ᄉᆡ 與人無異라 ᄒ야 草木이 爲人ᄒ며 人死還十方
草樹ㅣ라 ᄒ야 擇徧知라 ᄒ야) (능10:54)

ㅁ. 너교디 一切衆生이 일로브터 흘러나ᄂ니라 ᄒ야 내 能히 뎌를 <u>내노라</u>
<u>자ᄇ오디</u> (而謂一切衆이 自此流出이라 ᄒ야 遂執我ㅣ 能生彼라 호ᄃᆡ)
(능10:51)

'使'나 '謂' 등 어사는 연첨형구결이 현결될 수 있는 것들인데, 연첨형구
결이 현결되면 이들 어사와 연첨형구결 사이의 구절은 하나의 문장으로 파
악되고 그에 따라 언해되는 것이 원칙이다. (5ㄱ)이 바로 그런 예이다. 중간
의 여러 동사에 '-게 ᄒ야'가 쓰일 만한데도 이런 구조의 구결문을 언해할
때는 그런 일이 없다. 반면 연첨형구결이 쓰이지 않아 구결문의 구조가 덜
제한적인 (5ㄴ)은 '-게 ᄒ-'가 연속되어 나타난다. 이것은 이 연첨형구결이
'使, 謂'와 강한 호응관계를 갖고 있어, 중간의 부분을 하나의 단위로 인식

解」가 이들 어사를 부사로 인식하는 경향이 강한 것이 이런 현상으로 나타난 것으
로 보인다.

하게 만드는 것이 원인이다. (5ㄷ)는 '-게 ᄒ-'가 앞 구절에만 실현되어 있는데 의미상은 뒷 구절에도 나타날 만한 예이다. 이는 (5ㄷ′)의 예로 확인할 수 있다. 구결문은 '-게 ᄒ-'가 앞 구절에만 현결되어 있다. 이런 구결문은 이렇게 언해될 수밖에 없는 것이다.

(2ㄹ)의 구결문에는 '使'와 관계되는 구결이 'ᄒ-'로 현결되어 있다. 이 때는 언해 과정에서 '使'의 지배범위를 판단하는 데 자의성이 발생할 수 있다. 구결문이 확실히 지시해 주지 않고 있기 때문이다.

그런데 대개 'ᄒ-'만 현결된 구결문은 '-게 ᄒ-'가 한 번만 나타나게 언해하는 것이 원칙이나 때론 (5ㄴ)과 같이 언해되기도 한다. 구결문의 지시가 명확하지 않기 때문에 그만큼 제한력이 떨어지기 때문이다. (5ㄹ)은 드물게 보이는 현결방식이다. 인용의 '稱'에 대해 연첩형구결이 두 번 사용되고 있는데, 이런 구결문은 반드시 (5ㄹ)과 같이 언해된다. (2ㄷ′)의 「소학언해」의 예와 같은 형식인 것이다. 그러나 이런 현결방식이 일반적이지 않기 때문에 15세기자료에는 (5ㄹ)과 같은 구문이 많이 보이지 않는 것이다. 또 이것이 일반적이지 않은 현결방식이어서 (5ㅁ)과 같은 잘못된 언해를 낳기도 한다. 연첩형구결은 하나의 어사와 관계된다는 인식 때문에 후행하는 연첩형구결을 '執'과 관세된 것으로 인해한 것이다.[158]

이상에서는 구문 파악의 차이가 언해문에 반영되는 몇 가지 예를 검토하였다. 직역문헌은 가능한 한 한문 즉 구결문의 속성을 유지하려는 태도를 취한다. 특히 구결문의 속성이 명확히 드러나 있는 경우에는 그것에 제약된다는 것을 알 수 있다.

---

158) 구결문에서 '-이라 ᄒ야'는 관계되는 인용의 어사가 없이도 현결될 수 있는 구결이다. 이 때는 '-라고 생각하여' 정도의 의미를 가진다. (5ㅁ)의 구결문에서 '謂'와 관계되는 구결은 마지막의 '-라 호디'이고 중간의 '이라 ᄒ야'는 독립적으로 사용된 것인데, 언해 과정에서 그 관련을 잘못 인식한 것이다.

5.5 그 밖의 특징

1 '-어 잇-' 과 '-엣-'

「석보상절」과 「월인석보」, 「법화경언해」를 비교하면 「석보상절」이나 「월인석보」에 '-어 잇-'으로 나타난 것이 (1)에서와 같이 「법화경언해」에서는 '-엣-'으로 교체되고 있음을 볼 수 있다.

(1) ㄱ. 몸과 ᄆᆞᅀᆞ매 뮈디 아니ᄒᆞ옛더시니 (心身이 不動ᄒᆞ옛더시니) (법1:55)
   ㄱ'. 몸과 ᄆᆞᅀᆞ매 움즉디 아니ᄒᆞ야 겨시거늘 (석보13:7)
   ㄴ. 衆生ᄋᆞᆫ 諸根이 鈍ᄒᆞ야 迷惑 즐교미 눈 멀유메 著ᄒᆞ옛ᄂᆞ니 (衆生은 諸根이 鈍ᄒᆞ야 著樂癡所盲이니) (법1:233)
   ㄴ'. 衆生이 諸根이 鈍ᄒᆞ야 迷惑호매 ᄌᆞᆷᄐᆞᆨᄒᆞ야 잇ᄂᆞ니 (석보13:57)
   ㄷ. 衆生世界 器世界를 브터셔니 (衆生世界ㅣ 依器世界而立ᄒᆞ니) (법6:26)
   ㄷ'. 衆生이 世界ᄂᆞᆫ 器世界를 브터 잇ᄂᆞ니 (석보19:10)
   ㄹ. 比丘尼 眷屬 六千人과 ᄒᆞ더 와시며 (比丘尼ㅣ 與眷屬六千人과 俱ᄒᆞ며) (법1:37)
   ㄹ'. 比丘尼 眷屬 六千 사ᄅᆞᆷ ᄃᆞ려 와 겨시며 (석보13:3)

중세국어에서 '-어 잇-'은 '-엣-'으로 문법화되어 가는 과정에 있는 형태이지만 (1)의 현상을 이런 변화의 결과로 이해하기는 곤란하다. 시간적으로 더 차이를 보이는 「월인석보」와 「석보상절」이 같은 양상을 가지고, 「월인석보」와 불과 4년의 차이밖에 없는 「법화경언해」가 다른 양상을 보이기 때문이다. 더구나 후대 문헌인 「두시언해」는 이 둘 형식이 모두 보이므로 언어 변화의 결과로 보긴 더욱 어렵다.

이것이 단순한 표기상의 문제인지 아니면 구결문과 상관관계 등에 의해 나타난 것인지는 확실히 알 수 없다. 그런데 구결 형태로 '-어 잇-'형이 없고 '-엣-'형만이 보이므로 구결문의 영향관계로 이해할 수 있는 면이 있기는 하다. 그러나 依古的인 성격을 가진 구결문에 새로운 언어 변화를 반영하는 형태가 사용된 이유를 알 수 없고, '-앳-'이 현결되지 않는 예도 많기 때문에 구결문의 영향이라고 단정짓기는 어렵다. 또 (2)와 같이 '-어 잇-'형을 포함한 'ᄒᆞ야셔'가 구결로도 쓰이기 때문에 (1)에서와 같은 대응관계가 구결문에 그 원인이 있다고 하기 곤란하다. 이에 일단 문헌 성격의 하나로 이해해 둔다.

> (2) ㄱ. 오늘 너희 爲ᄒᆞ야 큰 導師ㅣ 드외야셔 (今爲汝等ᄒᆞ야 作大導師ᄒᆞ야셔) (법3:178)
>
> ㄴ. 내 鹿苑과 雞園에 이셔 (我ㅣ 在鹿苑과 及於雞園ᄒᆞ야셔) (능5:32)

2 '-어'와 '-히'

중세국어의 '-어'는 "방법", "이유", "동시성", "대등성", "계기성"의 다양한 의미를 가진다.[159] 구결문에도 'ᄒᆞ야'의 예가 아주 많다. 구절과 구절 사이의 부차적인 의미관계를 나타내는 것은 'ᄒᆞ야'로 표현하는 것이 기본적인 용법이 아닐까 느낄 정도로 그 쓰임이 광범위하다. 현대국어에서 이런 의미관계를 나타내는 데 잘 쓰이는 '-고'는 앞뒤의 구절이 대등하게 나열될 때만 쓰일 뿐이다.[160]

그런데 구결문의 'ᄒᆞ야'는 언해문에서는 부동사형 어미 '-어'로 대응되어 나타나는데 이와 같은 대응이 언해문에서의 '-어'의 기능이 광범위하게 나타나는 원인이 아닐까 가정해 볼 수 있다.

접미사 '-히'와 대응되는 'ᄒᆞ야'의 예는 직역문헌에 많이 보이는 것으로 구결문의 영향을 받은 것으로 생각된다. 구결문에서 구결로 쓰일 수 있는 접미사는 '-히'가 유일하다. 이것은 '-히'가 활용어미적 성격을 갖고 있었기 때문에 가능했던 것으로 보인다. 그러나 이 '-히'도 그 쓰임은 제한적이어서 특정 어사와 통합되는 경향이 있다.

---

159) 이현희(1994:67-8) 참조.
160) 김문웅(1986:86) 참조.

(3) ㄱ. 滿世間히 起ᄒᄂ니 (世間애 ᄀ득히 니ᄂ니) (능3:77)

　　ㄴ. 無因히 自生가 (因 업시 제 난 것가) (능3:87)

　　ㄷ. 同彼諸物히 分明無惑게 ᄒ라 (뎌 모ᄃᆞᆫ 物 ᄀ티 分明히 疑惑업게 ᄒ
라) (능2:48)

　　ㄹ. 至身質如初히 (모미 처섬 ᄀᆮ다 ᄒ샤매 니르린) (능5:73)

　　ㅁ. 滿十小劫히 供養於佛ᄒᄉᆞ오며 … 滿十所劫ᄒ며 至于滅度ᄒ야도 (十
小劫이 ᄎ게 부텻긔 供養ᄒᄉᆞ오며 … 十小劫이 ᄎ며 滅度애 니르러
도) (법3:94)

　　ㅁ′. 열 小劫이 차 … 열 小劫이 ᄎ며 滅度ᄒᄋ매 니르리 (월석14:12-3)

　　(3)은 구결문에서 '-히'가 현결된 예이다. 이 '-히'는 선행구절이 후행구
절에 대해 부사어적 관계에 있음을 보이는 것인데, 구 이상의 단위에 해당하
는 구절 뒤에 현결되는 것이 보통이다. '特히', '能히' 등과 같이 1음절 한자
에 현결되는 '-히'나 파생부사로 될 만한 구절에 현결되는 '-히'의 예는 거의
보이지 않는다. 이같이 순수한 접미사적인 '-히'의 예가 적다는 것은 구결문
에서 사용되는 '-히'가 활용어미적인 성격을 가지고 있음을 시사한다. (3ㅁ)
에서는 구결 '-히'를 '-게'로 언해하고 있다. 또 구결문에서는 동일한 성격의
구절에 대해 '-히'와 활용어미가 교체되어 현결되고 있다. 이런 점은 '-히'가
활용적인 성격을 갖고 있음을 말해 주는 것일 것이다.

　　'-히'는 '滿'(3ㄱ)이나 '無'(3ㄴ)에 현결되기도 하지만, '同, 如'(3ㄷ)이나
'至'(3ㄹ)에 현결되는 예가 훨씬 많다. 특히 '(自) … 至'의 구성은 대부분 '-히'
로 현결될 정도이다. 그런데 '-히'가 쓰일만한 자리에 (4)와 같이 'ᄒ야'로 현
결되는 경우도 있다.

　　(4) ㄱ. 能然手指ᄒ오디 乃至足一指ᄒ야 供養佛塔ᄒ야 (손가락 ᄉᆞ로디 밠 ᄒ
가라개 니르러 佛塔ᄋᆞᆯ 供養ᄒ면) (법6:160)

　　　ㄱ′. 能히 슈가락 술어나 발 ᄒ가라글 술어나 ᄒ야 (석보20:20)

　　　ㄴ. 滿虛空中ᄒ야 如雲而下ᄒ며 (滿虛空中ᄒ야 구름 ᄀ티 ᄂ리며) (법6:38)

　　　ㄴ′. 虛空中에 ᄀ득기 구름 ᄀ티 ᄂ리며 (월석18:28)

　　(4ㄱ)은 '-히'가 잘 현결되는 '至'가 있음에도 불구하고 'ᄒ야'로 현결되

어 있다. (4ㄴ)은 대응되는 (4ㄴ′)로 보아서도 -히’가 현결될 만한 위치이다. 이같이 ‘-히’가 쓰일 만한 자리에 ‘ㅎ야’가 쓰이는 예는 직역문헌인 「법화경언해」에 많이 보인다.

(5) ㄱ. 이 ᄀᆞᆮᄒᆞᆫ 念을 호ᄃᆡ … 諸佛 니ᄅᆞ샴 ᄀᆞᆮᄒᆞ야 나도 ᄯᅩ 조차 順ᄒᆞ야 行ᄒᆞ
리라 (如諸佛所說ᄒᆞ야 我亦隨順行호리라) (법1:237)
　ㄱ′. ᄯᅩ 너ᄀᆞᄃᆡ 내 諸佛 니ᄅᆞ샴 ᄀᆞᆮ티 좃ᄌᆞᄫᅡ 호리라 ᄒᆞ고 (석보13:59)
　ㄴ. 다 와 親近ᄒᆞ야 恭敬供養ᄒᆞ며 (皆來親近ᄒᆞ야 恭敬供養ᄒᆞ며) (법6:53)
　ㄴ′. 親近히 供養ᄒᆞ야 (석보19:21)
　ㄷ. 기릐 너븨 正히 ᄀᆞᆮ티 二千由旬이며 (縱廣이 正等히 二千由旬이며)
(법1:85)
　ㄷ′. 南北과 東西왜 正히 ᄀᆞᆮᄒᆞ야 二千由旬이오 (석보13:24)

(5ㄱ,ㄴ)은 의미상 ‘ㅎ야’보다는 ‘-히’가 더 잘 어울리는 듯하다. 「석보상절」에서는 ‘-히’를 사용하고 있다. 이때의 「법화경언해」의 부사적 ‘ㅎ야’는 구결문의 ‘ㅎ야’에 이끌려 나타난 것일 가능성이 높다. (5ㄷ)은 의역문헌이 ‘ㅎ야’이고 직역문헌이 ‘-히’로 대응하고 있어 위의 예들과는 반대된다. 그런데 활용어미가 쓰일 상황이므로 외역문헌의 ‘ㅎ야’가 더 적합하다. 이런 반대의 대응은 그리 많지 않을 뿐더러 (5ㄷ)과 같이 ‘ㅎ야’가 쓰이는 것이 통사 구조상 더 적합할 때가 많으므로, ‘ㅎ야’와 ‘-히’의 대응에서 직역문헌이 ‘ㅎ야’ 형을 선택하는 경향에는 변함이 없다.

이상 의역문헌의 ‘-히’가 직역문헌에서는 ‘ㅎ야’로 대응되는 현상에 대해 검토하였다. 이것이 구결문에서의 ‘ㅎ야’가 가지는 광범위한 쓰임이 원인인지는 단언할 수 없지만 분포가 편중되므로 직역문헌의 한 특색으로 볼 가능성이 있다.

3 문장의 접속

직역문헌이라 분류되는 「법화경언해」나 같은 성격을 가지는 것으로 보이는 「능엄경언해」에서는 문장과 문장의 접속이 기묘한 연결을 보이는 예가 간혹 발견된다.

(6) ㄱ. 僧坊애 잇거나 空閑훈 짜히어나 (若在僧坊커나 若空閑地어나) (법6:4)

　　ㄱ'. 즁의 坊이어나 뷘 겨르ᄅᆡ뷘 짜히어나 (석보19:1)

　　ㄴ. 그 짜히 平正ᄒᆞ야 노ᄑᆞ며 눗가오며 굳과 두들기 업고 琉璃로 짜ᄒᆞᆯ 밍ᄀᆞᆯ오 實樹ㅣ 벌오 (其土ㅣ 平正ᄒᆞ야 無有高下坑坎堆阜하고 琉璃爲 地ᄒᆞ고 實樹ㅣ 行列ᄒᆞ고) (법3:59)

　　ㄴ'. 그 짜히 平正ᄒᆞ야 노ᄑᆞ며 눗ᄀᆞ봇며 구디며 두들기 업서 琉璃짜히 ᄃᆞ외며 實樹이 느러니 벌오 (월석13:62)

　　ㄷ. 부텻 아롬 ᄡᅳ디 아니라 허므리 實로 내게 잇닷다 (非佛所私이샤 咎實 在我ㅣ랏다) (법2:6)

　　ㄹ. 제 念ᄒᆞ디 내 ᄒᆞ다가 오래 住ᄒᆞ면 시혹 다아도ᄆᆞᆯ 보아 굿모라 짓게 ᄒᆞ리로다 (念言ᄒᆞ디 我若久住면 或見逼迫ᄒᆞ야 强驅使作ᄒᆞ리로다) (법2:239)

　(6ㄱ～ㄹ)의 「법화경언해」의 예는 문장이 나열될 때 주어가 바뀌어 나타 난 예이다.

　(6ㄱ, ㄴ)은 하나의 대상에 대해 설명하는 문장들인데 밑줄친 부분은 같이 나열된 여타 구문과는 다른 주어가 사용되고 있다. 이런 구문들은 직역문헌 에 많이 나타난다. 대응되는 의역문헌의 예는 주어가 일치하고 있다. 이러한 현상은 주어가 잘 생략되는 한문의 특성과 축자역의 언해습관에서 원인을 찾을 수 있다. (6ㄱ)은 한문의 '在'를 살려 언해한 것이 원인이며, (6ㄴ)은 '爲'를 타동사로 언해하는 습관에서 발생한 것이다. 이들은 주어나 주제성분 이 생략된 구문에서 한문 어사를 고정된 단어로 언해하려는 태도로 인해 나 타난 것이므로 직역문헌의 특성으로 분류될 수 있을 것이다.

　(6ㄷ)은 'X이랏다'를 동사로 언해함으로써 발생한 것이다. 구결문에서 감동법어미는 계사 '이-'에 통합되는 경향이 강하다. 그러나 '이-'가 통합된 구절은 일반적으로 동사로 언해된다. (6ㄷ)은 생략된 주어('道를 이루는 것이 다 른 것')에 대해 '咎實在我ㅣ랏다'가 서술어로 쓰인 구문이다. 따라서 '허므리

내게 이쇼미로다'나 '허므리 내게 이셰로다' 정도로 나타날 구문이 감동법어미의 언해습관에 따라 동사로 언해된 결과 '허므리'가 주어가 되는 구문이 되어 버렸다. 이로 인해 구문의 접속이 기묘해졌다.

(6ㄹ)은 피동의 '見'을 동사적으로 해석하고 '見'이 지배하는 부분을 작게 한정함으로써 발생한 것이다. 구결문은 '見'이 뒷구절 '强驅使作'에까지 걸리는 것으로 파악해서 현결되었는데, 언해 과정에서 중간의 'ㅎ야'에 의해 분절된 것으로 잘못 인식하여 언해한 것이 이와 같이 나타난 것이다. 이는 언해문에서 1인칭주어에 대해 서술어에 '-오/우-'가 쓰이지 않은 사실에서 알 수 있다.

이상 (6)과 같은 비정상적인 접속문 구성은 세부적인 발생 과정은 각각 다르지만 언해습관과 관련되어 나타난 것이므로 직역문헌의 특성에 포함될 수 있을 것이다. 그러나 이런 예는 그 수가 많지 않고 그 원인들이 개별적이어서 유형화하기 곤란하다. 따라서 직역문헌과 의역문헌의 구분 기준으로 이용하기 곤란한 면이 있다.

6 결론

　본고에서는 15세기 자료의 언해문이 구결문의 영향에서 자유로울 수 없다는 전제에서 구결문과 언해문의 상관관계를 주로 문법현상을 중심으로 검토하였다. 15세기 자료는 대부분 언해자료이기 때문에 원어인 한문의 영향으로 당시의 언어현실과는 동떨어진 이질적인 현상을 반영하고 있다. 본고의 작업은 이러한 이질적인 요소를 확인함으로써 15세기 자료가 갖는 한계성을 극복하여 15세기 문법체계에 대한 이해를 넓히고자 하는 의도에서 출발하였다.

　문헌을 대상으로 하는 연구에 있어서 어떤 문법현상의 비문법성에 대한 절대적인 판단은 불가능한 것일 것이다. 그러나 필자는 언해문과 한문 사이의 상관관계를 검토하는 작업이 결여된 언어직관을 보충하고 개연성을 추출하는 한 방법이라고 생각한다. 이에 15세기 자료의 언해문에 나타나는 예외적이거나 불규칙한 문법현상이나 특유의 구문을 대상으로 구결문과 비교·검토하여 언해문에 대한 구결문의 영향관계를 살펴보았다. 논의 과정에 자료 해석상의 오류와 논리의 비약이 없지 않았을 것으로 보인다. 이제 본고에서 논의한 내용을 간략히 정리하고 미비점을 밝히는 것으로 결론을 대신하기로 한다.

　2장에서는 구결과 구결문 전반에 대해 검토하여 앞으로의 논의를 위한 기초적 사항을 정리하고 구결문체계의 특성에 대해 논의하였다.

　구결문은 언해문으로 옮기기 위한 중간 단계나 한문을 우리말의 모습에 가깝게 단순 재구성한 것이 아니다. 구결문은 한문 문체의 하나로 그것만으로도 의사 소통이 가능했으며, 자체의 질서와 규칙을 지니고 있는 체계적 존재이다. 본고는 이런 구결문의 체계를 현결방식, 구결 형태의 용법, 구결문과 언해문의 관계 순으로 검토하였다.

　2.1.에서는 구결문의 현결방식에 대해서 살펴보았다. 우선 구결과 구결문에 대해 개념을 정의하고 1차적 현결과 2차적 현결의 현결태도나 간접현결과 연첨형구결 등 구결문 특유의 현상에 대해 정리하고 구결문에서의 계사 '이-'의 사용에 대해 검토하였다. 계사 '이-'는 한문의 동사구에 현결될 경우 구문 전체의 명사술어가 되는 기능과 통합된 구절 안의 동사어사의 서술성을 보이는 복합적 기능을 수행한다. 이 속성은 여러 면에 걸쳐 언해문에 영향을 주게 된다.

　2.2.에서는 구결로 쓰이는 문법형태와 용법에 대해 다루었다.

　구결문에서 조사는 구결문의 구성 단위(구절) 사이의 통사관계를 보이는 기능을 하고, 어미는 분절과 의미관계를 나타내는 기능을 한다. 구결문의 조사는 언해 과정에서 다른 조사로 바뀌는 일이 거의 없으며, 통합되는 구절이 문장이거나 서술성을 지닌 것이라도 '호미'와 같은 복합형식보다는 조사만 현결되는 것이 원칙이다. 또 '-운'을 제외한 보조사는 거의 쓰이지 않는다. 어미는 언해문과 큰 차이를 보이지 않지만 '이-'와 '흐-'는 통합되는 문법형태에서 차이를 보인다.

　2.3.에서는 구결문과 언해문의 관계에 대해서 검토하였다. 15세기 자료는 구결이 먼저 현결된 후 그에 맞춰 언해문이 이루어지는 것이 일반적인 언해 절차였다. 또 구결문과 언해문을 비교해 보면 언해문에 문법형태가 보충되는 일은 있지만 구결문에 실현된 문법형태가 언해문에서 삭제되는 일은 좀처럼 없다. 본고는 이러한 점을 근거로 한문이 언해문으로 실현되는 데는

아래와 같이 2단계의 과정이 존재하는 것으로 이해하였다.

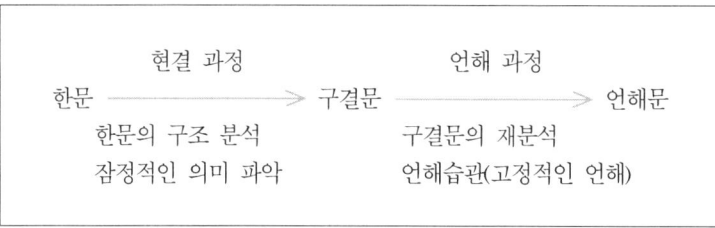

이러한 종속적 관계로 인해 구결문의 독자적 특성이 언해문에 그대로 전이되어, 당시 국어체계에 있어 불규칙하거나 비문법적인 현상들이 언해문에 포함되게 되었다. 구결문의 독자적 특성으로는 1차적 현결태도에 의한 문법형태의 공백, 문법형태의 용법 차이, 한문적인 통사구조가 있다.

3장에서는 언해문에서의 문법형태 사용에 나타나는 구결문의 영향을 살펴보았다. 이런 영향은 문법형태의 기능이 구결문과 언해문이 상이함으로써 생기는 것과 규칙 적용이 다름으로써 생기는 것의 둘로 나누어 볼 수 있다.

3.1.에서는 처격조사 '-애/에'의 기능에 대해 논의하였다.

구결문에서는 특정 한문 어사에 대해서 특정 구결을 대응시켜 현결하는 경향이 있다. '-애'와 '於'도 그중의 하나이다. 구결문의 '-애'는 한문의 '於'와 호응관계를 가짐으로써 한문의 '於'가 수행하는 기능을 모두 나타낼 수 있었다. 언해문의 대격적 '-애'의 용법은 '於'의 기능이 구결문을 거쳐 전이된 것일 가능성이 높다. 또 중세국어에 많이 보이는 '동명사-애'('호매')의 표현도 광범위한 시간관계를 보이는 한문구성에 현결되는 '-애'가 문체적으로 굳어진 표현일 가능성에 대해서도 논의하였다.

3.2.에서는 속격조사 '-의/의'의 용법에 대해서 검토하였다.

구결문에서 '-의'는 한문의 '之'와 유사한 기능을 수행했던 것으로 보인다. '之'는 조합식사결에서 주어성분 뒤에 쓰이는 등 후행구절을 명사구로 인식하여 전체를 하나의 명사구로 만드는 기능을 한다. '-의'의 현결은 한문의 구조를 이러한 구조로 인식하고 그렇게 언해할 것을 지시하는 것이다. 중세국어의 주어적속격은 이런 구결문 '-이'와 깊은 상관관계를 갖는 것으로 보인다.또 '-이'의 이런 속성은 일부 특수한 구조에서 언해습관과 어울어져 불규칙한 구문을 발생시키기도 한다.

3.3.에서는 규칙 적용의 상이성으로 말미암아 언해문에 나타난 예외적이거나 불규칙한 문법현상을 존경법 선어말어미 '-시-'를 대상으로 검토하였다.

구절을 구성 단위로 하고 한문의 구조적 특성을 간직한 구결문에서 '-시-'의 사용은 언해문과는 다른 양상을 보인다. 구결문에서 '-시-'는 주어성분과의 호응에 의한 것보다는 구결이 통합된 구절 자체의 속성에 의해 결정되는 일이 많다. 이러한 구결문적인 '-시-'의 사용은 때로 언해문에 그대로 옮겨짐으로써 불규칙한 '-시-'의 용례를 발생시키기도 한다. 특히 이러한 현상은 계사 '이-'가 현결된 구결문을 언해한 구문에 많이 보인다. 이것은 구결문의 '이-'가 복합적 성격을 가지고 있는 것과 관련된다. 본고에서는 계사 '-이-'가 쓰이는 구결문과 대응되는 언해문을 중점적으로 검토해, 언해문과 구결문의 구조와 유사할수록 구결문적인 '-시-'가 전이되기 쉽다고 보았다.

3.4.에서는 구결문의 선어말어미 '-오/우-'가 언해문으로 전이되는 예를 일부 검토하였다.

구결문의 용법이 직접 언해문에 투영된 예와 언해 과정에서 구결문을 잘못 해석하여 발생한 용례를 개별적으로 검토하여, '-오/우-'의 불규칙성의 발생 원인을 설명하고자 했다. 그런데 '-오/우-'는 15세기에 있어서도 기능을 상실해 가고 있는 것이어서 '-시-'에서와 같은 명료한 영향관계를 파악하기는 어려웠다.

4장에서는 중세국어 특유의 구문과 한문구성과의 상관관계를 검토하였다.

4.1.에서는 15세기국어의 명사구구성에 대해 검토하고 15세기국어 특유의 명사구구성의 발생 원인을 漢文構成과의 상관성이라는 관점에서 설명하려고 하였다.

'접속(나열)명사구＋아우름명사구'는 동격관계의 판단구문이 순서를 바꿈으로써 형성된 한문의 관형구성과 관계되고, 형식명사 '이'가 표제명사로 사용된 '이'구문은 한문의 유무구성과 서사구문의 관형구성과 상관된다. 기형적명사문은 '아우름명사구＋접속(나열)명사구'구성과 같은 명사구 연결에 의한 확장명사구와 명사절로서의 명사구의 두 유형으로 나뉜다. 명사절로서의 기형적명사문은 발생적 측면에서 계사구문의 명사화에 의한 것, 명사의 서술성에 의한 것, 메타언어적 용법의 셋으로 구분될 수 있다. 본고는 명사구 구성의 성격을 논의하면서, 기형적명사문은 구결문의 구조가 언해문에 반영되어 이루어진 것일 가능성을 제시하고자 하였으며, 한문구성에서의 동사성분의 생략과 전치, 한문 어순에 따르는 逐字譯, 조사성이 강조되는 계사 '이-'의 현결이 이러한 구성이 나타나게 하는 기제라고 이해하였다.

4.2.에서는 계사구문과 한문구성과의 상관관계에 대해 논의하였다.

계사구문에는 변형된 한문구성에 영향받아 형성된 것이 많다. "存在"의 계사구문은 한문의 유무구문에서 '有'가 생략된 한문구성과 관련된다. 분열문 구성의 계사구문은 서사구문이 판단구문화한 한문구성과 관련된다. "행위·상태"의 의미로 해석되는 '관형절＋NP이-'나 '부사어＋NP이-'의 무주어문의 계사구문은 동사성분이 생략되거나 전치된 한문구성과 관련된다. 동명사에 계사가 통합된 '호미-'류의 계사구문은 동사구에 현결된 계사 '이-'에 영향받는 언해습관에 의해 형성된 것이다.

4.3.에서는 이중대격구문의 구조와 관련 한문구성에 대해 검토하였다.

이중대격구문은 전치된 한문구성을 바탕으로 형성된 것이다. 전치된 성분이 원래 구성에서 빈어 위치에 있던 것이면 '-올'이 현결된다. 이중대격구문은 문장 단위의 구절을 빈어로 갖는 한문구성에서 빈어의 일부 성분이 전치된 구결문 구조가 언해문에 반영된 것이다. 빈어가 서사구문이면 'NP롤 호롤 V'의 형식으로 실현되고, 빈어가 판단구문이면 'NP롤 NP롤 V'와 같이 실현된다. 15세기국어에서 대격어가 중출되는 구문을 일관된 원리로 설명할 수 있었다. 이밖에 15세기국어에는 전치된 성분을 지시하는 대용 어사가 원자리에 남아있는 한문구성에 대응하여 발생하는 이중대격구문도 존재함을 확인할 수 있었다.

4.4.에서는 15세기국어 인용문의 일부 현상에 대해 검토하였다.

먼저 주석문의 인용문의 현결과 그 형식에 대해 살피고, 그 중 지칭문적

구조를 갖는 것과 이 형식이 원용된 부가 설명의 인용문은 구결이 '이라 ㅎ
-'로 고정됨으로써 파편문적인 특성과 간접인용문의 특성을 동시에 가지는
것으로 이해하였다. 또 '닐온'구문과 '닐오디'구문의 구결문과 분포에 대해
서도 검토하였다. 이들은 지칭문적 구조의 언해문에서만 교체되어 나타나는
데, '닐온'구문과 '닐오디'구문으로 갈리는 것은 언해 과정에서 구결문에 대
한 재분석이 다르기 때문이라고 보았다.

　　5장에서는 직역문헌과 의역문헌 사이에 나타나는 특징적 현상을 정리하
였다. 직역문헌은 축자역이라는 구결문에 충실한 언해 방식을 택하기 때문
에 직역문헌에 우세하게 보이는 현상은 구결문적 속성이 반영된 것일 가능
성이 높고 이에 비례해 당시의 현실 언어와 다를 가능성이 높다. 그러나 직
역문헌과 의역문헌의 차이에는 문헌별로 특정 언해방식을 채택함으로써 발
생한 것도 있어 직역문헌의 특징적 현상을 모두 국어체계에 이질적인 존재
라고 단정하기는 곤란하다.

　　5.1.에서는 한자어의 사용에 대해서 다루었다. 直譯文獻은 구결문의 표
현을 그대로 이용한, 漢文으로서의 속성을 간직한 한자표기가 상대적으로
우세하게 나타난다.

　　5.2.에서는 직역문헌에 동명사 표현이 많이 사용됨을 살펴 보았다. 직역
문헌에서는 의역문헌에서는 'V+V'의 구성을 '호몰+동사'로 표현되는 경
향이 있으며. 의역문헌의 관계절이나 명사구보문이 동명사로 표현되는 경향
이 있다. 또 所구성이나 피동구문의 언해문도 주로 동명사 표현으로 나타난
다. 이는 구결문의 어사를 빠짐없이 언해하고 어순을 유지하려는 축자역의
태도로 인해 나타나는 것이므로 직역문헌의 특징으로 볼 수 있다.

　　5.3.에서는 重疊表現에 대해 검토하였다. 언해문의 중첩표현은 한문의
특정 어사와 특정 구결이 호응하는 현상과 구결문의 어사를 빠짐없이 언해
하려는 태도에서 기인한 것으로 자연 직역문헌에 우세하게 나타난다. 직역
문헌에 전이어가 많이 나타나는 현상도 같은 맥락으로 이해할 수 있다.

　　5.4.에서는 구문 파악의 경향에서 직역문헌이 어떤 양상을 보이는가를
살펴보았다. 직역문헌에서는 의역문헌의 인용절이 동명사 '호몰'로 대응되

거나, 부정어나 '使' 등의 어사가 걸리는 부분을 상위문의 것으로 이해하려는 경향이 강하다. 이런 현상은 직역문헌이 가급적 구문을 동빈구조로 파악하려는 경향이 있는 것으로 이해할 수 있다. 또 연첨형구결의 용법과 그에 대한 언해 습관도 이와 관련되는 것으로 볼 수 있다.

5.5.에서는 직역문헌에 많이 보이는 기타 현상을 정리하였다. 직역문헌에서는 의역문헌의 '-어 잇-'이 '-엣-'으로 대응되는 경향이 있고, '-히' 부사어가 부동사 'ㅎ야'형으로 대응되기도 한다. 또 주어가 일치하지 않는 문장이 나열되는 구문이 상대적으로 많이 보인다.

본고는 구결문의 영향이라는 관점에서 언해문의 문법현상을 살펴보았다. 그런데 특정 한문구성과의 상관성이나 문헌에 따른 편중성 등은 어떤 현상이 당시의 언어현실과 다르다는 것을 보여주는 확정적 증거가 되지는 못한다. 이러한 방법론상의 제약은 본고의 논의가 개연성의 제시에 그친다는 한계를 가지게 한다. 또 연구 대상으로 삼은 문법현상도 그 선택이 자의적이고 일부 현상에 국한되어 있어 구결문과 언해문의 상관관계를 전반적이고 체계적으로 밝히기에는 미흡했다고 할 수 있다. 그러나 논의 과정에서 15세기 자료를 바라보는 관점이 확대되있다면 나름대로의 의미를 가질 수 있으리라 자위한다.

또 본고에서 개연성으로 제시한 구조나 현상에 대해 역사적 변화 양상을 검토하고, 성격이 다른 문헌별로 문제되는 현상이 어떻게 발현되는가를 정리하여 본고의 논의를 보충한다면 15세기국어의 진실된 모습에 더욱 가까이 갈 수 있으리라 믿으며, 이를 뒷날의 과제로 삼는다.

참 고 문 헌

강신항(1957), 이조초 불경언해 경위에 대하여, 국어연구 1.

강인선(1977), 15세기국어의 인용구조 연구, 서울대대학원 언어학과 석사학위논문.

고영근(1980), 중세어의 활용에 나타나는 '-거/어-'의 교체에 대하여, 국어학 9.

_____(1982), 서술성어미와 관형사형어미의 관련성에 관한 연구, 관악어문연구 7

_____(1981/1998(보정판)), 중세국어의 시상과 서법, 탑출판사.

_____(1983), 국어문법의 연구, 탑출판사.

_____(1985), 형태자질과 통사구조의 상관성에 대하여, 역사언어학, 전예원.

_____(1986), 능격성과 국어의 통사구조, 한글 192.

_____(1987/1997(개정판)), 표준중세국어문법론, 탑출판사.

_____(1989), 국어형태론연구, 서울대출판부.

_____(1993), 석보상절 · 월인천강지곡 · 월인석보, 국어사자료와 국어학의 연구, 문학과 지성사.

_____(1995), 단어 · 문장 · 텍스트, 한국문화사.

국어연구회 편(1989), 국어연구 어디까지 왔나, 동아출판사.

김성규(2001), '이-'의 음운론적 특성, 국어학37.

김문웅(1982), 언해서에 나타난 구결의 양상과 표기법, 어문학 42, 한국어문학회.

_____(1986), 15세기 언해서의 구결연구, 형설출판사.

김상대(1985), 중세국어 구결문의 국어학적 연구, 한신문화사.

김영배(1974), 석보상절 제9와 월인석보 제9: 그 대교를 중심으로, 수련어문논집 2.

_____(1975), 석보상절 제19에 대하여: 월인석보와 법화경언해와의 비교를 중심으로, 논문집(부산여
　　　　　대) 2·3합집.

_____(1985), 석보상절 제22에 대하여, 동국대 한국문학연구 8.

김영옥(1983), 번역에 있어서의 시간과 공간, 민족문화 9.

김영욱(1995), 문법형태에 대한 역사적 연구, 박이정.

김영희(1988), 국어통사론의 모색, 탑출판사.

_____(1998), 한국어 통사론을 위한 논의, 한국문화사.

김완진(1975), 번역박통사와 박통사언해의 비교연구, 동양학 5.

_____(1976), 노걸대의 언해에 대한 비교 연구, 한국연구원.

_____(1996), 음운과 문자, 신구문화사.

김정아(1985), 15세기국어의 '-ㄴ가' 의문문에 대하여, 국어국문학 94.

_____(1993), 15세기국어의 비교구문 연구, 서울대 대학원 박사학위 논문.

_____(1998), 중세국어 비교구문 연구, 태학사.

_____(2001), '이다'의 문법적 특성에 대한 통시적 고찰, 국어학37.

김주필(1993), 금강경삼가해, 국어사자료와 국어학의 연구, 문학과 지성사.

김창섭(2001), 한자어 형성과 고유어 문법의 연구, 국어학37.

김흥수(1990), 내면 인용구문의 해석, 주시경학보 6.

남기심(1973), 국어 완형보문법 연구, 탑출판사.

_____(2001), 현대국어통사론, 태학사.

남성우(1996), 월인석보 권13과 법화경언해의 동의어연구, 구결연구 1.

남윤진(1989), 15세기국어의 접속어미에 대한 연구: {-아},{-고},{-며}를 중심으로, 국어연구 93.

남풍현(1971ㄱ), 'ᄒᆞ다가'고: 국어에 미친 중국어의 문법적 영향의 한 유형, 어학연구 7.1.

_____(1971ㄴ), 15세기 문헌에 나타난 중국어의 문법적 영향과 호응관계 형성에 대한 고찰, 한양대 논문집 5.

_____(1971ㄷ), 중국어에 미친 인과관계 표현법의 영향, 김형규박사 송수기념논총, 일조각.

_____(1972), 「두시언해」주석문의 '-로'에 대한 고찰:국어에 미친 한어의 문법적 영향을 중심으로, 단국대논문집 6.

_____(1973), 「두시언해」주석문의 문법적 고찰, 동양학 3.

_____(1980), 구결과 토, 국어학 9.

_____(1999), 국어사를 위한 구결 연구, 태학사.

류구상 외(2001), 한국어의 목적어, 월인.

문헌연구회(1994), 석보상절 문법형태 색인집, 태학사.

박금자(1988), 중세어 문헌 협주의 성격, 주시경학보 2.

_____(1994), 15세기 불경 언해의 협주에 관한 연구, 서울대 대학원 박사학위논문.

_____(1997), 15세기 언해서의 협주 연구, 집문당.

박양규(1975), 소유와 소재, 국어학 3.

_____(1975), 존칭체언의 통사론적 특질, 진단학보 40.

_____(1980), 주어의 생략에 대하여, 국어학 9.

박진호(1994), 중세국어의 피동적 '-어 잇-'구문, 주시경학보 13.

서정목(1977), 15세기국어. 속격의 연구, 국어연구 36.

_____(1978), 체언의 통사특징과 15세기국어의 '-ㅅ, -의/의', 국어학 7.

_____(1982), 15세기국어 동명사 내포문의 주어의 격에 대하여, 진단학보 53-54.

_____(1993), 계사구문과 그 부정문의 통사구조에 대하여, 국어학의 새로운 인식과 전개, 민음사.

서정수(1975), 동사 '하-'의 문법, 형설출판사.

서태룡(1988), 국어 활용어미의 형태와 의미, 탑출판사.

성광수(1987), 언해류에 나타난 '이(是)'의 강조용법과 해석: 초점표현을 중심으로, 어문론집 27.

_____(1990), 언해류상의 특이표현과 오역(1), 한국어학신연구, 한신문화사.

신선경(1986), 인용문의 구조와 유형 분류, 국어연구 73.

심재기(1975), 구결의 생성 및 변천에 대하여, 한국학보 1.

안병희(1959), 중기어의 부정어 '아니'에 대하여, 국어국문학 20.

_____(1959/1978), 15세기국어의 활용어간에 대한 형태론적 연구, 탑출판사.

_____(1961), 주체겸양법의 접미사 '-습-'에 대하여, 진단학보 22.

_____(1962), 중기국어 동사 'ㅎ-'의 어간교체에 대하여, 문호 2, 건국대.

_____(1965), 후기중세국어의 의문법에 대하여, 학술지 6, 건국대.

_____(1967), 한국어발달사(중): 문법사, 한국문화사대계 V, 고대 민족문화연구소.

_____(1968), 중세국어의 속격어미 '-ㅅ'에 대하여, 이숭녕박사 송수기념논총, 을유문화사.

_____(1973), 중세국어 연구자료의 성격에 대한 연구, 어학연구 9.1.

_____(1977), 중세국어 구결의 연구, 일지사.

_____(1979), 중세국어 한글 자료에 대한 종합적 고찰, 규장각 3.

_____(1980), 아미타경언해 활자본에 대하여, 남광우박사 화갑기념 논총.

_____(1985), 언해의 사적 고찰, 민족문화 11.

_____(1989), 국어사 자료의 오자와 오독, 정연찬선생 회갑기념논총.

_____(1992ㄱ), 국어사연구, 문학과 지성사.

_____(1992ㄴ), 국어사자료연구, 문학과 지성사.

_____(1997), 「두시언해」의 서지적 고찰, 한국정신문화연구원 두시와 「두시언해」 학술세미나.

엄정호(1989), 소위 지정사 구문의 통사구조, 국어학 18.

여찬영(1983), 번역소학의 구결문, 국문학연구 7, 효성여대 국문과.

_____(1987), 경서류 언해의 번역학적 연구, 한국전통문화연구 3.

유동석(1986), 국어의 목적어 이동과 주제화, 국어학신연구, 탑출판사.

_____(1987), 15세기국어 계사의 형태교체에 대하여, 우해 이병선박사화갑기념논총.

유창돈(1964), 이조국어사연구, 선명문화사.

유탁일(1977), 선초문헌에 쓰여진 佛家구결, 荷西김종우박사환갑기념논문집, 제일문화사.

윤용선(1986), 중세국어 경어법 연구: 존경법을 중심으로, 국어연구 71.

_____(1993), 「두시언해」, 국어사 자료와 국어학의 연구, 문학과 지성사.

_____(2001), 現代韓國語の繋詞構文についての檢討, 廣島女子大學紀要 9.

이가원(1960), 漢文新講, 신구문화사.

이광호(1972), 중세국어의 대격연구: 대격주제화의 시론으로, 국어연구 29.

_____(1976), 중세국어 속격어미의 일 고찰, 주어적, 목적어적 속격을 중심으로, 국어국문학 70.

_____(1988), 국어 격조사 '을/를'의 연구, 국어학총서 12, 탑출판사.

이기문(1978), 15세기 표기법의 일고찰, 언어학 3.

_____(1978), 국어사개설(개정판), 탑출판사.

_____(1991), 국어어휘사연구, 동아출판사.

이남순(1988), 국어의 부정격과 격표지 생략, 국어학총서 14, 탑출판사.

이숭녕(1966), 15세기문헌의 문체론적 고찰, 월인석보와 법화경언해의 비교에서, 가람 이병기박사송수
　　　　　논문집, 삼화출판사.

_____(1969), 주격중출의 문장구조에 대하여, 어문학 20.

_____(1976), 15세기국어의 쌍형어 '잇다, 시다'의 발달에 대하여, 국어학 4.

이승욱(1973), 국어문법체계의 사적 고찰, 일조각.

_____(1976), 주어와 술어, 한국어문논총, 형설출판사.

_____(1989), 중세국어의 '-(으)ㅁ ','-기' 구성 동명사의 사적 특성, 정연찬선생 회갑기념논총.

이승재(1987), 속격 형태 'ㅅ'의 형성과정, 성심어문논집 10.

_____(1992), 고려시대의 이두, 국어학총서 17, 태학사.

_____(1994), '-이-'의 삭제와 생략, 주시경학보 13.

이익섭(1968), 한자어 조어법의 유형, 이숭녕박사송수기념논총, 을유문화사.

_____(1992), 국어표기법연구, 서울대 출판부.

이종묵(1998), 두시의 언해 양상, 두시와 두시언해 연구, 태학사.

이필영(1986), 호격 및 감탄조사에 대한 연구, 국어학신연구, 탑출판사.

_____(1992), 현대국어의 인용구문에 대한 연구, 서울대 대학원 박사학위논문.

_____(1993), 국어의 인용구문 연구, 탑출판사.

이현희(1982), 국어의 의문법에 대한 통시적 연구, 국어연구 52.

_____(1985), 'ᄒ다' 어사의 성격에 대하여:'누러ᄒ다'류와 '엇더ᄒ다'류를 중심으로, 한신논문집2.

_____(1986), 중세국어 내적 화법의 성격, 한신논문집 3.

_____(1988), 소학의 언해에 대한 비교연구, 한신논문집 5.

_____(1990), 중세국어 명사구 확장의 한 유형, 강신항 선생 회갑기념 국어학논문집, 태학사.

_____(1991), 중세국어 명사문의 성격, 국어학의 새로운 인식과 전개, 민음사.

_____(1992), 중세국어 명사구 실현의 한 양상, 학술원 논문집 31.

_____(1993), 소학의 언해본, 국어사 자료와 국어학의 연구, 문학과 지성사.

_____(1994), 계사 '(-)이-'에 대한 통시적 고찰, 주시경학보 13.

_____(1994), 중세국어 구문연구, 신구문화사.

_____(1998), 언해자료 「杜律分類」와 「杜草堂詩」에 대한 연구, 두시와 두시언해 연구, 태학사.

이현희 외(1997), 두시와 두시언해, 권6·7, 신구문화사

이호권(1987), 법화경의 언해에 대한 비교 연구, 국어연구 78.

_____(1993), 법화경언해, 국어사자료와 국어학의 연구, 문학과 지성사.

_____(2001), 석보상절의 서지와 언어, 태학사.

임홍빈(1972), 국어의 주제화 연구, 국어연구 28.

_____(1982), 동명사 구성의 해석 방법에 대하여, 백영정병욱선생 환갑기념논총, 신구문화사.

_____(1985), 국어의 '통사적인' 공범주에 대하여, 어학연구 21.3.

_____(1987ㄱ), 국어의 재귀사 연구, 신구문화사.

_____(1987ㄴ), 국어의 명사구 확장규칙에 대하여, 국어학 16.

장기근(1964), 한어계사에 대하여, 동아문화 2.

장세경(1973), 이두의 토씨연구, 논문집 7, 한양대.

장윤희(1991), 중세국어 조건 접속어미에 대한 연구, 국어연구 104.

전재호(1973), 「두시언해」의 국어학적 연구, 선명문화사.

전정례(1991), 중세국어 명사구내포문에서의 '-오-'의 기능과 변천, 서울대 대학원 언어학과 박사학위
        논문.

_____(1992), 주체대상법으로서의 '-오-'에 대한 재고찰, 국어학 22.

정연찬(1984), 중세국어의 한 조사 '-으란'에 대하여, 국어학 13.

정우상(1990), 漢文構造文法研究, 동아출판사.

정재영(1993), 중세국어 의존명사 'ᄃ'의 어미화에 대한 연구, 한국외국어대 대학원 박사학위논문.

_____(1998), 「두시언해」의 문법적 특징, 두시와 두시언해 연구, 태학사.

조남호(2001), 「두시언해」 한자어 연구, 태학사.

진단학회 편(1993), 월인석보의 종합적 검토 토론, 진단학보 75.

채 완(1979), 화제의 의미, 관악어문연구 4.

최동주(1989), 국어 '능격성' 논의의 문제점, 주시경학보 3.

최범훈(1972), 구결연구, 국어국문학 55-57.

최현배(1961), 고친 한글갈, 정음사.

한국정신문화원 편(1998), 두시와 두시언해 연구, 태학사.

한영균(1996), 능엄경언해, 국어사자료와 국어학의 연구, 문학과 지성사.

한재영(1986), 선어말어미 '-오/우-' 국어연구 어디까지 왔나, 동아출판사.

_____(1996), 16세기 국어구문의 연구, 신구문화사.

허 웅(1963), 중세국어연구, 정음사.

_____(1975), 우리옛말본: 15세기국어 형태론, 샘문화사.

_____(1989), 16세기 우리옛말본, 샘문화사.

홍윤표(1969), 15세기국어의 격연구, 국어연구 21.

_____(1993), 국어사 문헌 자료 연구(근대편1), 태학사.

_____(1994), 근대국어연구(1), 태학사.

홍인표(1984), 漢文文法, 신아사(재판).

王 力(1963), 영남중국어문학회 편(1991), 中國語文學通論, 중문출판사.

Basnett-Mcguire, 엄재호 역(1993), 번역학 개론, 인간사랑.

Bynon, Th.(1977), Historical Linguistics, Cambridge University Press.

Catford, J.C.(1965), A Linguistic theory of Translation, London:Oxford University Press.

Jeffers, R.J. & I. Lehiste(1979), Principle and Methods for Historical Linguistics, The MIT Press.

Koller, W.(1987), 박용삼 역(1990), 번역학이란 무엇인가, 숭실대 출판부.

Lyons, J.(1977a), Semantics 1, Cambridge University Press.

_____(1977b), Semantics 2, Cambridge University Press.

Nida, E.A.(1964), Toward a Science of Translation, Leiden: Brill.

Nida, E.A.(1969), Science of Translation, Language 45.

찾 아 보 기

˙ 저|자|소|개

˙ 윤용선(尹容善)

˙ 경기도 안성 출생
˙ 서울대학교 국어국문학과 졸업
˙ 동대학원 국어국문학과 석사(1986), 박사(2000)
˙ 육군사관학교 국어과 전임강사, 국립국어연구원 학예연구사 역임
˙ 현재 일본 히로시마여자대학 국제문화학과 조교수

˙ 주요저서
˙ 「중세국어 경어법 연구」(1986)
˙ 「명사구보문구성의 의미선택제약에 대한 일고찰」(1991)
˙ 「두시언해」(1993)
˙ 「중세국어 인용문 형식에 대한 일고찰」(1999)
˙ 「現代韓國語の繋詞構文についての檢討」(2001)
˙ 『중세국어연습』(공저, 2002)

˙ 15세기 언해자료와 구결문

˙ 인 쇄   2003년 10월 10일
˙ 발 행   2003년 10월 17일
˙ 저 자   윤 용 선
˙ 펴낸이   이 대 현
˙ 편 집   장 은 미
˙ 펴낸곳   도서출판 **역락** / 서울 성동구 성수2가 3동 301-80
˙   (주)지시코 별관 3층(우133-835)
˙ 전 화   3409-2058(대표) 3409-2060(편집부) FAX 3409-2059
˙ 이메일   yk3888@kornet.net / youkrack@hanmail.net
˙ 등 록   1999년 4월 19일 제2-2803호

˙ 정가 12,000원
˙ ISBN 89-5556-244-6-93710

˙ * 잘못된 책은 교환해 드립니다